人性的弱点

【美】戴尔·卡耐基/著

中国友谊出版公司

图书在版编目（CIP）数据

人性的弱点 / (美) 卡耐基著；迪敏译. -- 北京：中国友谊出版公司, 2015.4（2020.12重印）
ISBN 978-7-5057-3502-6

Ⅰ.①人… Ⅱ.①卡… ②迪… Ⅲ.①心理交往-通俗读物 Ⅳ.①C912.1-49

中国版本图书馆CIP数据核字（2015）第052428号

书名 人性的弱点
作者 ［美］卡耐基
译者 迪敏
出版 中国友谊出版公司
发行 中国友谊出版公司
经销 北京时代华语国际传媒股份有限公司 010-83670231
印刷 唐山富达印务有限公司
规格 690×980 毫米 16 开
21.5 印张 280 千字
版次 2015 年 4 月第 1 版
印次 2020 年 12 月第 25 次印刷
书号 ISBN 978-7-5057-3502-6
定价 49.80 元
地址 北京市朝阳区西坝河南里 17 号楼
邮编 100028
电话 （010）64678009

再版序

《人性的弱点》一书最早于1937年出版，它的作者戴尔·卡耐基先生早就在上世纪中叶离开人世，然而他的思想却仍旧源源不断地给现代社会提供着伟大的力量。卡耐基所处的年代是人类文明最极端的时期，他的一生经历了工业革命、经济危机、世界大战以及冷战，他目睹了人类最荒诞的狂躁，以及人性最险恶的私心。

人类历史经历了数百万年才来到现代，然而现代社会的世界格局和思想体系却在短短一个世纪里翻天覆地、沧海桑田。在思想界，素有“千年思想家”的说法。或许在思想的深邃和体系的完整上卡耐基无法和那些伟大的灵魂诗人相提并论，在绵长的历史长河里卡耐基及其时代也确实短暂，但是在思想的影响力上来说，“卡耐基”这个名字绝对值得后人将其写在那份响彻千年的思想者的名单上。

卡耐基不会教你如何赢得竞争、如何去升官发财。你会发现，他最终教给你的是让你去赢得别人发自内心的尊重，让你去结交坦诚相待的朋友，让你成就一段美好的生命。很多朋友会发现，这些方法、原则与中国人的处世智慧有很大的不同。中国人的人情世故里更多的是利与弊的权衡，而卡耐基的终极目标是，让一个人学会与他人温暖相处，让一个人学会与世界温暖相处。

卡耐基非常认同孔子“己所不欲，勿施于人”的观点，他还挖掘出了隐含在这句智慧箴言中的另外一层含义，那就是“己所欲者，亦施于人”。在“勿施于人”的世界中，所有人的自重能为这个世界设立规矩和底线；在“施于人”的世界里，人与人的互重，则能给这个世界一个大同与和善的期望与可能。卡耐基的追求，其实是人类社会最具有普世价值的美好情怀和愿景。

前言

如何有效地从这本书里获利

这书中所告诉你的原则，必须表现出诚恳才会有效。

我不希望人们用奸诈的骗术，去欺骗他人；而我所讲的内容，只是一种新的生活方式。

（一）若要使这本书对你产生最大的效益，有个条件是不可或缺的。这个条件是个基本的条件，不管是什么原理，还是什么技法，都没有它重要。你必须具备它，否则的话，你再怎么研究，也是无济于事的。假若你拥有这种天才，奇迹就会在你身上发生，而不必去参考书中带给你最大益处的建议。

这个神奇的条件就是那种使你不断进步、深化的研究的愿望，以及提高你应对别人的能力的强大意志。

怎样让自己产生这种冲动呢？就是不断告诉自己，这些准则对你的重要性。你不妨这般为自己想象——这些准则能够熟练运用的话，你周围的世界将丰富多彩；而经济方面，则能让你知晓怎样能够助益更大。你必须不断告知自己：“我被别人所喜欢，我得到欢乐，以及我的报酬更加丰厚，原因都在于我掌握了应对别人的方法。”

（二）快速读完每一个章节，你知道了一个概念之后，大概就想继续阅读下一个章节，不过，我劝你不要这样。你阅读的目的不过是打发一下时间的话则除外——细细深读每个章节，才是你提高人际交往技能最为省时省力的方式。

（三）阅读时你可以略为停顿片刻，思考思考你读到的内容。什么时候，什么地方，你怎样把书上的每个建议加以运用？你不妨如此自问。

（四）在阅读本书的过程中，碰上你觉得有用的建议，就拿一支红墨水钢笔，红色的圆珠笔也行，在这列字的旁边画线。看到的建议非常好的话，就在句子旁边画上一列“XXXXX”的标记。书上有了这样的线条和标记，你就会拥有更多的乐趣，同时，你的复习也将速度更快效果更好，对你助益也更大。

（五）我有一个在一家规模很大的保险公司工作的朋友，他已经做了15年的经理。公司发出的保险单，他每个月都查看，而这些保险单的内容几乎都是同样的。他这样做的原因是，除此之外，没有别的办法可以让他记住保险单上的条款，这是他的经验。

某次写一部讲演讲方法的书我差不多用了两年时间。我发现为了能够清楚记得书稿讲了什么，我非一遍又一遍地重读不可。

因此，想要本书带给你的助益能够既实在又持久，只粗粗看一遍是远远不够的。细致研读本书后，你还要把它放于书桌上经常翻阅，而且每个月都要复习一段时间。你要切记，要让运用这些准则变成习惯，复习必须持续而又深入。

（六）“你要是去教某人一件事，他便再也不学了。”这是著名戏剧作家萧伯纳说过的话，他的话无疑是至理名言，学习是自发的。

因此遇到合适的机会的话，就要把这些准则加以运用，但前提是你从本书中获得的准则你能够熟练运用，否则，你就会迅速忘记书上的内容，忘得一干二净。因为真正亲身实践运用过的知识，才能深刻地印在你的脑海里。

你大概会有所感觉，不管何时何地地运用这些准则，是困难的。我的感觉和你的一样，我在写作此书时也很难实现我的建议。

例如，别人惹恼你，理解包容对方要比指责怪罪对方更加的难。同样地，揭别人的短，要比发现和赞扬别人的长处更加的难。谈论别人的需要，也不像诉说自己的需要，那样自然而然。因此在阅读本书时，你要切记除了学到书本传授给你的学问之外，你还要培养自己的一种全新的生活习惯。这种新的生活方式的养成和实施，需要付出时间、努力，必须持之以恒，做到每日不辍。

因此不时翻看本书是必须的，它就像是传授人们沟通交流技巧的实战宝典。不管在什么样的情况下，诸如怎样管教孩子，怎样让妻子听从自己，怎样平息顾客的愤怒……此类问题我们在生活中都难免会碰到，你如果尝试着按书里的某个建议去应对的话，也许就会有惊奇的发现。

（七）这样的尝试也许让你感到新奇和突出。如果被你的妻儿或者同事，发现你违背了某个准则，为了以示惩处，你可以罚自己一角或者一元给他们。

（八）在我的讲习班里，有一位来自华尔街一家颇有名望的银行的经理，他虽然在学校受正式教育的时间不长，但他已经是美国一个不可忽视的理财专家。在一次演讲中，他告诉了我提升自我的一个方式，这个方式非常有效。他说他的成功靠的就是他想出来的这个方法。我把他的方法和他讲演的经过记录如下：

“近年我有个把每个会面的时间记在一本记事本上的习惯。因为在周六的晚上我需要大量时间，对自己检讨和反省，所以一般那天我的家人不会为我安排会面。那日吃完晚饭，我把自己一个人关在房间里，拿起记录会面的记事本看着，这周以来的所有会议和聚会都历历在目，我自问：

“‘我那一次哪里做得不对……’

“‘怎样做才能避免犯错……我应该怎样使自己得到提高？’

“‘我应该从失败的经验中吸取怎样的教训？’

“每周例行的虽然让我不悦的自我反省，常使我惊讶于自己所犯的错误。这些错误终于在多年之后不断减少以至于消失。之前我也尝试过其他的方法，但这种方法是最为有效的。

“这种方法使我做出决策的能力得到提高，在与人交往的过程中受益颇大。”

我有一个提议，可以把实施这些准则之后的效果，还有当时的时间和对方的姓名，清楚地记录在另外一本记事本上。这样的话，你就会受到鼓励，从而继续加油。这必将是一件充满乐趣而又非常具有价值的事情。

要想本书带给你最大的效益，你要遵守以下几点：

一、必须具备一种能够深切而又不断向前地熟练运用人们之间沟通交流准则的强烈愿望。

二、在阅读下一个章节之前，必须一再研读这一个章节。

三、阅读的过程中不断思考怎样把书中的每一个建议付诸实施。

四、用符号标记在意义比较重要的句子旁边。

五、书必须每月复习。

六、不放过任何实施这些准则的机会，视本书为帮你解决问题的“实战宝典”。

七、书中的某个准则你若违背，你的朋友发现的话给他一元，学习也是种游戏。

八、每周检讨自己做得不对的地方，加以改进，思考以后的做法。

九、把你运用这些准则的时间、方式、效果记录在另一本记事本上。

目录 CONTENTS

CHAPTER 1

与人相处的基本技巧

一、喜欢批评就没有朋友

> **特别提示：**
>
> 批评是危险的，因为它常常伤害一个人宝贵的自尊，伤害他的自重感，并激起他的反抗。

1931 年 5 月 7 日，纽约市发生了该市有史以来最为轰动的一次剿匪事件。警方经过几个星期的搜捕，终于发现了被称作“双枪杀手”的罪犯克莱瑞的踪迹。这个不嗜烟酒的杀人犯被包围在西尾街他情人的公寓里。

150 名警察把克莱瑞团团围在公寓顶层的藏身处。警察在屋顶凿出一个洞口，然后施放催泪毒气，试图把克莱瑞熏出来主动投降。同时，警察在附近四周的建筑物上架设了机枪，瞄准凶手。一个多小时后，原本清静的西尾街住宅区响起阵阵惊心刺耳的枪声。克莱瑞手持短枪，躲在堆满杂物的椅子后面，连连向警方人员射击。数万的市民，激动而兴奋地观看着如电影一样的真实场面。

克莱瑞还是没有逃脱警察的围捕。他被捕后，警察队长马罗南说，暴徒克莱瑞是纽约治安史上最危险的一个罪犯，并且肯定地说道：“他杀人不眨眼，像切葱一样，肯定要被判处死刑！”

然而，“双枪”克莱瑞是怎样看待自己的呢？在警察围住他藏身的公寓，克莱瑞在伤口不断流血的时候，写了一封公开信，信纸上滴满血迹！信的内容中有这样一句话：“被我黑色衣服紧紧包裹的，是我疲惫的心——一颗不愿给任何人带去伤害的仁慈的心。”

克莱瑞被捕前不久，驾驶着自己的汽车在长岛的公路上跟自己的女伴调情。一个警察请他出示驾驶执照，谁知克莱瑞掏出手枪朝警察连开数枪，警察当场死亡。看警察倒在地上，克莱瑞从车里跳出来，拾起警察的手枪，又朝尸体射了一枪。这就是克莱瑞自己说的“被我黑色衣服紧紧包裹的，是我疲惫的心——一颗不愿给任何人带去伤害的仁慈的心”！

法庭宣判克莱瑞死刑。当他走进受刑室坐电椅时，或许他会想：这是我作恶多端的下场！不，他想的是：我要保护我自己，才不得已这样做的。“双枪”克莱瑞在临死时，也没有对自己有一丝的责备。

美国大名鼎鼎的黑社会头子阿尔坎普曾说过这样一段话：“我把我一生当中最美好的岁月用来为别人带来快乐，让大家有个幸福的时光，可是我得到的却是侮辱和唾骂，这就是我变成亡命之徒的原因。”这个黑社会头子后来在芝加哥被处决，他对自己的行为也不曾自责。他自认为造福人民——只是社会误解他，不接受他而已。

道奇·舒尔茨的情形也是一样，他是恶贯满盈的“纽约之鼠”，后来因江湖恩怨被自己的敌人杀死，他在生前接受报社记者采访时也自认为是造福民众的好人。

我曾和纽约星星监狱的监狱长刘易斯就这个问题通过几次信。他表示：在星星监狱里的犯人很少认为自己是坏蛋。他们和你我一样，都是人，都会为自己辩解。他们会解释他们为什么要撬开保险箱，为什么要开枪杀人。大多数人都能为自己的动机找出理由，不管有理无理，总要为自己破坏社会的行为辩解一番。因此，他们的结论是：他们根本不应该被关进监狱里。

假如像阿尔坎普、克莱瑞、道奇·舒尔茨这帮歹徒，以及许多关在监狱里的亡命之徒，他们从不为自己的行为自责，我们又如何强求我们日常所接触的一般人？

已经去世的约翰·华纳梅克曾经承认："在30年前，我就已经明白，批评别人是愚蠢的行为。我并不埋怨上帝对智慧的分配不均，因为要克服自己的缺陷都已经非常困难了。"

华纳梅克早就领悟到了这一点，但是我在这个冷漠的世界中探索了30多年才有所醒悟：不论一个人做错了什么事，100次中有99次不会自责，而且不论他的错误是何等的严重。

闻名遐迩的心理学家史金勒通过动物实验证明：因好行为受到奖赏的动物，其学习速度快，持续力也更久；因坏行为而受到处罚的动物，则不论速度或持续力都比较差。研究显示，这个原则用在人身上也有同样的结果。批评不但不会改变事实，反而只有招致愤恨。

另一位伟大的心理学家希勒也说："更多的证据显示，我们总是希望得到别人的赞扬，同样我们也都害怕受人指责。"

批评毫无作用，它只能使人采取守势，并常常为自己的错误竭尽全力进行辩护。批评是危险的，因为它常常伤害一个人宝贵的自尊，伤害他的自重感，并激起他的反抗。因批评而引起的羞愤，常常使雇员、亲人和朋友的情绪大为低落，并且对应该矫正的事实状况一点儿也没有好处。批评对于事情并没有任何改善的地方，这种例子在历史上司空见惯。

俄克拉荷马州的乔治·约翰逊是一家建筑公司的安全检查员，检查工地上的工人是否戴上安全帽是约翰逊的职责之一。据他报告，每当发现工人在工作时不戴安全帽，他便利用职务上的权威要求工人改正，其结果是：受指正的工人常显得不高兴，而且等他一离开，便又把帽子拿掉。

后来约翰逊决定改变方式。当他再看见工人不戴安全帽的时候，便问帽子是否戴起来不舒服，或帽子尺寸不合适，并且用和悦的口气提醒工人戴安全帽的重要性，然后要求他们在工作的时候最好戴上。这样的效果果然比以前好了很多，也没有工人显得不高兴了。

这类事件真是举不胜举。现在就让我们再举个例子：

西奥多·罗斯福和塔夫特总统之间有过一段广为人知的争论，正是他们的不和睦导致共和党的分裂，而将伍德洛·威尔逊送进了白宫。让我们简要回顾一下这段历史：1908年，罗斯福搬出白宫，共和党的塔夫特当选为总统，然后，罗斯福到非洲去猎狮子。当他回到美国后，看到塔夫特的保守作风，很是震怒。罗斯福除了公然抨击塔夫特，还准备再度出来竞选总统，并打算另组“进步党”。这几乎导致老共和党的瓦解。果然，紧接而来的那次选举，塔夫特和共和党只赢得了两个区的选票——佛蒙特州和犹他州，这是共和党有史以来遭受的最大失败。

罗斯福谴责塔夫特，但是塔夫特承认了自己有错吗？没有！他曾含着眼泪说道：“我不知道所做的一切有什么不对。”

我们再举一个“石油保留地贪污案”的例子。这一案件发生在20世纪20年代早期，它曾遭受报界围剿，也震撼了全美国。事实是这样的：

哈丁总统的内政部长阿尔伯特·弗尔，当时受权主管政府在阿尔克山丘和查夫敦地区油田的出租事宜，那是政府预备未来海军用油的保留地。弗尔部长是不是进行了公开招标呢？没有，他干脆把这份优厚的合同交给了他的朋友杜梅克。而杜梅克则“借”给了弗尔部长10万美元的“贷款”。然后，弗尔部长利用职权，令美国海军进入该区，把那些有意投标的竞争者赶走，免得周围的油井吸干阿尔克山丘的原油。这些竞争者被强行赶走了，他们只好走上法庭，揭发10万美元的查夫敦油田舞弊案。这桩丑闻轰动了全美国，几乎毁了哈丁总统的政府，共和党也几乎垮台，而弗尔部长也锒铛入狱。

弗尔部长遭到了公众的谴责，在他的公务生涯中，以前从来没有遭到如此强烈的谴责。那么，他反悔了吗？没有，一点儿都没有！甚至包括他周围的人。

许多年以后，当胡佛总统在一次公开演讲中提到哈丁总统之死是由于神经受到过度刺激和忧虑，因为一个朋友出卖了他。当时，弗尔的夫人从椅子上跳了起来，她大声叫嚷，失声痛哭，攥紧拳头说道：“哈丁是被弗尔出卖的吗？不，我的丈夫从来没有辜负过任何人。即使整座房间都堆满了黄金，都不会使我的丈夫去背叛朋友。是别人出卖了他，他才被钉上十字架充当牺牲品的。”

讲到这里你可能会明白，这就是人类的天性！做错了事之后只知道责怪别人，绝不会责备自己。其实我们每个人都是如此。因此，当你和我以后想要批评别人的时候，就不要忘了阿尔坎普、“双枪”克莱瑞和弗尔。我们要了解，批评就好比驯好的鸽子，它们到时候总是要回家寻找主人的。我们还应该清楚，我们所要纠正和指责的人总是会为他们做自我辩护，并反过来指责我们；温和一些的或许会像塔夫特总统那样，说：“我不知道我该怎样做才能和我以前所做的有所不同。”

1865 年 4 月 15 日，星期六清晨，林肯奄奄一息地躺在福特戏剧院对面的一家廉价客栈的睡床上，濒临死亡的边缘。有人在戏院用枪击中了他。林肯瘦长的身子斜躺在那张短床上，床的上方，挂着罗莎波南的名画《马市》的廉价复制品，屋里一盏煤气灯闪着惨淡的黄晕。

当林肯即将咽气的时候，陆军部长史丹顿说道：“这里躺着的是人类有史以来最完美的统治者。”

林肯为人处世的成功秘诀是什么呢？我对林肯的一生研究了 10 年，而且花了整整 3 年时间写作、润饰了一本书《人性的光辉》。我敢肯定我已尽了世间的一切可能，对林肯的性格和居家生活作了详细、透彻的研究，尤其对林肯待人处世的方法更有心得。林肯喜欢批评人吗？的确是这样，他住在印第安纳州湾谷的时候，年纪尚轻，不仅喜欢评论是非，还写信写诗讽刺别人。他常把写好的信丢在当事人很容易发现的乡间路上。

林肯在伊利诺州春田镇做见习律师的时候，仍然在报纸上发表文章公开攻击敌视他的人。

1842 年秋天，他又写文章讽刺一位自视甚高的政客詹姆士·席尔斯。林肯在《春田时报》刊出了一封匿名信，讽刺他一番，令镇上的人都捧腹大笑起来。

席尔斯是个敏感而骄傲的人，看到这封信后怒不可遏，最后查出写信的人是林肯，他跳上马，去找林肯，向他提出决斗。林肯迫于情势和为了维护荣誉，只好接受挑战。他有选择武器的权利，由于手臂长，他选择了骑兵的长剑，并且向一位西点军校的毕业生学习剑术。决斗那一天，他们在密西西比河岸碰面，准备一决生死，幸好在最后时刻他们的同伴阻止了这场决斗。

这是林肯一生中最惊心动魄的一桩事，这也让他在做人处世方面学到了无价的一课。他从此再也没有写过一封侮辱人的信件，他不再取笑任何人了，从那时起，他没有为任何事批评过任何人。

美国内战期间，林肯好几次更换波多马克军的将领，但这些将军相继惨败，令林肯失望至极。全国有半数的人，都在痛骂那些差劲的将军，但林肯却一声不吭，不作任何表态。他最喜欢的一句名言是：“不要评议别人，别人才不会评议你。”

当林肯太太和其他的人对南方人士有所非议的时候，林肯回答说：“不要批评他们，如果我处在同样的情况下，大概也会跟他们一样。”

1863 年 7 月 3 日，盖茨堡战役打响了。到了 7 月 4 日晚上，南方的李将军开始向南方撤退的时候，黑云密布，大雨倾盆。当他带着挫败之师，退到波多梅克时，发现面临一条猛涨而无法通过的河流，而身后又是一支胜利的北军。李将军被围住了，他无法逃脱。林肯看出这点——这是一个天赐良机，一个消灭李将军的军队，立即结束战争的机会。因此，林肯满怀希望地命令格兰特不要召开军事会议，而立即攻击李将军。林肯以电话下令，又派出一名特使去见格兰特，要他立即采取行动。

而格兰特将军又是怎么做的呢？他的做法正好和所接到的命令相反。他违反林肯的命令，召开了一次军事会议。他迟疑不决，一再拖延，还给林肯打电话，用尽了各种借口，拒绝攻击李将军。最后，河水退了，李将军带着他的军队越过波多梅克河，顺利南逃了。

林肯勃然大怒。“这是怎么回事？”林肯对着儿子罗勃咆哮，“老天爷，这是什么意思？他们在我们的掌握中，我们只要伸出手来，他们就是我们的了；但我无论说什么或做什么，都无法使我们的军队移动一步。在那种情况下，几乎任何一个将领都可以击败李将军。如果我在那儿的话，我也可以让他束手就擒。”

在恼怒、失望之余，林肯坐下来，给格兰特将军写了一封信。别忘了，这段时期的林肯，言论措辞都比以前要保守和自制。所以，这封写于1863年的信，已经表达了林肯内心的极端不满。

亲爱的将军：

我相信你想象不到，由于李的逃脱，所造成的不幸和事态的严重性。如果我们顺利将李抓获，再加上我们其他地方的胜利，这场战争就可以立即结束。但是根据目前的情形推断，战事也许会继续延长下去。上次你就没有按照命令去袭击李，还怎能再次发起袭击……我想你不会再有成功了，因为你已经白白丧失了黄金一样的胜利机会。对于这件事，我感到非常沉痛……

假如让你猜想，格兰特看到这封信后，他会如何呢？

可是林肯并没有把他写的信寄出去，格兰特也从没有看到那封信。林肯去世后，那封信从他的文件中被发现。

我是这样想的——仅仅是我的猜想林肯写完信，望着窗外，思考着……

或许我不能这样去指责他。换个角度考虑，我在安全的白宫里指挥，给他下命令，非常简单。可是假如我在战场，看到战场上流血的尸体，耳朵里塞满伤员的呼叫和呻吟，也许我也像格兰特一样不急于进攻李和他的军队……如果我的个性也像格兰特一样懦弱，我也许会跟他做的没有分别。

事已至此，无法挽回。如果我把信寄出去，虽然我心里是解脱了，但是格兰特会默认自己的失误么？他也许会替自己解释，也会谴责我，引起他对我的反感，而且影响他以后作为将领的威信，甚至会逼他辞去职务。

也许正如我的想象，林肯没有把信寄出去，搁在一边。因为他知道，多年前痛苦的经验告诉他，尖锐的批评和斥责，永远不会收到自己想要的结果。

罗斯福总统曾说，在他任总统的时候，每当遇到棘手的问题，他总会把座椅向后一靠，仰首去看写字台上方那幅林肯的大画像，然后问自己：“如果林肯面对跟我一样的困难，他将会怎么想？怎么去解决问题呢？”

在以后的生活或工作中，如果我们想要去批评别人，就先从口袋里掏出一张5美元的钞票，看看上面林肯的像，然后问自己：“如果林肯遇到这样的事，他会如何对待呢？”

我年轻时，总喜欢让别人留下深刻印象。有一次就写了一封可笑的信给理查德·哈丁·戴维斯。他当时刚在美国文坛崭露头角，颇引人注意。那时，我正在帮一家杂志撰文介绍作家，便写信给戴维斯，请他谈谈他的工作方式。就在这之前，我收到一个人寄来的信，信后附注：“口述信，未读过。”这话给我留下了极深的印象，显示此人不仅忙碌也极具重要性。于是，我在给戴维斯的信后也加了这么一个附注：“口述信，未读过。”实际上，我当时一点也不忙，只是想给戴维斯留下较深刻的印象。

戴维斯根本未劳心费力就给我写了回信，而且他只是把我寄给他的信退了回来，还在信后潦草地写了一行字：“你的礼貌真是没有礼貌。”我的确是弄巧成拙了，受到这样的指责并没有错。但是，身为一个人，我感到恼羞成怒，直至10年后获悉戴维斯过世的消息时，我的第一个念头仍然是我当时所受到的伤害，尽管我羞于承认这一点。

假如你想引起一场令你至死难忘的怨恨，只需发表一点刻薄的批评即可。

让我们记住，与我们相处的对象，并不是绝对理性的动物，他们也充满了情绪变化、成见、自负和虚荣。

英国文学史上的著名小说家托马斯·哈代曾因受到苛刻的批评而放弃写作；

而另一位英国诗人托马斯·查特顿年轻的时候并不圆滑，后来由于变得富于外交手腕，善于应对，因而被任命为美国驻法大使。他成功的秘诀是："我不说别人的坏话，只说人家的好处。"

只有那些不够聪明的人才会去批评、指责和抱怨别人——的确，很多愚蠢的人都这么做。的确，要做到善解人意和宽恕他人，需要有修养自制的功夫。

托马斯·卡莱尔说过："伟人是从对待小人物的行为中显示其伟大的。"

鲍勃·胡佛是个有名的试飞驾驶员，时常表演空中特技。一次，他从圣地亚哥表演完后，准备飞回洛杉矶。《飞行作业》杂志曾对此次飞行作过如下描述，当胡佛驾机在300英尺高的地方时，两个引擎同时出现故障。幸亏他反应灵敏，控制得当，飞机才得以降落。虽然无人伤亡，飞机却已面目全非。

在迫降之后，胡佛第一个行动是检查飞机的燃料。正如他所料到的，他所驾驶的这架第二次世界大战时期的螺旋桨飞机里面，装的居然不是汽油，而是喷气机燃油。

回到机场，胡佛要求见见为他保养飞机的机械师。那位年轻的机械师为所犯的错误愧悔不已。一见到胡佛，他的眼泪便顺着面颊流下。他不但毁了一架昂贵的飞机，甚至差点造成3人丧命。

你可以想象胡佛当时的愤怒，并猜想这位荣誉心极强、凡事都要求精细的著名飞行员一定会痛斥这位粗心大意的机械师。但是胡佛并没有责骂和批评他，相反，他用手臂围住那位机械师的肩膀，对他说："为了表明我相信你不会再犯错误，我要你明天为我保养我那架F51飞机。"

在家庭中，一般为人父母者，也很喜欢责备小孩。你也许以为我会奉劝天下父母别"责备小孩"。不，我要说的是，在责备之前，请你读一篇有名的文章——《一位父亲的心声》。

听着，孩子，我有一些话想要对你说。此时你睡得正熟，一只小手掌压在脸颊下，你的额头微湿，蜷曲的金发贴在上面。我偷偷溜进你的房间，因为刚才在书房看报的时候，内心不断地受到斥责，终于带着愧疚的心情来到你的床前。

我的面前浮现了许多事，孩子。我常常对你发脾气。早上你穿好衣服准备上学，胡乱用毛巾在脸上碰一下，我责备你；你没有把鞋子擦干净，我责备你；看到你把东西乱扔，我更生气地对你吼叫。

早餐的时候也一样，我常骂你打翻东西、吃饭不细嚼慢咽、把两肘放在桌上、奶油涂得太厚等等。等到你离开餐桌去玩，我也准备出门，你转过身，挥着小手喊："再见，爸爸！"我仍皱着眉头回答："肩膀挺正！"

到了傍晚，情况还是一样。我走在路上，偷偷观察你，看见你跪在地上玩玻璃弹珠，脚上的长袜都磨破了。我不顾你的颜面，当着别的孩子的面叫你回家。并对你吼道，长袜子是很贵的，你要穿就得爱惜一点！想想看，孩子，这话居然出自为人之父的口里！

记得吗？就是刚才，我在书房里看报，你怯生生地走过来，眼里带着惊惶的神色，站在门口踌躇不前。我从报端上望过去，不耐烦地叫道："你要什么？"

你不说一句话，只是快步跑过来，双手搂住我的脖子亲吻。你小手臂的力量显示出一份爱，那是上帝种在你心田里的，任何漠视都不能使它凋萎。你吻过我就走了，吧嗒吧嗒地跑上楼。

孩子，就是那时候，报纸从我手中滑落，我突然觉得害怕。我怎么养成了一个坏习惯啊！挑错、呵斥的习惯——这就是我对待一个小男孩的方法！孩子，不是我不爱你，只是我对你期望过高，不自觉地用自己年龄的标准去衡量你了。

其实，你的本性里有许多真善美。你小小的心灵就像刚从山头升起的阳光一样无限，这一点可以从你天真自然、不顾一切跑过来亲吻、道晚安的动作看出来。孩子，今晚其余的一切都不重要了，我在黑暗中跪到你床边，深觉愧疚！

这是一种无力的赎罪。我知道你未必懂得我所说的这一切。但是，从明天起，我会认真地做一个真正的父亲！要和你结为好朋友，你痛苦的时候同你一起痛苦，欢乐的时候同你一起欢笑。我会每天告诉自己："他只不过是个男孩——一个小男孩！"

我实在不该把你当成大人，孩子，像我现在看到的你，疲倦地蜷缩在床上，完全还是婴孩的模样。记得昨天你还躺在妈妈怀里，头靠在妈妈肩上，我要求的实在太多太多了。

让我们尽量去了解别人，而不要用责骂的方式吧！让我们尽量设身处地去想——他们为什么要这样做。这比起批评责怪还要有益、有趣得多，而且还让人心生同情、忍耐和仁慈。

"了解就是宽恕。"

约翰博士也说过："上帝本身也不愿论断人，直到末日审判的来临。"

你我又何必如此呢？

原则一：不要批评、责怪或抱怨他人

心理弱点分析

人最可靠、最直接的感觉来源就是自己身体，所以人一般都宁愿相信是自己以外的地方出了问题。用培根四假象观点来看，人在这时，总是会陷入一个自以为是的假象中。很多人宁愿相信自己虚假的感觉，也不愿意接受现实。

二、称赞是最好的桥梁

> **特别提示：**花花公子是典型的社交达人，花花公子之所以能吸引很多女人，就是因为他们比那些女人所遇到的任何男人都懂得恭维之道。

天下只有一种方法可以促使人去做任何事。当然，你可以用手枪指着某人的胸脯，那个人会老实地把他的手表献给你；你也可以用恐吓解雇的方法，要求一个你雇用的人与你合作；你也可以用皮鞭让一个儿童做你想要他做的事情。可这些都是愚蠢的，都是极端错误的方法。

能够让人去做任何事情的唯一方法，就是给予他们所需要的。

你需要什么？

20世纪最有名望的维也纳心理学家弗洛伊德曾经这样说过：“我们做的事情，都起源于两种动机，一个是性的冲动，另一个是成为名人的欲望。”

美国著名的哲学家杜威教授，与弗洛伊德的见解有所不同，他说，人类本性里最深的冲动，是“成为重要人物的欲望”。“成为重要人物的欲望”是本书中最重要的一句话，在后面的章节中你会看到很多关于这句话的注解。

你需要什么？也许不是很多，可是你真正所需要的东西，你会坚持不懈地去追求。我们每个正常的成人都会想要——

健康的身体和生命的安全。

充足的食物。

睡眠。

金钱和金钱所能购买的东西。

生活的保障。

性生活的满足。

子女的健康成长。

自尊感。

以上这些欲望即使都能满足，可是还有一种欲望，同睡眠、食物一样深深地难以满足，那就是弗洛伊德所言“成为名人的欲望”，也是杜威所说的“渴望成为重要人物的欲望”。

林肯在一封信的开头写道：“每个人都喜欢被人恭维。”威利·吉姆士也说过：人类的本质深处，就是渴求被人重视。他并没有用“希望”“欲望”或者“渴望”这些词，而是用“渴求”，来说明人希冀被重视的程度。

这是人类一种痛苦的、亟待解决的“饥饿”，如果能够真诚地满足具有这种饥饿心灵的人，那么就能将他控制在手心。

寻找自尊，是人类和动物之间一项重要的差别。我小时候，是密苏里的农家儿童。当时我父亲饲养着一头品种优良的猪和一头白脸牛。由于我们的猪和牛品种优良，在牲口展览会上，我们曾经多次获得过第一名。

当有亲朋好友到我家时，我父亲就把别在白布上的各种蓝缎带奖章取出来，我握着一端，父亲握着另一端，让他们来观赏那些冠军奖章。

猪、牛根本没有在乎过它们赢得的奖章，父亲却视若珍宝，为什么？因为这些奖品给了他一种“自豪”的感觉。

设想一下，如果我们的祖先没有这种“自豪”感，没有这种强烈的冲动感，也许就没有我们现在的文化，我们仍然与动物一样。

这种自豪感的欲望激发了一个在杂货店工作的贫困的店员，他没有受过高等教育，但是这种欲望促使他翻遍堆满杂货的大木桶，痛下决心去研究他所买的基本法律书籍。这个店员的名字叫林肯。

也是这种自豪感，驱使着狄更斯写出不朽的著作，使华伦完成了他著名的设计。同样，是这种自豪的欲望，让洛克菲勒挣了一辈子花不完的钱，使他成为世界巨富。

如果没有这种欲望，你就不会穿上最时髦的衣服，驾驶最前卫的轿车，你就不会开心地与别人聊起自己的孩子。

但是，这种欲望也使许多青少年成为匪徒。担任过纽约市警察局局长的玛罗尼曾说：

“现在年轻的罪犯，心里充满对名利的盲目追求。他们遭到逮捕后的唯一想法，就是想要看把他们写成‘英雄’的小报。他们只要看到自己的照片登在报纸上，感觉自己就成了爱因斯坦或罗斯福一样的英雄。但是他们从来不去想，等待他们的将是受刑室坐电椅的现实。”

如何得到自己的自豪感，是了解一个人最重要的标志。洛克菲勒在中国北京捐助建造了最先进的医院，救济了无数他从来没有见过也永远不会见面的贫民，他从这些事情中得到满足。相反，狄林是土匪，他杀人抢银行，也是在满足自己的自豪感。当警察抓捕他时，他冲进一家农户，大声喊：“我是狄林，我不会杀害你，相信我，我是狄林……”他以他是全国首号公敌为荣。

这就是狄林和洛克菲勒最大的区别，区别的根本就是获得自己自豪感的途径和方式。

在历史上，一些名人为了获得显要感而上演了许多非常有趣的事情。例如华盛顿也喜欢被人称为“至高无上的美国总统”；哥伦布为了得到“海军上将兼印度总督”的名号，不惜远涉重洋；女皇凯瑟琳干脆拒绝拆阅那些没有称她为“女皇陛下”的信件；而林肯夫人曾在白宫像母老虎似的对格兰特将军的夫人大发雷霆，她说：“你怎么有这么大的胆子，敢在我请你坐下以前，就在我面前坐下！”

那些百万富翁出钱赞助拜尔将军去南极探险时，附加了一个条件，那就是要以他们的名字命名那些白雪覆盖的山峰。雨果甚至希望将巴黎改成他的名字，小一点的城市根本不能令他满足。连“名人中的名人”莎士比亚先生，为了光宗耀祖，也在想方设法为他的家族弄到一枚象征贵族的盾形徽章，以此来显示他的名声。

也有人用病弱来求取别人的注意和同情，而让自己显得重要。我们举麦金利夫人为例子。美国第25届总统威廉·麦金利的夫人，常常要求丈夫不理国家大事，只留在房里陪她，抚慰她入睡。有一次因为修补牙齿，她坚持要丈夫留下来陪她。后来因为总统先生与国务卿海·约翰有约，不能留下，夫人还为此大闹了一场。

有专家指出，人的精神异常，是想在幻觉中寻求肯定自己的重要性，这在残酷的现实生活中是得不到的。全美国因精神疾病导致的伤害，比起其他疾病的总和还多。

精神失常的原因是什么？没有人能回答这个大问题。但是，我们知道有些疾病，比如梅毒，会损及脑细胞而造成精神异常。事实上，半数的精神疾病可归咎于生理因素，诸如脑部障碍、酒精、毒素和外伤等。

但一个令人惊骇的事实是，另一半精神异常的人，脑部器官完全正常。根据死后的验尸，如果把这些人的脑部组织放在显微镜下观察，这些组织绝对和你我的脑部组织一样健康。那么，这些人为什么会精神失常呢？

我向一家著名精神病医院的主治医师请教这一问题。他极受推崇，也极具权威性。但是他很坦然地告诉我，他不知道为什么人会精神变得异常，没有人能肯定地指出原因。但是这位医师指出，许多人由于不能在现实生活中获得“被肯定”的感觉，因而他们到另一种世界去寻求，这就是我们所谓的精神失常。他还给我讲了一个例子：

“我现在有个病人，她的婚姻极不美满。她渴望得到爱、性满足、孩子和社会地位。但是，现实生活摧毁了她所有的希望。她的丈夫并不爱她，甚至不愿同她一道用餐，却又要她把食物端到楼上房间让他享用。这位女士没有孩子，没有社会地位，于是她发疯了。在她的想象世界里，她与丈夫离了婚，恢复了本性。现在，她甚至想象自己同一位英国贵族结了婚，所以要大家称她为史密斯夫人。

“由于她渴望有孩子，所以，每天晚上她都想象自己有个小宝贝。每次我去看她的时候，她都说：‘医师，我昨天生了个小宝贝。’

“现实生活一度摧毁了她的梦幻之船，但是，在另一个充满阳光与奇妙岛屿的世界里，她的梦幻之舟又再度扬帆驶进快乐的港湾。”

这是一出悲剧吗？我不知道。医师告诉我：“如果我真能矫正她的病状，我也不会去做的，因为她现在快乐多了。”

精神失常的人，总体来说，好像比我们要快乐。许多人以疯癫为快乐，精神病患者为什么不能这样？他们已经解决了面临的苦恼。在他们所想象的梦境里，他们可以随意地签一张百万支票给你，也可以恩赐似的为你写封介绍信，允许你去拜见名人。他们找到了他们一直渴望的那种自豪感。

如果有人迫切饥渴地希望获得自重感，以至于成了精神失常的病人。设想一下，如果在他疯癫之前，我们就真诚地赞扬他，会产生什么样的奇迹呢？会有什么样的成就？

据调查，世界上年薪百万的人只有两个，一个是克莱斯勒，一个是司华伯。

我们一定想问，凭什么司华伯就能一天挣三千多美元呢？为什么？

难道是因为司华伯是优秀的天才，安德鲁·卡耐基才付给他年薪百万？答案是否定的。那么是因为司华伯对钢铁的制造有特殊的专长？答案也是否定的。

司华伯这样告诉我说，许多在他手下工作的人，对钢铁制造方面的知识远比他懂得多。但他是因为有特殊待人的能力才拥有这样高的薪金。我好奇地问他是如何做的，下面就是他亲口所说的……这些言语应该刻在永不褪色的铜牌上，全国每个家庭、学校、商店、办公室都应该悬挂这面铜牌。如果在我们还是孩子的时候，就背诵这些话，并且按照这些话去做，也许我们今天的生活方式会跟过去完全不同。

“我认为，我具有的最大的资源，就是能够激发人们的热诚。我用赞赏和鼓励去充分发挥每一个人的才能。”司华伯这样告诉我。

他还说：“上司的批评最容易摧毁一个人的志向。在工作中，我只给人们激励，从来不批评任何人。我急于称赞别人，而不是找错。我喜欢的话就是：‘诚于嘉许，宽于称道。’”

这就是司华伯日常所行所做，跟普通人正好相反。一般人讨厌一件事，就会尽量地挑剔错误，相反，真喜欢一件事，却什么话也不会说。

司华伯又这样说：“我一生交游广阔，在与世界各地的名人交往中，深知他无论如何伟大、社会地位如何崇高，他还是逃不脱这个道理，就是只有在被赞许的情况下，而非被批评的情况下，才能够成就他伟大的事业。”

他说得很对，这也就是安德鲁·卡耐基成就惊人事业的最明显的理由。安德鲁·卡耐基经常公开地称赞他的同事，而非私下地。

在安德鲁·卡耐基的墓碑上，他甚至仍然称赞着他的朋友。他自己为自己写下这样的碑文：“这里埋葬的，是一个知道怎样与比他聪明的人融洽相处的人。”

洛克菲勒待人的成功秘诀之一就是真诚的称赞。有这样一件事：培德福是他的一个伙伴，在南美做一桩买卖时，因方法失当，导致公司亏损了一百万美元。洛克菲勒知道后，对他没有一句批评或指责。

他知道这件事已经结束，培德福尽了他最大的努力。所以洛克菲勒另找其他的事称赞培德福，说他节省了60%的投资金额。“这太好了，”洛克菲勒赞美说，“我们并不能总是像巅峰时期那么好。”

我的剪报中有个小故事，虽然并不是真的，却跟真的一样，所以我还是予以公开。

有个农妇在劳累了一天之后，为干活的几个男人准备了一大堆干草当晚餐。愤怒的男人质问她是否发疯了，农妇答道："嘿，我怎么知道你们会在意呢？20 年来，我一直煮饭给你们吃，你们从不吭声，也从没告诉我你们并不吃干草啊！"

几年前，有人对离家出走的妇女进行过研究。你知道这些妇女离家的主要原因是什么吗？——"没有人领情"。我相信，离家出走的男人也大概是出于相同的理由。虽然我们也常常心里感谢另一半所做的一切，却从来没有说出自己的感激之情。

有个朋友的妻子参加了一种自我训练与提高的课程，回家后，她要先生列出 6 种能让太太变得更加理想的事项。这位先生说道：

"这个要求真让我吃惊。坦白地说，要我举出 6 件事实在简单不过——天晓得，我太太可是能列出上千个希望我变得更好的事项——但是，我没有这么做，我告诉她：'让我想想看，明天早上再告诉你。'"

"第二天早上，我起了个大早，打电话要花店送 6 束红玫瑰给我太太，并且附上纸条写着：'我想不出有哪 6 件事希望你改变，我就喜欢你现在的样子。'

"傍晚回家的时候，你想谁会在门口等着我呢？对啦，我太太！她几乎含着眼泪等着我回家。没必要再说什么了，我很高兴没有照她的请求趁机批评一番。

"星期天她再次去上课的时候，她把事情经过向他人讲述出来，许多太太走过来告诉我：'这真是我听到过的最善解人意的事。'我也因此体会到赞赏的力量。"

百老汇最负盛名的歌舞剧团老板齐格非可谓风光无限，因为他能够让一个名不见经传的美国女子在一夜之间扬名四海而享有崇高的声誉，那些人们不愿意多看一眼的不很出色的女子，在经过他的训练之后，总是能够魔幻般地变成舞台上富有魅力的名角。他深知赞赏和自信所具有的巨大价值，他总是会用那种热切的殷勤和体贴的关怀，来使那些女子相信自己的美丽。他不仅非常现实，为那些歌女增加薪水，从每星期30美元增加到175美元；而且他很懂感情，在福立士歌舞剧开始上演的晚上，向剧中明星们发电报表示祝贺，并将美丽迷人的玫瑰花赠送给每一位表演的舞女。

记得我有一次迷上了当时流行的节食风潮，居然6天6夜没有吃任何东西。不过这并没有什么难的。尤其是在第六天结束时，我反而不像第二天时那样饥饿难耐。但我知道，而且你也知道，如果有人强迫他们的家人或雇员6天不许吃东西，那么这就是在犯罪，然而如果6天、6星期，或60年都不给人以任何赞赏，那么这算不算也是一种犯罪呢?

当年阿尔弗雷德在《维也纳团聚》一剧中担任主角的时候，他说："我最需要的东西，就是我的自尊的维持。"

我们供养我们的子女、朋友和员工的生活，但我们对他们自尊心的关注却少得可怜；我们为他们提供牛排、土豆，以增加他们的体力，但我们却不知道给他们以赞赏的语言，而这恰恰是生活中的晨曲，将会永远记忆在人们的心灵深处。

有些读者读到这些话时，也许会说："这没有什么新鲜的！阿谀奉承！拍马屁！那一套我已试过了，根本就不管用——对有知识的人都不会产生任何效果。"

当然，阿谀是骗不了那些有自知之明的人的，并且是肤浅、自私、虚伪的。它应该失败，而且真的是常常失败。但是，有些人对受到他人赞赏的渴望如饥似渴，以致任何东西都可以接受，就像一个饿得要死的人，到了饥不择食的地步。

举例来说，为什么屡次结婚的迪凡尼兄弟，在婚姻市场上会这么一帆风顺?为什么这两个"花花公子"，能够娶到两位著名而美丽的电影明星：一位闻名世界的首席女歌星，以及身价数百万美元的芭芭拉·何顿呢?为什么?他们是怎么办到的?

"迪凡尼兄弟对女人的魅力，"亚迪拉罗吉尔·圣约翰在《自由》杂志中的一篇文章中说，"……好久以来，对许多人来说，一直是神秘的。波拉尼格妮，一位见闻广博的女人，一位男人的鉴赏家，也是一位伟大的艺术家，有一次对我提出解释。她说：‘他们比我所遇见的任何男人都懂得恭维之道。而恭维之道，在这个现实而没有情意的时代里，几乎是一样被人们遗忘的东西。这一点，我可以向你保证，是迪凡尼兄弟吸引女人的秘密。’”

甚至维多利亚女王也喜欢被人恭维。德莱里承认，他在女王面前常常使用恭维。引用他自己的话，他说他“厚颜无耻地恭维”。但是，德莱里的确是所有统治过广大的大英帝国的人中最老练、最有技巧、最文雅的人之一。他在那一行中是一名天才。对他有效的方法，不见得对我们有效。恭维对你害多于益。恭维是一种假象，就像假钞一样，如果你要运用它，最后将会给你带来麻烦。

那么，我们又该如何区别赞赏和恭维呢？其实很简单。一个是真诚的，而另一个是虚伪的。一个是出于内心的，而另一个只不过是口头上的。一个是没有丝毫自私目的，而另一个是出自个人私利。一个将会得到天下人的钦佩，而另一个只会被天下人唾弃。

关于恭维的定义，我曾读过这样一句话，我觉得值得一提：“对别人的恭维，不过是婉转地表达对自己的赞美。”爱默生就说过：“不论你使用什么言语，你所说的归根到底还是对你自己的写照。”

最近，我在墨西哥城的查普特佩克宫看到奥伯根将军的一座半身像。在像的下面刻着奥伯根将军哲学的智慧之语：“不要怕那些攻击你的敌人，而要小心那些恭维你的朋友。”

英王乔治五世，在他白金汉宫书房的墙上，展示着一套六句的格言。其中有一句是：“教我如何不奉承也不接受廉价的赞美。”恭维只是廉价的赞美。在此我绝不是想提倡恭维，绝对不是！我只是在讲一种新的生活方式。让我再重申一遍吧，我只是在讲一种新的生活方式。

如果只要恭维就能够达到目的，那么每个人都会争着去学习恭维之术了，而且我们都可以成为人际关系的专家了。

在现实生活中，我们会把 95% 的时间用来考虑个人的事情。现在，如果我们暂且不想我们自己，而是去想想别人的优点，那么我们就不会，也没有必要刻意造出那些廉价而尚未出口的虚假恭维了。

“我所遇见的每一个人，”爱默生说，“都在某些方面比我强。在这些方面，我应该向他们学习。”

爱默生尚且如此，那么对你我来说，不更应该这样去做吗？

我们不要再去想我们的成就，以及我们所要的。我们要试着找出别人的优点，然后抛弃恭维。给别人诚实而真挚的赞赏。“诚于嘉许，宽于称道”，别人就会咀嚼你的赞赏，把它们视为珍宝，一辈子都在重述它们——当你忘了他们之后，他们还在重复着。

原则二：看到别人的优点，给予真挚诚恳的赞赏

心理弱点分析

古希腊哲学家普罗泰戈拉说，人是万物的尺度！不管是什么人，都会以自己的尺度去看待周围的人和事，他们觉得自己才是世界的中心。然而很多人都没有意识到，在社会生活中，所有的对象都是与你一样的“世界中心”。

三、善于激发他人的渴望

> **特别提示：**我们只关心自己想要的，这显然是非常孩子气的。谈论他所要的，并且告诉他如何才能得到它，这是世界上唯一能影响对方的方法。

从我自己的角度来说，我喜欢吃杨梅和奶油。每年的夏天，我都要去缅因州钓鱼。我发现因为某些特殊的理由，水里的鱼爱吃小虫。因此我去钓鱼的时候，我总去想它们所需要的，而不想我所要的。我不会用杨梅或奶油作鱼饵，而是把一条小虫或一只蚱蜢放在钓鱼钩上，放在水中，引诱着鱼儿说："你是不是要吃这个？"

为什么你不用同样的方法，去"钓"一个人呢？

有人向路依特·乔琪提问：别的战时领袖们怎么都在战后退休，他还身居高位？他是这样回答的：假如他官居高位是归功于一件事，那么是由于他钓鱼时放对了鱼饵。

我们只关心自己想要的，这显然是非常孩子气的。你当然在意你的需要，永远在意。但要知道其他的人都像你一样，他们关心的也只有他们自己，对别人却漠不关心。

谈论他所要的，并且告诉他如何才能得到它，这是世界上唯一能影响对方的方法。

你明天要别人替你做些什么时，一定要记住那句话！打个比方来说：你的孩子吸烟，如果你不愿意，你可以告诉他吸烟会使他参加不了棒球队，或是不能在百米跑步竞赛中获得胜利，而不需要去教训他。

这是你值得去注意的一件事，不论你是应付儿童，或是一头小牛、一只猿猴。

一次，爱默生和他的儿子想让一头小牛进入牛棚，但是没有想到那头小牛，只想到自己所需要的。爱默生的儿子拉，他在后面推，而那头小牛也只想它自己所想要的，挺起它的腿，坚持拒绝离开那块草地。

他家的爱尔兰女佣人站在旁边，看到这情形，上前把她的拇指放进小牛的嘴里，小牛吮吸她的拇指，乖乖地温和地跟着她进了牛棚。爱尔兰女佣虽然不会写书做文章，但她懂得牛马牲口的感受和习性，至少这次她了解这头小牛需要的是什么。

自你出生来到世界上这一天起，你的每一种行为，所有的出发点都是为了你自己，都是因为你需要些什么。

如果你捐助一百美元给红十字会，是因为自己需要吗？那也不会是例外，那是因为你要做一件神圣的事，因为你要做一件善举……当然也许你的捐助，是因为一位主顾请你捐款之故，你是由于不好意思拒绝，所以才捐出的。无论怎样，有一件事是肯定的，你捐款是因为你需要些什么的缘故。

哈雷·欧弗斯屈脱教授在他的《影响人类行为》这本书中说：“行为是由我们的基本欲望产生出来的……无论是在商业、家庭、学校或政治中，对那些以后想要说服的人，最好的建议是要先激起对方某种迫切的需要。如果做不到这一点，就会到处碰壁；做到这一点，就可以左右逢源。”

安德鲁·卡耐基，那个常为贫穷所苦恼的苏格兰少年，最初的工作每小时只有两分钱，后来却捐出了3.65亿美元。他很早就懂得，影响他人的唯一方法就是，处处为人设想，看他们需要什么。卡耐基只上了4年学，却深谙处世之道。

安德鲁·卡耐基有两个侄子在耶鲁大学读书，常常忙得忘了写信回家，完全不理会家人的担心。安德鲁·卡耐基为此拿出100元打赌，说他可以让这两位侄子马上回信，虽然他在信里提也未提这一点。于是他写了一封闲话家常的信，末了还提到附上5元钞票一张，送给他们当礼物。

当然，他忘了把钞票放进信封里。

很快回信就来了，两个侄子感谢“亲爱的安德鲁伯伯”，然后——下面的情况不用讲，你们也都知道了。

我们班上一位同学，俄亥俄州克利夫兰市的史坦·诺瓦克提供了一个有说服力的例子。一天晚上他下班回家，发现他的小儿子蒂米躺在客厅地板上又哭又闹。蒂米明天就要开始上幼儿园，但是却不肯去。如果是在平时，史坦的反应就会是把蒂米赶到房间里去，叫他最好还是决定去上幼儿园，他没有什么好选择的。但是在今天晚上，他认识到这样做无助于蒂米带着好的心情去上幼儿园。

于是史坦坐下来想：“如果我是蒂米，我为什么会高兴地去上幼儿园？”他和他太太就列出了所有蒂米在幼儿园会喜欢做的事情，如用手指画画、唱歌、交新朋友等。然后他们就采取行动。

史坦说：“我们——我太太莉莉，我另一个儿子鲍布以及我开始在厨房的桌子上画指画，而且真的享受到了其中的乐趣。不一会儿，蒂米就在墙角偷看，然后他就要参加。‘不行，你必须先到幼儿园学习怎样画指画。’我对他说。我以最大的热忱，以他能够听懂的话，把我和我太太在表上列出的事项解释给他听——告诉他所有他会在幼儿园里得到的乐趣。结果在第二天早晨，我以为我是全家第一个起床的人。我走下楼来，发现蒂米坐着睡在客厅的椅子里。‘你怎么睡在这里呢？’我问他。‘我等着去上幼儿园。我不想迟到。’我们全家的热忱已经在蒂米心里引起了一种强烈的欲望，而这是讨论或威吓所无法做到的。”

也许你明天打算劝某人做某事。在你开口之前，不妨先问问自己：“我怎样才能使他心甘情愿地去做这件事呢？”

这问题可以使我们不至于冒冒失失、毫无结果地去同别人谈论我们的各种愿望。

有一次，我向纽约一家饭店租下大厅，准备做一个为期20天的季节性系列演讲。就在日期快到的时候，我突然接到通知，要我必须付比平常多3倍的价钱。当时，我的票已印好送出，所有通知也都发出去了。我自然不愿多付增加的费用。但是，同饭店谈我的需要有什么用呢？他们只注意自己的需要。于是，一两天后，我直接去见经理。

“接到你们的来信，我感到十分震惊。”我说道，“但是，我并不责怪你们，换成是我，说不定我也会这么做。你身为经理，当然得为饭店的利益着想，如果不这么做，上面一定会开除你的。现在，让我们拿张纸来，写下这件事对你们将产生的利与弊。”

我取过一张信笺，在纸上从中画出两栏，一栏上面写“利”，另一栏上面写“弊”。我在“利”栏下面写上“大厅可作他用”，并且说明：“你们的好处是大厅可以空下来，另外租给人跳舞或开会，这比只租给我们开演讲会的收入高些。假如我将大厅占用了20个晚上，这当然表示你们失去了可能会有的大生意。”

“现在让我们看看弊的部分。首先，由于我付不起你们要求的租金，当然要另外择地举行。这就意味着你们将得不到我的这笔收入。第二点，这一系列的演讲，会吸引许多受过教育的文化人士来到饭店，这是极好的宣传机会。实际上，假如你们在报上做广告，每次得花5000美元，而且不一定能吸引这么多人前来参观，这对饭店来说，不是很值得吗？”

我一面说，一面在“弊”栏写下刚才说的两点。我把那张纸递给经理，说道：“希望你仔细考虑一下，并请尽快把最后的决定通知我。”

第二天，回信来了，告诉我租金只上涨50%，而不是原来的3倍了。我丝毫没有提到自己的需要便获得减价，我一直谈的是对方的需要，并且告诉他们如何得到。

假如当时我像一般人的直接反应一样，怒气冲冲跑进办公室里咆哮：“什么，你们把租金上涨了3倍，这是什么意思？你们知道我的票和通知都印好了，可现在一口气涨了3倍！太岂有此理了！太不讲道理了！我拒绝付钱！”

这样的结果会怎么样呢？当然是唇枪舌剑争闹一番——而且你也知道争闹的结果是什么。纵使我说服对方，使他相信他的观点是错的，但是自尊心也必然使他不愿意做出太大的让步。下面是亨利·福特对处理人际关系所提出的忠言：

成功的人际关系在于你能捕捉对方观点的能力；还有，看一件事须兼顾你和对方的不同角度。

此话真是金玉良言，我愿意再重述一遍："成功的人际关系在于你能捕捉对方观点的能力；还有，看一件事须兼顾你和对方的不同角度。"

这道理十分简单明了，每个人应该都能一眼看出此话不假。但是，这世界仍有90%的人在90%的时间里忽视其重要性。

让我举出一些例子来说明吧！在你每天早上的餐桌上，你可以看到有很多写信的人，违背了这种常识的规则。下面这封信是写给全国各无线电台负责人的，一家全国各地都有分公司、极具规模的广告公司里的一位无线电部主任写来的（在下面的括号中，是对每一句话的反应）。

亲爱的布兰克先生：

本公司希望保持在无线电界广告业务的领袖地位。

（你的公司希望什么关我什么事？我正担心我自己的问题呢！银行正准备没收我的房产抵押，害虫正在啃咬着我花园里的花草，昨天交易市场的股票大跌，今天早上我又误掉了8:15的火车，昨晚琼斯家没有邀请我去跳舞，而且医生说我患有高血压、神经炎、头屑过多等毛病。然后又发生了什么呢？今天早上我心烦意乱，一进办公室打开信件，竟然看到纽约一个名不见经传的家伙在啰啰唆唆地讲他公司的什么希望。这真是一派胡言！如果他能了解他这封信给人的印象，他就会离开广告界，改行去制造消毒液。）

本公司在全国各地所拥有的广告客户，是本公司领先业界的保障。本公司每年的营业额都名列前茅。

（你又大，又富，而且又遥遥领先，是不是？但那又能怎么样？即使你的公司有全国汽车公司、全国电气公司以及美国陆军总部合起来那样大，也不关我什么事。如果你不这么浅薄的话，你就应该明白我只关心我有多大，而不是你有多大。你提到自己有多成功，这一切只使我觉得渺小和不重要。）

我们希望将各家无线电台最新的消息提供给我们的客户，为我们的客户服务。

（“你”希望！“你”希望！你这个不知天高地厚的笨蛋，我才不管你有什么样的希望，或墨索里尼、克芳斯比有什么希望呢！我不妨干脆地告诉你，我只对“我”自己所希望的事情感兴趣——而在你这封荒谬该死的信中竟然连一个字也没有提到。）

因此，你可以把本公司列为你们报告每周消息的必要对象——每一项对广告公司有利于在黄金时间插播广告的细节。

（“必要对象”。好大的口气！你大谈特谈你们的大公司，使我觉得微不足道；然后你要我把你们列入“必要”的对象中，可是你却连个“请”字都不说。）

即刻回信，告诉我们你们最近的“活动”，将对彼此都会有好处。

（你这笨蛋！你们寄给我一封低级的复写信件，一封像秋叶似的寄至天涯海角的千篇一律的信。你居然还好意思在我担心房子的抵押、害虫和高血压的时候要我坐下来，亲自口述一封私人的信，告诉你收到你这封该死复写的信——而且还要我“即刻”回信。你这“即刻”是什么意思？难道你不知道我跟你一样忙——或，至少我喜欢想象成跟你一样忙。还有，既然我们是在谈这个问题，我倒要问问你，是谁给了你这种权力来命令我做这做那？……你说这件事将对“彼此有好处”，可是你直到最后才想到我的利益，但怎样才对我有益呢？对此你却含糊不清。）

无线电部主任布兰克谨启

再启：附上《布兰克维尔日报》的副本，以供参考，你也许愿在你的电台播放。

（在这最后的再启文字中，你倒是提到了可以帮助我解决一个问题的事情。但这又有什么用呢？你为什么不在信的一开始就提到这个呢？任何广告商如果犯了你这种毛病，脑子一定是出了问题。你并不需要关于我们最近活动的消息，你所要的不过是一品脱碘，好注射进你的甲状腺。）

如果一个人一生都致力于广告事业，自以为具有能左右他人购买决策的高等才华，可是却写出那样的一封信来，对于那些屠夫、面包师及地毯纺织工，我们还能指望他们能写成什么样呢？

这儿还有一封由一个大货运公司的总监给我班上一位名叫维米兰的学员写的信。这封信对收信人会产生什么效果呢？请先看一下，我再告诉你。

西来吉亚公司

前街28号

布洛克林，纽约

维米兰先生收

各位主管阁下：

本公司外运收货站的工作常常受到阻碍，因为好多货物都在傍晚时才送来，结果造成交通拥挤，我们的人员加班、车辆迟延，有时候还延误开车。11月10日，我们从贵公司收到510件货物，抵达这里已经是下午4点20分。

为了避免货物延迟送达所产生的不利影响，我们能否请求，以后贵公司要把当天所交的货当天运出去的时候，尽量请你们的卡车早点来，或者在早上先送来一部分？

这样对你们会有好处：你们的卡车可以迅速返回，并且我们可以保证你们的货物在收到的当天就可以运送出去。

总监某某谨启

读完这封信以后，担任西来吉亚公司销售经理的维米兰先生写了下面这些意见给我：

“这封信所产生的实际效果，与对方的本意正好相反。这封信在一开头就讲货运站的困难。但是一般来说，这不是我们感兴趣的。然后是要求我们合作，却一点也没有想到对我们是否有任何的不便。然后在最后一段，终于提到如果我们合作的话，将可使我们的卡车迅速开回，并且使我们的货物在送到的当天就可以运出去。换句话说，我们最感兴趣的在最后才提到，并且所产生的整个效果是敌对，而不是合作的心理。”

我们来看看是否可以重写这封信。我们不应该把时间只放在讲我们自己的问题上，这正如亨利·福特所建议的，我们该“了解别人的观点，从他的角度和我们自己的角度来看事情”。

下面就是一种修改方法，也许这不是最好的方法，但是不是可以有所改善呢？

维米兰先生

西来吉亚公司转

前街 28 号

布洛克林，纽约

亲爱的维米兰先生：

贵公司 14 年来一直是我们的最佳顾客之一。对于你们的光顾，我们当然非常感谢，并非常乐意为你们提供迅速高效的服务。但是，我们遗憾地说，如果你们的卡车在黄昏的时候运来大批货物的话，例如 11 月 10 日那天的情形，我们就无法提供这种服务了。为什么？因为许多其他的公司也是在黄昏时才把货送来。当然，拥挤的现象就产生了，使得贵公司的卡车不可避免地在码头受阻，有时候甚至使得货物无法按时运出去。

这种情形很糟，非常糟糕。怎样才能避免呢？就是尽可能在中午之前把你们的货物送到码头。这样就能使你们的卡车活动自如，也能立即把你们的货运送出去，而且我们的工作人员也能早点回到家中，享受贵公司所出产的美味通心粉。

请千万不要认为本函是在抱怨，也请不要以为本公司在多管闲事，想建议贵公司应如何经营。这封信的目的，只是希望能够为你提供更有效的服务。

无论你们的货物什么时候抵达，我们仍然是欣然而迅速地以最大的力量来为你们服务。您公务繁忙，请不必费工夫回信。

总监某某谨启

芭贝拉·安德森在纽约一家银行工作，但为了儿子的身体健康，她搬到了亚利桑那州的凤凰城。她利用在我班上所学到的原则，写了下面这封信给凤凰城的12家银行。

敬上启信者：

我已有10年在银行工作的经验，作为快速发展的贵银行，对我应该会感兴趣。

我曾就职于纽约银行的一个信托公司，现在已经提升为分部经理，对银行各部门的业务相当熟悉，包括与储户的关系、信用、贷款以及行政。

我将于5月份搬到凤凰城居住，我深信我能有助于贵银行的发展与盈利。我将在4月3日前后的一个星期抵达凤凰城。如果能被给予机会，使我显示如何有助于贵银行达到目标，则不胜感激。

顺颂商祺

芭贝拉・安德森

你认为安德森夫人的这封信会得到答复吗？事实上，这 12 家银行中有 11 家给她回了信，请她去银行面谈，这足够她选择的了。为什么会这样呢？安德森夫人并没有说她想要什么，而只是在信中说自己可以帮助银行发展和获利，因而抓住了银行的需要，而并非一味地说自己的需要。

许多推销人员，每天踏破铁鞋，疲惫沮丧，却所获甚微。为什么？因为他们心里想的都是自己的需要。他们不知道你我并不想买什么东西，如果想的话，也一定会自己出门。顾客总喜欢主动采买，而非被动购买。

但是仍然有许多销售人员，终其一生不知道怎样从顾客的角度去看事情。

几年前，我住在纽约一处名叫“森林山庄”的小社区内。一天，我匆匆忙忙跑到车站，碰巧遇见一位房地产经纪人。他经营附近一带的房地产生意已有多年，对森林山庄很熟悉。我问他知不知道我那栋灰泥墙的房子是钢筋还是空心砖造的，他回答说不知道，然后给了张名片要我打电话给他。第二天我接到这位房地产经纪人的来信。他在信中回答我的问题了吗？这问题只要一分钟便可以在电话里解决，可是他却没有。他仍然在信中要我打电话给他，并且说明他愿意帮我处理房屋保险事项。

他并不想帮我的忙，他心里想的是帮他自己的忙。

阿拉巴马州伯罕市的霍华・卢卡斯告诉我，有两位同在一家公司工作的推销员，是如何处理同样一件事务的。

“好几年前，我和几个朋友共同经营了一家小公司。就在我们公司附近有家大保险公司的服务处。这家保险公司的经纪人都分配好了辖区，负责我们这一区的有两个人，姑且称他们卡尔和约翰吧！

“有天早上，卡尔路经我们公司，提到他们公司专为公司主管人员新设立的一项人寿保险。他想我们或许会感兴趣，所以先告诉我们一声，等他搜集更多资料后再过来详细说明。

“同一天，在休息时间用完咖啡后，约翰看见我们走在人行道上，便叫道：‘嗨，卢克，有条好消息告诉你们。’他跑过来，很兴奋地谈到公司新开办了一项专为主管人员设立的人寿保险（正是卡尔提到的那种）。他给了我一些重要资料，并且说，‘这项保险是最新的，我要请总公司明天派人来详细说明。我们先在申请单上签名送上去，好让他们赶紧办理。’他的热心引起我们的兴趣。虽然都对这个新办法的详细情形还不甚明了，却都不觉上了钩，反而因为木已成舟，而更相信约翰必定对这项保险有最基本的了解。约翰不仅把保险卖给我们，而且还多卖了两倍。

“这生意本是卡尔的，但他表现得还不足以引起我们的关注，以致被约翰捷足先登了。”

最后卢卡斯说：“卡尔本来可以得到这些保险的业绩，但是他没有努力引起我们要参加这种保险的欲望。”

某些专业人员也常常犯同样的错误。例如，几年前，我因为患扁桃体炎而去费城一位著名的鼻喉专家那里看病。可他在检查我的扁桃体之前，却问我是干什么的。他并不在意我的扁桃体大小，只关心我的钱包大小。他最关心的是如何从我这里赚到更多的钱。结果呢？他没有得到任何东西——我走出了他的诊所，原因很简单，因为我蔑视他的人格。

世界上到处都有这种充满了贪求和欲望的人，因此那少数不存私心为别人提供帮助的人，就会有很大的收获。他们几乎没有竞争对手。欧文曾说：“能够设身处地为别人着想、洞察别人心理的人，永远不必担心自己的前途。”

如果你从这本书中学到了这一点——“永远从别人的立场去思考，并从他的角度来看问题”，它可以很轻易地变成你事业中的一个里程碑。

探求别人的观点，并在他内心当中激发起对某件东西迫切渴望的需求，并不是为控制这个人，使他做出对你有利而对他不利的事。任何一方都应在这种情况下有所收获。例如就给维米兰先生的信来说，发信和收信双方都因为所建议的事情的执行而有收获。安德森太太的信使得银行和她双方都得到胜利，银行方面获得了一位有价值的工作人员，而安德森太太也得到适合的工作。在约翰把保险卖给卢卡斯的例子中，双方也都各有所得。

激发别人的迫切需求并加以满足，使双方都从中受益的另一个例子是由罗得岛威克市的麦克尔·威登先生说出来的。

威登是壳牌石油公司的一名地区推销员。他希望自己成为最优秀的推销员，但是有一处加油站却使他的努力受到影响。这个加油站的经理是一个上了年纪的老人，尽管威登想尽了办法，但老人仍然不能让加油站保持清洁，结果这里的汽油销售大大减少。不论威登怎样请求改进加油站的卫生，这位老人就是不理会。在多次恳谈和劝说都以失败告终之后，威登决定请老人去参观他所在地区的另一处壳牌加油站。

这位经理对新加油站的设施印象深刻，而当威登下一次去看他的时候，他的加油站已经很清洁，而且销售量已经增加。这使威登达到了成为区域内业绩第一的目标。他过去的谈话和讨论都没有收到效果，但是他引起了那位经理内心迫切渴望的需要，以及邀请那位经理去参观了现代化加油站之后，他达到了他的目标，而那位经理和威登都得到了好处。

多数的人，上大学研读维吉尔的诗篇，并且精通微积分，却没有发现自己的心灵如何活动。例如：有一次我为一批年轻的大学生讲授“有实效的演讲”。这批人正准备进入新泽西州纽瓦克的卡瑞尔公司。这家公司专门为商业公司和戏院生产冷气机。其中一位想劝说别人打篮球，他是这样说的：“我希望你们大家出来打打篮球。我喜欢打篮球，但最近几次我到体育馆去，人员不够，没办法比赛。前天晚上，我们只有两三个人玩投篮——结果我的一只眼睛打青了。我希望大家明天晚上都来。我要打篮球。”

你看，他提到了你想要的任何东西吗？你不想去一个没人愿去的体育馆，不是吗？你不愿关心他想要什么，你也不希望自己的眼睛被打青。

他能够让你看出如何利用体育馆，以得到你所需要的吗？当然能。例如，他可以说去体育馆会让你精神焕发、食欲更好、头脑更清醒，你还可以从中得到消遣和快乐，等等。

我再重复一次亚弗斯德教授那充满智慧的忠告：“首先撩起对方心中最迫切的欲求。如果能做到这点，就可以如鱼得水，否则就将一事无成。”

卡耐基训练班的一位学生，因为孩子的体重很轻，不肯乖乖地吃东西，而十分忧虑。通常孩子的父母这样责骂孩子：要吃这些、那些！要快快茁壮长大成人！

孩子会在意父母的这些话吗？当然不会注意，就像跟你毫不相干的盛宴你根本不会注意一样。

一个一点常识也没有的父亲，希望3岁的孩子能对一个30岁父亲的见解有所理解。最后那个父亲明白过来，这是不合情理的。因此他告诉自己说：“孩子需要的是什么？我需要什么？我如何将我的需要和他的需要联结起来？”

开始想到这点后，他的问题解决得就很顺利。他的孩子喜欢踩着一辆三轮脚踏车，在屋前人行道上玩。有个邻居家的大孩子，常常“很坏”地把他的孩子推下三轮车，自己骑上。

那小孩跑回来，哭着告诉自己母亲，他母亲出来把那“很坏”的大孩子推下三轮车，再让自己的孩子坐上车子。每天都发生类似这样的情形。

这小孩所需要的是什么？对这问题做深奥的探索是不需要的。他性格中最强烈的情绪——包括他的愤怒、他的自尊、他求得自重感的欲望，这都驱使他想报复、痛击那“很坏”的大孩子的鼻子！

他父亲这样告诉他，如果他吃母亲要他吃的东西，就能快快长大，将来就可以把那个“很坏”的大孩子一拳打倒。这孩子现在什么都喜欢吃了，菠菜、白菜、咸鱼和其他食物。他盼望自己快快长大，去打倒那个一再欺侮他的暴徒。当他父亲应许他那件事后，饮食已不再是问题了！

这个问题解决后，又有了困扰这位父亲的另外一个问题……这小男孩有尿床的坏毛病。

孩子祖母跟小男孩睡一起，早晨祖母醒来摸摸床单，对小男孩说："强尼，你看昨夜你又干了些什么？"

"不，没有，我没有尿床，那是你干的。"强尼总是这样回答。

他母亲无数次地告诉他别那样做，甚至打他、骂他、羞辱他，可是强尼这个坏习惯没有改变。"怎样让强尼这孩子改掉尿床的坏毛病？"强尼的父母亲自问。

强尼希望要的是什么？第一，他要一张属于他自己的床——对这件事祖母也不反对；第二，他不愿意穿像祖母那样的睡袍，要穿像父亲一样的睡衣。祖母已受够了他每晚的扰乱，使她每夜不能舒服地入睡，所以如果强尼改掉他的坏毛病，替他买套睡衣她也乐意。

母亲领着强尼去一家百货商店，用眼神示意柜台女售货员：这位小绅士要买些东西！

女售货员会意，令他感到自重地问："你要买些什么，年轻人？"

强尼踮起脚尖，站得高些，说："我要为我自己买张床。"

当母亲看到一张合适的床时，便使了个眼色给女售货员，女售货员就给强尼介绍那张床的可爱和实用。于是床就买了下来。

买到床的当晚，父亲回家的时候，强尼跑到门口大声地叫着说："快上楼来看，爸爸，爸爸，我自己买的床！"

看到那张床，父亲就对这小男孩点头赞许。

他问儿子："强尼，你是不是不会再弄湿这张床了？"

强尼连连摇头说："哦，不，不，我不会再弄湿这张床的。"因为他的自尊心，他的床也是他自己买的，强尼再也不尿床了，这孩子遵守了自己的诺言。现在强尼穿上睡衣，就像个"小大人"一样，他想做个"大人"，他做到了。

另外有个叫德施曼的父亲，也是我训练班里的学员，他的职业是电话工程师。

他三岁的女儿不肯吃早餐是他所面临的困扰。责骂、请求或是哄骗都无法达到效果。

这小女孩似乎觉得自己已长大了，总是喜欢模仿她的母亲。有一天早晨，他们把她放在一张椅子上，让她做早饭——这小女孩心里想的正是眼前的情形。父亲走进厨房时，她正在做早餐，看到父亲进来，小女孩就说："嗨，爸爸，你看——我在做早饭呢！"

那天早晨，小女孩在没有任何人的哄骗、诱劝的情形下，乖乖地吃了两碗麦片。这是由于她自己对这件事感兴趣，她的自重感满足了。她找到表现自己的机会，在做早餐的时候。

威立姆·温德曾经说过："人性最主要的需要就是表现自己。"可是，这种同样的心理学为什么不用在我们事业上呢？

原则三：引起他人的渴望

心理弱点分析

人最重要的需求就是实现自己。在人的内心深处，其他人需要什么跟自己是没有任何关系的。即使是夫妻，在纯粹的自我意识中，也是如此。人与人之所以能交往下去，一定有能够互相满足的地方，不是"力比多"就是自我实现。

CHAPTER 2

六种使别人喜欢你的方法

一、社交达人的秘密武器

> **特别提示：**如果一个人真的是关心别人的话，那么他在两个月内所结交的朋友，要比一个总想使别人关心他的人，在两年内所交的朋友还要多。

我们为什么要通过阅读本书去学习如何交友呢？为什么不向最得人缘的家伙去学习交友的技巧呢？那么，谁最得人缘呢？也许你明天就会在街上见到它。当你走到距离它 10 英尺附近，它就会向你摇头摆尾；当你停下来拍拍它的话，它就会高兴地向你表示亲热。而且它的这些表现绝对没有不良企图：既不会向你兜售房地产，也不会想同你结婚。我想大家都明白我说的是什么了——一只可爱的狗。

你有没有想过，狗是唯一不用工作而能谋生的动物！母鸡得下蛋，牛得产奶，金丝雀得唱歌，而狗却什么也不用做，只需对你表示亲热即可。

在我 5 岁的时候，父亲花钱买了只小黄毛狗给我，我叫它“泰比”。它给予我童年时代的启蒙，也给我带来了无比快乐。每天下午 4 点半左右，它就会蜷曲在我家前院，用那对漂亮的眼睛瞪着门前那条小路。只要一听到我的声音，或看到我拎着饭盒穿过小路，它就会箭一般飞跑过来迎接我，而且还高兴得吠个不停。

泰比和我做了 5 年的好朋友。可是，在一个悲惨的晚上——我永远也不会忘记的那个晚上——在离我仅有10英尺远的地方，它被电击死了。泰比的死，对我的童年时代来说，是一个难以忘怀的悲剧。

泰比，你从来都没有读过心理学，你也不必去读。你可以通过你的直觉而知道这点。

如果一个人真的是关心别人的话，那么他在两个月内所结交的朋友，要比一个总想使别人关心他的人，在两年内所交的朋友还要多。让我再重复一遍：你如果关心别人的话，在两个月内所交上的朋友，就会比一个需要别人关心他自己的人，在两年之内所交的朋友还要多。

但是你和我都知道，有的人就是一辈子都无法醒悟过来，总是想让别人对他们表示关心。

当然，这种方法是没有用的。因为他们并不对别人感兴趣。他们只关心自己——无论是早晨、中午，还是在晚饭之后。

纽约电话公司曾对电话中的谈话内容做了一项详细的研究，以了解哪一个词最常在电话中被提到。我想你已经猜到了，那就是第一人称的“我”“我”“我”。在500次电话谈话中，这个词曾被用过3990次。

当你看一张你也在内的团体照片时，你会先看谁呢？

如果我们只是要在别人面前表现自己，使别人对我们感兴趣的话，我们将永远不会有许多真挚而诚恳的朋友。朋友，真正的朋友，不是用这种方法获得的。拿破仑试过这种方法，他跟约瑟芬最后一次见面的时候，他说：“约瑟芬，我是世界上有史以来最幸运的人；但是，此时此刻，在这个世界上你是我唯一值得依赖的人。”而历史学家们怀疑他是否真的能够依赖她。

已过世的维也纳著名心理学家亚佛·亚德勒，写过一本叫作《生活的意义》的书。在那本书中，他说：“对别人不感兴趣的人，他一生中的困难最多，对别人的伤害也最大。所有人类的失败，都出于这种人。”

也许你读过几十卷关于心理学方面的书，但是却再也找不到比这句话对你和我更重要的了。我并不喜欢重复，但阿德勒这句话意义实在太深远了，所以我希望重录于下：

“对别人不感兴趣的人，他一生中的困难最多，对别人的损害也最大。所有人类的失败，都出于这种人。”

我曾在纽约大学选修一门关于短篇小说写作的课。在这个班上，《科莱尔》杂志的一位编辑到班上来给我们上课。他说当他每天拿起他桌子上送来的几十篇小说的任何一篇，只需要读完几段，就能感觉出作者是否喜欢别人。“如果作者不喜欢别人，”他说，“别人就不会喜欢他的小说。”

在他演讲过程中，这位饱经世故的编辑有两次稍微地停顿了一下，他为移开主题而道歉。他说：“我现在要告诉你们的，就像你们听牧师讲的一样。可是，如果你要做一个成功的小说家，别忘记你必须先对别人发生兴趣。”

假如写小说是这样的秘诀，你完全可以肯定，在待人处世上，更应该如此了。

魔术家塞斯顿事业很成功，在百老汇表演时，我去拜访过他，在化妆室我们促膝谈了一个晚上。塞斯顿走遍世界各地，40 年来，约有 6000 万以上的观众看过他的表演。他用惊人的魔术绝技，倾倒了无数的观众，也使他收入了 200 万美元。

我请塞斯顿先生说说他成功的秘诀，他讲了自己过去历史的片段。他现在的成功跟他的学校教育没有丝毫关系。幼年时他就离家出走，偷乘火车，睡在草堆中过夜，挨家求乞，成了一个漂泊流浪者。他认识的几个字还是由车窗观看铁路两旁广告学会的。

难道他有高人一筹的魔术技巧？他对我说：不！现在已出版的关于魔术的书有数百本之多，在魔术方面目前也有数十人像他这样造诣的。可是他有两件本领是别人所没有的：他懂得人情，他的表演非常富有人情味。他说话的语调，每一个姿态动作，在事前都经过严格的预习，他反应灵活，举止敏捷，分秒不差。

除此之外，塞斯顿对人有浓厚的兴趣。他向我说，许多魔术家看着观众时会对自己说：“我要好好骗他们一下，这些傻瓜、乡巴佬。”可是塞斯顿告诉我，他就完全不是那样。每次当他上台时，对自己首先这样说："我要感激前来捧场的观众，他们使我过上舒服的生活，我要尽自己最大的力量，完成这场表演。"

他说，每次他表演之前，就会对自己说："我爱我的观众！我爱我的观众！"

不近情理吗？是不是很可笑？你可以随便照你的意思去想，我只是不加评论地把这位最著名的魔术家的为人处世技巧提供给你参考。

苏门·亨克夫人的一生充满了悲剧。她曾经贫困，甚至有一次还想抱着她的孩子一起自杀……虽然她遭遇到这样艰苦的境况，可是她还是忍住伤心，继续演唱下去，唱自己所喜爱的歌，最后成为一位轰动一时的歌唱家。她也告诉我同样的事。她自己承认，对"人"深切的兴趣是她成功的秘诀。

西奥多·罗斯福总统成就惊人，受到人们的欢迎，连他的仆人们也都敬爱他，这也是他成功的秘诀之一。《西奥多·罗斯福：侍从心目中的英雄》这本书，就是他的黑人侍从爱默士写的。在那本书中，爱默士说出一件感人的故事：

因为我的妻子从没有见过鹑鸟，一次她问总统：美洲鹑鸟是什么样子的？罗斯福总统不厌其烦地告诉了她（爱默士和他妻子住在罗斯福总统牡蛎湾住宅内的一所小房子里）。过了不久，我家里的电话铃声响了，是总统亲自打来的，我妻子接了电话。罗斯福总统在电话里告诉她，窗外现在正有一只鹑鸟，她如果向窗外看去，就能看到了。

关心这样一桩小事，正是罗斯福总统的一个特点。无论什么时间，当他路过我们屋子外面，有时并没有看见我们，我们仍可听到那亲切的呼喊声："嗨……爱默士！""嗨……安妮！"

佣人们怎么会不喜爱这样的一位主人呢？谁能不喜欢他呢？

有一天，罗斯福去白宫见塔夫特总统，塔夫特总统和夫人正好出去到外面。老罗斯福对那些底下人是由衷的喜欢，他能叫出白宫里所有佣人的名字，甚至包括做杂务的女仆的。亚切·白德曾经记述有这样一段：

他看到女佣人爱丽丝在厨房里的时候，问她是否还在做玉米面包。爱丽丝告诉他，那种面包楼上的人们都不吃，有时候做是为了给佣人们吃的。

罗斯福听了高声说：“他们那是没有口福，见到总统时，我要给他说说这件事。”

爱丽丝给罗斯福拿了一块玉米面包。他从园丁、工人们的身边走向办公室，边走边吃，跟他们每一位打招呼。

就像他做总统时一样，罗斯福亲切地和他们每一位谈话。一个老佣人眼里含着泪水说：“这一天，是我这几年来最快乐的一天，即使有人拿一百美元来换，我也不会愿意的。”

也正是这种深切关心他人的品性，使查尔斯·伊利亚特博士成为有史以来最成功的管理大学的一位大学校长。他从美国内战后第四年起一直到第一次世界大战爆发的前 5 年，一直担任哈佛大学校长。下面就是伊利亚特博士做事方式的一个例子。

有一天，一位一年级的学生克莱顿来到校长办公室，想从学生基金中贷款 50 美元。这笔贷款得到了校长的批准。“然后，我表示了我的万分感谢之后，正想要退出来时，”，克莱顿回忆道，“当时伊利亚特校长说：‘请再坐会儿。’然后他令我惊奇而庄重地说：‘听说你在寝室自己做饭吃。我认为这没有什么不好的，如果你烹调得当，没有浪费的话。我上大学时也这样做。你做过肉饼吗？如果用牛肉做馅儿，将它煮得够烂的话，那么味道会很不错的。我以前就经常这样做。’接着他又告诉我如何选牛肉，如何慢慢地煮，使汤逐渐蒸发变成肉冻，然后切成肉片，并压成一团，放冷以后再吃。”

还有一件类似的事情。

一个似乎无足轻重的人，却帮了美国强生公司业务代表爱德华·希凯一个大忙，使他重新赢得了一位代理商。

希凯回忆道：“许多年前，在马萨诸塞地区，我为强生公司拜访了一位客户。这个经销商是在耶姆的杂货店。每次我到店里去，总是先和卖冷饮的店员谈几分钟的话，然后再跟店主谈订单的事。有一天，我正要跟一位店主谈，但他突然要我别烦他，他不再想买强生的产品了。因为他觉得强生公司都把活动集中在食品和折扣商店，而对他们这种小杂货店造成了伤害。我灰溜溜地走了，然后到城里逛了几小时。后来，我决定再回去，至少要跟他解释一下我们的立场。

“在我回去时，我跟平时一样跟卖冷饮的和其他店员都打了招呼。当我走向店主时，他向我笑了笑并欢迎我回来。之后，他又给了我比平常多两倍的订单，我很惊讶地望着他，问他我刚走的几小时发生了什么事。他指着在冷饮机旁边的那个年轻人说，我走了之后，这个年轻人说：‘很少有推销员像这样，到店里来还会费事地跟他和其他人打招呼的。’他告诉店主，如果有人值得与他做生意的话，那就是我了。店主觉得也对，于是就继续做我的主顾。我永远都不会忘记，真心去关注别人，对别人表示应有的兴趣，是推销员最重要的品格——对任何人都是一样，至少对这件事来说是如此。”

我从个人的经验中也得出，只有你真正关心他人，才能赢得他人的注意、帮忙和合作，甚至最忙碌的重要人物也不例外。

好几年前，我在布鲁克林文理学院讲授《小说写作》课程，很希望能请到那些著名作家前来讲述他们的写作经验。我们写信去，除了称赞他们的工作成就外，还说明我们如何希望得到一些忠言和成功的秘诀。

每封信都签上了150名学生的名字。我们知道这些作家都很忙，所以附寄了一些希望他们回答的问题，以便节省他们备课的时间。他们很高兴接受这样的安排，便都答应了要前来。

我们也用同样的方法，请来了西奥多·罗斯福总统内阁的财政部长莱斯利·肖、塔夫特总统时的司法部长乔治·威克汉、威廉·詹宁斯·布莱恩、富兰克林·罗斯福和许多其他杰出人物，到课堂上为学生作公开演讲。

不论他是屠夫、烤面包的或是宝座上的国王，所有的人都喜欢尊敬他的人。

有这样一个例子是关于德国皇帝威廉的。第一次世界大战结束后，威廉被全球的人指认是大战的祸首，他逃亡荷兰后，德国人也不去理他。何止千百万人憎恨他，有人甚至要把他抓来碎尸万段。

在怒火焚烧般的公愤中，有一个小男孩用充满诚挚和钦佩的感情，写了一封简单诚恳的信，寄给了威廉。德皇看了这封信受到极大的感动，邀请这小男孩来见他。这小男孩在他母亲的陪同下，真的去了。后来孩子的母亲和德皇结了婚。这小男孩不用看怎样影响他人、怎样交友这类的书，他的天性就知道该如何做了。

我们假如想交朋友，应该替别人先做些需要时间、精力、照顾的事。爱德华公爵还是皇储的时候，他计划着周游南美洲。在出发前，为了可以直接和南美各国人士谈话，他花费了一段时间去学习西班牙语。当他到了南美洲后，受到那里人们的热烈欢迎。

我近年来认真地打听朋友的生日，如何进行这件事呢？“星相学”上那类的见解我当然不会相信，但是我见了朋友，就问他们是否相信人的生日跟每个人的性格、个性有关？然后我请他把他的出生年月日告诉我。他如果说在11月24日生，这日子我就牢牢地记住，等他转身时，我悄悄把生日、姓名记下。回家后，再记在一本“生日簿”上。

每年年初，我就把这些生日记在桌上的台历上，到了有人过生日那天，我就发一封贺函或是贺电给他。朋友是多么高兴！当他接到贺函或是贺电的时候，除了他亲人外，我是世界上唯一知道他生日的朋友。

如果交朋友，我们就要用最热诚的态度去欢迎他们。有人打电话给你，你也应该有同样的心情，以极热情的语气，加上一句：“你好！”纽约电话公司举办训练接线生的一个培训班，要求当询问者问“什么号码”时，再加上一句“很高兴为您服务”。我们以后接到电话时，也应该记住这句话。

这种学问运用在商业上有效吗？当然有效，我可以举出很多例子来。现在只举两个例子，以免浪费读者的时间。

查尔斯·华特在纽约市一家极具声誉的银行里工作，他被指派调查一家公司的秘密业务情况并起草报告。华特知道有家实业公司的经理最清楚这情况，可以给他提供所需要的资料。华特就去拜见那位经理。华特被引进经理室的时候，门外一个年轻女子探头进来，对那位经理说，那天她没什么好邮票给他。

经理朝那女郎点点头，接着向华特解释地说："我那 12 岁的孩子让我为他收集邮票。"

华特坐下说明了来意，接着就提出他的问题。那位经理却含糊其词、不着边际地应付了一阵，很明显不愿意说。华特用尽了办法，也无法使他多说些，整个谈话简短枯燥，没有一点要领。

华特也是我学习班里的一个学员，他说："说实话，我实在不知该怎么办……我后来突然想起：邮票、12 岁的小孩，那个女秘书说的话。我同时又想到，我们常和世界各地通信，银行的国外汇兑部有很多少见的外国邮票，现在正有用处。

"我次日下午再去拜访那位经理，故意传话说我有很多邮票，特意带给他的儿子。你想，我会不会受到热烈的欢迎？很自然的，他脸上满是喜悦的笑容，紧握我的手。他看了看邮票，反复说：'我的乔琪会喜欢这一张……嗯，这一张也好，都是很少见到的。'

"我们看他儿子的照片，还谈了半个小时的邮票。随后，我不需要再开口了。他用了一个多小时的时间，给我提供了我需要的各项资料。他自己所知道的情形说完后，又接着打了几个电话问他的朋友，还把公司里的职员叫来问，并找出那家公司财产状况的各项报告、资料，让我得到一个极大的收获。"

还有另外一个事例。

推销员克纳夫在费城一家煤厂工作，他多年来一直想把厂里的煤卖给一家联营百货公司，但是那家公司仍然向市郊一家煤厂购买，始终不买他的煤。更使他咽不下这口气的是——每次运送煤又恰恰经过他办公室的门前。为了这件事，克纳夫在学习班上大发牢骚，痛骂联营百货公司是对国家、社会有害的。

话虽这样说，他心里还是不甘心。为何劝不了那家公司买他的煤？

我请他尝试一种不同的方法。我将学习班里的学员分为两组，展开一次主题是“连锁性的百货公司业务发展是否对国家益少害多”的辩论会。

按照我的建议，克纳夫同意替那家公司辩护，参加了反对的那一组。然后，我要他去直接找不买他煤的那家公司负责人。

见到那位负责人后，克纳夫这样对他说：“我有一件事想请你帮忙，并不是来求你买我的煤。”他讲完来意后，接着说：“因为除了你以外，我不知道还有谁能提供我这项资料……我很想在辩论会中获胜，希望你能提供更多有关这方面的资料。”

克纳夫这样叙述当时的情形：

“我传话请求那负责人给我一分钟谈话的时间，这样他才答应见我。我说明来意，他才请我坐下。后来我们谈了 1 小时零 47 分钟。他打电话给曾经写过一本关于连锁性百货公司的书的一家连锁机构的高级职员，他还给全国连锁性联营百货公司工会写信，为我找来很多有关这方面的辩论资料。

“他认为他的公司做到了服务社会的宗旨，他对自己的工作感到满意而自豪。谈话时，他两眼闪耀出热忱的光亮。对我而言，我必须承认我改变了对他原有的想法，我看到我做梦都想象不到的事，我的眼界开阔了。

“他亲自送我到门口，当我要离开的时候，他把手搭在我肩膀上，祝愿我在辩论会上获得胜利。

“最后他说：‘你到春末的时候来找我，我愿意订购你们厂的煤。’

“我这次没有央求他，他却要买我的煤。这件事对我来讲是桩奇迹。因为我真实地对他的问题产生了兴趣，在这两个小时内比我十年中所得到的进展还多。就因为过去我只关心我的煤和我自己，现在我关心他和他切身的问题。”

克纳夫所感悟的不是新的真理，在基督降生前一百年，罗马一位著名的诗人西罗斯，就曾经这样说过：“要使别人对我们产生兴趣，我们要先对别人产生兴趣。”

在纽约长岛选修我们课程的马丁·金斯柏报告说，由于一位护士对他特别关怀，深深影响了他的一生。

“在我10岁那年的感恩节当天，我住在城里一家医院的免费病房里，准备第二天进行外科整形手术。我知道在以后的几个月里我都不能外出，还要忍受疼痛，等待伤口复原。我的父亲已经过世，母亲和我住在一间小公寓里，接受社会福利救济。那一天，母亲不能来看我。

“我感到十分孤单、绝望和恐惧。我知道母亲一人在家，为我担心，而且没有人陪她，没人同她一起吃饭，甚至没有钱吃一顿感恩节晚餐。

“泪水涌进我的眼里，我把头埋在枕头和棉被下面，尽量不使自己哭出声来。但我实在太伤心了，因此哭得整个身体都颤动不已。

“有位年轻的实习护士听到啜泣的声音，急忙跑过来。她掀掉棉被，拭去我脸上的泪水，然后告诉我，她今天得留在医院工作，不能和家人在一起，所以也感到很孤单。她问我愿不愿意一道用餐，然后便拿了两份食物过来：有火鸡片、马铃薯泥、橘酱和冰激凌等。她同我聊天，让我不至感到害怕，一直到下午4点当班的时候才离开。她在晚上11点钟回来，陪我玩，同我聊天，直到我睡下了才离开。

“从我10岁以后，一年一年的感恩节来了又去了，却只有一个感恩节永远长留在我心头。在那个特别的日子里，有我的挫折、恐惧、孤单，还有来自一位陌生人的温情和关怀。”

所以，如果你想让别人喜欢你，或者培养真正的友谊，或是帮助别人又帮助自己，那么就要牢记，对别人表现出诚挚的关切。

方法一：对别人表现出诚挚的关切

心理弱点分析

弗洛伊德认为人最基本的需要和动力是“力比多”（libido），而杜威把“力比多”从生理层面转化到心理层面之后，把人最基本的生命动力诠释为“成为重要人物的欲望”。但是大部分人在社交生活中，都会掩盖自己真实的意图。其实每个人都是需要社交的，只要发自真心，就绝对不会有“无事献殷勤”之嫌。

二、留下好的第一印象

> **特别提示：**行动比言语更具有力量。如果你希望别人看到你的时候很愉快，那么你一定要记住：当你面对别人的时候，你也一定要心情愉悦。

我最近在纽约参加了一个宴会。其中有一位客人——她是一位曾获得大量遗产的女士，可能是急于给每个人留下良好的印象，她花费大量的金钱，买了名贵的貂皮、钻石、珍珠。但是，她对自己的面孔却没有下过什么功夫。她的面部表情充满了尖酸刻薄以及自私。她并不明白男人们心中所想的——那就是一个女人面部的神情，要远远比她身上所穿的衣服更重要（对了，假如下次你的妻子要买皮大衣的时候，你最好别忘了这句话）。

史考伯告诉我，说他的微笑能值 100 万美元。他大概是在向我暗示这一真理，因为史考伯的性格、他的魅力、他那使别人喜欢他的才能，几乎正是他卓越成功的全部原因。而他的个性中最可爱的因素之一，就是他那能够打动所有人的微笑。

有一天下午，我和莫里斯·雪弗莱待在一起。坦白说，起初我感到很失望——他一直保持缄默，怏怏不乐，这和我所期望的完全相反。幸运的是他终于有了微笑，他的这种微笑犹如太阳穿透了乌云。如果不是因为他的微笑，可能雪弗莱还在巴黎，和他的父亲及兄长那样，继续做一个木匠——家具制造者。

行动比言语更具有力量。做一个微笑者，微笑会让人明白："我喜欢你，你使我快乐，我很高兴见到你。"

这就是狗那么讨人喜欢的原因。它们是那么高兴见到我们，以至于迫切到心都几乎要从肚子里跳出来似的。因此，我们就很高兴能够看到它们。

一个婴儿的微笑也有相同的效果。

你是否曾在医院的候诊室里待过？也许你会注意到四周的人都阴沉着脸，非常苦闷的样子。住在密苏里州雷顿市的兽医史蒂芬·史波尔曾对我说过这样一件事：有一年的春天，在他的兽医候诊室中挤满了人，他们都带着自己家中的宠物准备注射疫苗。没有人聊天，也许每个人都在想该干些什么，而不是坐在那儿浪费时间。

就在大家等待的时候，进来一位女士，她带了一个 9 个月大的孩子和一只小猫。她坐在一位男士的旁边，而这位男士已经等得不耐烦了。可是当他朝旁边看时，他发现那个孩子正注视着他，并咧着嘴天真无邪地向他笑着。你猜这位男士的反应如何呢？

和你我一样，当然他也对那个孩子笑了笑，然后他就和那位母亲聊了起来，谈到了她的孩子和他的孙子。很快，整个候诊室的气氛从乏味僵硬中活跃起来，大家开始相互聊天，每个人都有了一种愉快的体验。

那小孩的笑是否是不诚意的笑呢？绝对不是。不诚意的笑是骗不了任何人的。我们知道那种笑是机械的，人们最讨厌它。我们是在讲一种真正的微笑、热心的微笑、发自内心的微笑，那种在人际交往中极具价值的微笑。

密歇根大学的心理学家詹姆斯·麦克奈尔教授谈及他对笑的看法时说，有笑容的人在管理、教育、推销上更容易有功效，更容易培养快乐的下一代。笑容比皱眉更能传达你的心意。这就是在教学上要以鼓励和微笑代替处罚的原因所在了。一个纽约大百货公司的人事经理告诉我，他宁愿雇用一名有可爱笑容而没有念完中学的女孩，也不愿雇用一个面孔冷淡的哲学博士。

笑的影响是非常大的，就算它本身没有办法看到。遍布美国的电话公司有个项目叫"声音的威力"，提供使用者电话来推销他的产品和服务。在这个项目里，电话公司建议你，在打电话时应该保持笑容，但你的“笑容”只能通过声音来传达。

美国一家大橡胶公司的董事长告诉我说，根据他的观察，一个人无论做什么事，除非他对此非常感兴趣，否则将很难获得成功。这位实业界的领袖对“十年寒窗可以成就功名”那句老话并不具有多大的信心。“我所认识的一些人，”他说，“他们起初成功了，是因为他们对他们的事业极其感兴趣。后来，我看见那些人开始变成工作的奴隶，工作对他们而言变得无聊起来了，他们失掉了所有工作中的乐趣，因此他们最终失败了。”

如果你希望别人看到你的时候很愉快，那么你一定要记住：当你看见别人的时候，你也一定要心情愉悦。

我曾鼓励成千上万的商界人士，花上一个星期的时间，每天都要对人微笑，然后再回到我的班上来谈他们的结果。事实上效果怎样呢？就让我们来看看……

这是纽约证券交易所会员威廉·史坦哈德的一封信，他是纽约证券股票场外市场的一员。他的情况并不是独一无二的。事实上，他只是好几百人中的代表。

我结婚已经18年，在这期间，从我起床到预备好出门做事，我很难得对我妻子微笑，或说上二三十个字。我是在百老汇街上行走的人中脾气最坏的一个。

因为你请我对微笑的经验做一演讲，我想我就试一个星期看看。次日早晨，在梳头的时候，我看着镜中沉闷的面孔，对自己说：“你今天要一扫你往日的旧模样，你要微笑，你现在就要开始。”我坐下来吃早餐的时候，我向妻子打招呼：“亲爱的，早。”我说这话的时候面带微笑。

你曾告诫我，她或许会惊讶。事实上你对她的反应估量过低，她是迷惑了，惊异了。我告诉她，这种情形从此将会跟家常便饭一样。从那以后到现在，我已经坚持有两个月了。

我就这样改变了自己的态度。在这两个月中，我们家庭所得到的快乐，比去年整整一年所有的快乐还多。现在我到办公室的时候，也对公寓中开电梯的人说一声“早”，并且报以微笑；我对看门的也微笑；我在地铁小店里换零钱的时候对伙计微笑；我站在交易所地板上的时候，对在以前从未见我微笑的人微笑。

不久我就发觉人人都对我以微笑作为回报。对那些向我抱怨诉苦的人，我也以和悦的神色相待。当我面带微笑地静听时，我觉得调解更容易成功。我觉得微笑每天都带给我许多财富。

我与另一交易员合用一间办公室，他的秘书是一个可爱的青年人。我对我所取得的结果非常高兴，于是告诉了他我的人际关系新哲学。在我主动与他交心后，他也向我吐露了心机。他承认，当我初来与他同办公室的时候，他以为我是个可怕的坏脾气的人，近来他也改变了看法。他夸我微笑的时候真有人情味。

我现在已能做到摒弃批评，欣赏称赞了。我已不再讲我要什么，而能做到看别人的观点是什么了。这些改变也真实地改变了我的生活，我现在是一个完全不同的人了，一个更快乐的人，一个更充实的人，我因拥有友谊及快乐而更加充实。

记住，这封信是一位饱经世故、聪明绝顶的交易员写的。他在纽约证券交易所以买卖证券为生，自己立有账户。要知道这是一个不那么容易成功的行当，100 人尝试，差不多有 99 人归于失败。

看到这里，你也许觉得自己确实该笑了，那怎么去做呢？至少你有两件事可以去做。第一，强迫自己微笑。如果你独处一隅，可勉强自己吹口哨，或哼哼调子，唱唱歌。做出快乐的样子，那就能使你快乐。已故的哈佛大学教授威廉·詹姆斯曾说过：

行动好像是跟随感觉走的。其实不是如此，行动是与感觉并行的。我们能使直接受意志支配的行动有规律，也能间接地使不直接受意志制约的支配有规律。

因此如果我们真的失掉了欢乐，也就重新得到了欢乐的途径，那就是欢乐地坐起而行、说话，好像欢乐已经在那里一样……

世上人人都在寻求快乐，但只有一个确实有效的方法，那就是控制你的思想。快乐不在乎外界的情况，而是依赖于内心的情况。

不论你在干什么，你是谁，你在何处，你在做什么事，致使你快乐或不快乐的因素是你对之如何去想。例如，两个人在同一地方，做同一事情，彼此有同样多的金钱与声望——而一个会痛苦，一个会快乐。为什么？因为心境不同。

“事无善恶，”莎士比亚说，“思想使然。”

林肯有一次曾说：“多数人的快乐同他们所决意要得到的相差不多。”他说的不错。我最近看见了这一真理的一个生动例证。

一次，当我在纽约长岛车站走上阶梯的时候，看到前面有三四十个残疾儿童倚着拐杖勉强迈上阶梯，其中有一男孩还需由人抱上去，但他们仍带着欢笑与快乐，这使我惊奇。我对他们的一位管理人提及这一情形。“是的，”他说，“当一个儿童明白他将要终身残废时，他最初惊惶，但惊惶过后，他就会听天由命，比正常儿童还要快乐些。”

我真觉得我该对那些儿童脱帽致敬，他们给我一个启示，我希望我永远不会忘记。

如果一个人独自在一间封闭的办公室里工作，不仅会感到寂寞，还会和公司其他人断绝往来，失去和他们交朋友的机会。在墨西哥的瓜达拉加拉市，西罗拉•玛丽亚就有这么一个工作。她一个人拥有一间办公室，当她听到其他同事的聊天和欢笑声时，她真的非常羡慕他们同事间的情谊。她上班的头一个星期，当她走进办公大厅经过大家时，她都不好意思和大家打招呼，而是害羞地掉过头去。

几个星期之后，她告诉自己：“玛丽亚，你不能指望别人先和你打招呼，你应该先与别人打招呼。”于是，从此以后，当她出来喝水时，脸上总是挂着灿烂的微笑，并会和她所遇到的每个人打招呼：“嗨，你好！”

这样做的效果当然是显而易见的，别人都回应了她的笑容和招呼，就连平时看上去比较暗淡的过道好像也明亮了许多。玛丽亚的工作气氛发生了彻底的改变，同事之间的关系友善多了，人们彼此之间都会打招呼，有的人甚至成了玛丽亚的好朋友。玛丽亚也觉得她的工作和生活变得更加愉快和有趣了。

当玛丽亚·皮克福正准备和费尔班克离婚的时候，我与她共度了一个下午。全世界的人大概都以为她那时必定会非常沮丧，闷闷不乐，但我觉得她是我这辈子所遇见过的最安详和最镇定的人。她显得很快乐。她的秘诀又何在呢？她在一本只有35页的小书中把这个奥秘揭露了出来，那也许是你喜欢读的一本书，你不妨到公共图书馆去借一本由她写的《为什么不试试上帝？》。

富兰克林·贝特格是卡狄纳队原第三棒球名手，目前是美国最成功的推销保险人士之一。他告诉我说，他多年前就已经发现，喜欢对人微笑的人永远都会受到欢迎。所以，每当他走进别人的办公室以前，总是要先停下来，想想许多他应该感谢的事，从内心激发出真诚的微笑来，然后就在微笑正从脸上消失的一刹那，进入办公室。

他认为，正是这种简单的技巧，才使得他在推销保险业务上取得了如此大的成功，因此微笑对他的成功具有很大的影响作用。

让我们细读艾伯·赫巴德下面这段睿智的忠告吧——但不要忘记，除非你把它付诸实践，如果光是阅读对于你并没有明显的益处。

“每回你出门的时候，都应该把下巴缩进来，抬头挺胸，使肺部充满空气，沐浴在阳光中，以微笑来招呼你的朋友们，每一次握手都要有力。不要担心被误解，不要浪费一分钟的时间去想你的敌人。试着在心里肯定你所喜欢做的是什么，然后，在清楚的方向之下，你会集中精力实现自己的目标。心里想着你所喜欢做的伟大而美好的事情，然后，当岁月消逝的时候，你会发现自己掌握了实现你的希望所需要的机会。正如珊瑚虫从潮水中汲取所需要的营养一样。在心中想象着那个你希望成为的有才华的、诚恳的、有作为的人，而你心中的思想，随时在改造着你，将把你转化为你所希望的那种人……思想是至高无上的。保持一种正确的人生观，一种勇敢的、坦白的和愉快的态度。思想正确，就等于是创造。一切事物。都来自于希望，而每一个诚恳的祈祷，都会实现出来。我们心里想什么，就会变成什么。把下巴缩进来，把头部高高昂起。我们就是明天的上帝。”

中国古人充满着智慧，他们有一句格言，你应剪下来贴在帽子上。那句格言是：“和气生财。”

说到开店做生意，弗雷克·依文为考林公司所做的广告中，有几句话含有令人启示的哲理：

圣诞节微笑的价值：

它不需要耗费些什么，却会有很多的收获。

它让施予者无损失，获得者受益。

它发生在一刹那，给人的回忆却是永远的。

所有有钱的人不会不需要它，而贫穷的人因它会致富。

它在家庭中能制造快乐的气氛，在生意上能让对方产生好感，在朋友间是善意的招呼。

它使疲惫者得到休息，使失望者得到光明，使悲伤者面向阳光。

它无地可求，无处可买，无法去借，更不能去偷……当你尚未得到它，对谁都没有用处。

圣诞节，在最后一分钟的忙碌中，如果我们的店员太疲倦了，以致他没有微笑，你能不能给他留下微笑？

因为没有给人微笑的人，更需要别人给他微笑。

方法二：保持微笑

心理弱点分析

在这个世界上，人永远与他人共在。大部分人都会忘记，推销产品的第一步是推销自己。赢得别人的信任和尊重，远比推销出一个产品更令人振奋。这是人性的最高需求。

三、套近乎的小偏方

> “**特别提示：**记住一个人的姓名，很自然地叫出口，就含有对他微妙的恭维、赞赏。相反，忘记他人的姓名，或是叫错了，不但令对方难堪，对自己也是很大的损害。”

1898 年的一天，纽约洛克雷村发生了一桩悲剧。那天有个小孩去世，出葬时村里的人都准备去送殡。那时正值寒冬，地上积了厚厚的雪。送殡行列中有个叫汇阿雷的人，他从马棚里拉出一匹已经关了好多天的马。马出来后十分高兴，身体打着转玩，两条腿高高地举起，一不小心，汇阿雷被马蹄活活踢死。洛克雷村就在一个星期里，举行了两桩葬礼。

汇阿雷去世后，给他妻子和三个孩子留下的，仅仅是数百美元的保险金。

汇阿雷的长子吉姆为了全家的生活，刚刚十岁就到一家砖厂工作。他所做的是把沙土倒入模子，压成砖瓦后拿到太阳下晒干。吉姆没有受更多教育的机会，但是他身上有爱尔兰人乐观的性格，人们愿意跟他亲近，自然地喜欢他。吉姆多年后参加政治，养成了善于记忆人们名字的一种特殊才能。

吉姆 46 岁时已有四个大学赠予他荣誉学位，可是他却没有进过中学。他担任过美国邮务总长，当选过民主党全国委员会主席。

一次，我专程拜访吉姆先生，请他谈谈成功的秘诀。他简短地告诉我：“很多！”

我对他的回答感到并不满意，于是摇摇头说：“别开玩笑，吉姆先生。”

他反问：“你认为是什么原因让我成功的？”

“吉姆先生，我想可能是你能叫出一万个人的名字来。”我回答。

“不，你错了！我记得大约五万个人的名字。”吉姆对我说。

别惊讶，正是他有这种本领，才帮助罗斯福入主白宫。

吉姆曾在一家公司做推销员，他还担任过洛克雷村的书记，那些年使他养成了记别人姓名的习惯，一种记忆的方法。

吉姆的这套方法很简单。每遇到一个新朋友，他就清楚地问对方的姓名、家庭人口、职业和对当前政治的见解。问清楚后，便牢牢记在心里。即使相隔了一年多，下次遇到这人，他还可以拍拍那人的肩膀，问候他家中的妻儿，甚至还能聊聊人家后院里的花草。

罗斯福参加总统竞选前几个月，吉姆每天给美国西部、西北部各州的数以百计的熟人、朋友发信。随后，在19天的旅途中，他搭乘火车经过12000英里的行程，走遍美国20个州。除了火车，他还用轻便马车、汽车、轮船等其他交通工具。每到一个城镇，他都去找熟人吃早餐、午餐、茶点、晚餐，与他们诚恳地谈话，然后再赶往下一个地方。

当他回到东部，马上给在各城镇的朋友每人发一封信，请他们把与他谈过话的人的名单寄给他。吉姆亲密而礼貌地给那些不计其数的名单上的人，都发去了问候函。

吉姆早已发现，人们往往对自己的姓名感到重要和关心。记住一个人的姓名，很自然地叫出口，就含有对他微妙的恭维、赞赏。相反，忘记他人的姓名，或是叫错了，不但令对方难堪，对自己也是很大的损害。

比方说，我有一次在巴黎开设了一门公共演讲课程。我向居住在城中的所有美国居民邮寄出了复印的信。但那些法国打字员的英文水平很低，因此在打姓名时自然会出现错误。有一个人是巴黎一家美国大银行的经理，他给我写了一封毫不留情面的不客气的信，因为他的名字被拼错了。

有时候要想记住一个人的名字相当困难，尤其是当这个人的名字不太好念的时候。因为一般人都不愿去记住这种难记的名字，都会心想：“算了，干脆就叫他的昵称得了，而且很容易记住。”然而你想过没有，一旦你牢记别人的名字时，会产生怎样的效果呢？

希德·李维曾经拜访过一位顾客，他的名字特别难记，叫尼古德马斯·帕帕都拉斯。由于这个名字太难记，别人都管他叫“尼克”。李维告诉我说：“在我去拜访他之前，我特别用心记住了他的名字。当我见到他，并用全称和他打招呼的时候，对他说‘早上好，尼古德马斯·帕帕都拉斯先生’时，他呆住了，好几分钟都没有说话。最后，他的泪水流了出来，颤抖着对我说：‘李维先生，我在这个国家已经待了 15 年了，可是从来就没有一个人像您这样会试着用我真正的名字来称呼我。’”

钢铁大王安德鲁·卡耐基成功的原因是什么？

虽然他被称为钢铁大王，但是他自己对钢铁制造懂得很少。可是有千百人替他工作，他们懂得钢铁要比他多得多。

他知道如何与人相处——就是使他致富的秘诀。早年他即表现出组织的才能、领袖的天才。当他仅 10 岁的时候，就发觉人们对于自己的名字惊人地重视。他利用这一发现去获得与人合作的机会。当他还只是苏格兰的一个小孩童时，曾得到一只公兔和一只母兔。他不久就有了一窝小兔——可是没有东西喂它们。但他想出了一个聪明的主意，他告诉邻近的孩子们，如果他们愿意出去采集蒲公英与金花菜来喂兔子，他可用他们的名字命名兔子，以纪念他们。

这一主意功效神奇，安德鲁·卡耐基永远不忘。

多年以后，安德鲁·卡耐基在商业上也应用同样的心理学原理，并获得了巨额利润。一次，他打算将铁轨卖给宾夕法尼亚铁路公司，汤姆森当时是宾夕法尼亚铁路局的局长，所以，卡耐基在匹兹堡建造了一座大钢铁厂，命名“汤姆森钢铁厂”。

当卡耐基与普尔曼互相竞争卧车经营权时，这位钢铁大王又想起了养兔子的经验。

安德鲁·卡耐基所经营的中央运输公司与普尔曼所经营的公司为了争得联合太平洋铁路卧车的经营权，互相排挤、削价，双方几乎损失了所有的获利机会。一天晚上卡耐基在圣尼古拉旅馆遇到普尔曼，便对他打招呼：“晚安，普尔曼先生，我们两人不是在相互作弄吗！”

“你什么意思？”普尔曼问道。

于是卡耐基向普尔曼讲出了他心中的想法——将他们双方的利益合并起来。他用鲜明的词句，叙述双方互相合作而非竞争后彼此能得到的利益。普尔曼注意力集中地静听着，但并没有完全相信。最后他问道：“你打算叫这新公司什么名字？”卡耐基立马作出回应：“啊，当然是普尔曼皇宫卧车公司。”

于是，可以想象，普尔曼的脸上立刻神采飞扬。“到我房里来，”他说，“我们来详细谈谈。”那次谈话改写了美国工业史的一页。

安德鲁·卡耐基这种记住并重视他的朋友及同行名字的良好习惯，正是他成为商界领袖的秘诀之一。他能叫出许多他下属的名字来，而且这也是令他引以为豪的事。他还非常得意地说，当他亲自主管公司的时候，从来没有发生过罢工的事件。

得克萨斯州商业股份有限公司董事长班顿拉夫认为，公司越大，人们之间的感情就会越冷漠。他相信唯一能够使公司变得温暖的办法，就是记住别人的名字。

加利福尼亚州的洛克帕罗是一位环球航空公司的空中小姐，她经常练习记住机舱中旅客的名字，并在为他们服务时称呼他们的名字，这使得顾客感到非常亲切，她本人也备受赞许。有的顾客会当面表扬她，也有的顾客会向公司反映。有一位顾客曾写信给航空公司的经理说：“我好长时间没有搭乘你们公司的飞机了。但从现在开始，我一定要等你们公司的飞机才乘坐。你们让我觉得你们的航空公司好像专属化了，而这对我有非常重要的意义。”

异曲同工的是，音乐大师彼德鲁斯基也曾运用同样的方法，使他专车上的黑人厨师感到自己受到了尊重，因为彼德鲁斯基总是称他为“古伯先生”。彼德鲁斯基曾15次到全美国旅行，为全国各地众多的热烈听众演奏表演。每一次他都占着一节私人车厢，在音乐会之后，那位大厨就替他准备好夜宵。在所有的那些岁月中，彼德鲁斯基从来不曾以美国的传统方式称呼他为“乔治”。彼德鲁斯基总是以他那古老的正式方式，称呼他“古柏先生”，这使古柏先生高兴万分。

人们对自己的名字是如此的重视，不惜以任何代价使他们的名字永垂不朽。即使盛气凌人脾气暴躁而且腰缠万贯的R.T.巴南，也曾因为没有子嗣继承巴南这个姓氏而无比失望，以至于愿意给他外孙C.H.西礼2.5万美元，如果后者愿意自称“巴南·西礼”的话。

200年来，贵族和企业家都在出钱资助着艺术家、音乐家和作家，希望他们的作品能够献给他们。

图书馆和博物馆最有价值的收藏品，都是那些担心他们的名字会被历史遗忘的人所捐赠的。纽约公共图书馆拥有亚斯都家族和李诸克斯家族的藏书。大都会博物馆保存了本杰明·亚特曼和J.P.摩根的名字。几乎每一座教学楼，都装上了彩色玻璃窗，用来纪念捐赠者。

大多数人之所以不记得别人的姓名，只是因为他们不想花时间和精力去用心记别人的姓名。他们总是为自己寻找各种各样的借口：他们太忙了。

但他们大概不会比罗斯福更忙吧？罗斯福甚至对所接触的机械师的名字也花工夫去记忆与追想。克莱斯勒汽车公司为罗斯福先生特制了一辆汽车，由张伯伦及一位机械师将此车送交白宫。我手头有一封张伯伦叙述此次事情经过的信：“我教罗斯福总统如何驾驶一辆装有许多特别装置的汽车，而他则教我许多关于与人相处的艺术。”张伯伦先生写道：

当我到白宫访问的时候，总统非常愉快，他呼我的名字，使我感到非常安适。给我留下深刻印象的是，他对我要说明及告诉他的事情表现出真切的关注。这辆车设计完美，能完全用手驾驶，罗斯福对围观的人们说："我感觉这车极奇妙，你只要按一下开关，即可开动，你可不费力地驾驶它。我以为这车极好——我不懂它是如何运转的。我真愿意有时间将它拆开，看看它是如何发动的。"

当罗斯福的许多朋友及同仁对这辆车表示羡慕时，他当着他们的面说："张伯伦先生，我真感谢你，感谢你为设计此车所费的时间与精力。这是一件杰出的工程！"他赞赏辐射器、特别反光镜、钟、特别照射灯、椅垫的式样、驾驶座位的位置和衣箱内有不同标记的特别衣框。换言之，他注意每件细微的事情，他了解这些有关我的情况是费了许多心思的。他还特别花心思使罗斯福夫人、劳工部长及他的秘书波金女士注意这些设备。他甚至还对老黑人侍者说："乔治，你特别要好好照顾这些衣箱。"

当驾驶课程完毕之后，总统转向我说："好了，张伯伦先生，我想我该回去工作了。"

我还带过一位机械师到白宫去，并将他介绍给罗斯福。他没有同总统谈话，而罗斯福只听到他的名字一次。他是一个怕羞的人，躲在后面。但总统在与我们道别之前，还特意走近这位机械师，与他握手，呼他的名字，谢谢他到华盛顿来。他的致谢绝非草率，而是一种真诚，我能感觉得到。回到纽约数天之后，我接到罗斯福总统亲笔签名的照片，并附有简短的致谢信，再次对我给他的帮忙表示感激。他怎么会有时间做这些？真令我感到奇妙无比！

罗斯福知道一种最简单、最明显、最重要的获得好感的办法，那就是记住他人的姓名，使他人感觉重要——但我们有多少人这样做了呢？

很多时候，我们被介绍给一位陌生人，谈了几分钟，在临别的时候，连那人姓什么都不记得。

有名政治学家所上的第一课就是："能想起选举人的姓名就是从政之才，忘记就是湮没。"

记忆姓名的能力在事业与交际上的重要性，同在政治上差不多同等重要。

法国皇帝拿破仑三世，即伟大的拿破仑的侄子，曾自夸说，虽然他公务很忙，他仍能记住每个他所见过的人的姓名。

他采用的是何种方法呢？其实很简单。如果他没有听清楚对方的姓名，他就说："对不起，我没有听清你的姓名。"如果是一个不常见的姓名，他就说："告诉我是如何拼的。"

在谈话中，他会费心地将姓名反复记忆数次，并在脑海中将姓名与此人的面孔、神色及其他外观联系起来。

如果此人很重要，拿破仑就更费心了。在他独处的时候，他便迅速将此人的姓名写在一张纸上，注意观看，牢记于心，然后就将纸撕碎。这样，他所看到与听到的印象就完全一致了。

所有这些细节都得费工夫去做。但正如爱默生所言："上好的礼貌是通过一处处微小的牺牲换来的。"

方法：用自己独特的方法，记住别人的名字

心理弱点分析

如果有一个陌生人叫出你的名字并且热情地与你打招呼，你是否会对他感到好奇呢？绝对要记住，记住别人的名字绝对不只是礼貌，还是一个增进对方认同和好感的秘密武器。相似的还有，记住对方的家乡、个人喜好或者生日。

四、最智慧的交谈是倾听

> **特别提示：**千万不要忘记，那个正在与你谈话的人，对他自己、他的需要、他的问题，比对你及你的问题要感兴趣 100 倍。

一处桥牌聚会最近邀请我参加。我不会玩桥牌，巧的是另外一位漂亮的小姐也不会玩！在汤姆斯从事无线电事业前，我曾做过他的私人经理。那时在汤姆斯到欧洲各地去旅行期间，我帮助汤姆斯记下他一路上的所见所闻。这位漂亮的小姐知道我是谁后，立即问：“卡耐基先生，你经过哪些名胜古迹，看到哪些离奇景色？能不能请你告诉我？”

我们坐在旁边的沙发椅里，她接着说她跟丈夫最近去了非洲。“非洲！”我说，“我总想去一回非洲，多么有趣。但是除了曾经在阿尔及尔停留了 24 小时外，就没有去过非洲其他地方。你去了值得你回忆的地方，真是幸运，我真羡慕你。你能给我说说关于非洲的情况吗？”

我们的谈话持续了 45 分钟，她不再问我到过什么地方、看过什么东西，也不再谈我的旅行。她现在需要的是一个专心的静听者，以使她能扩大她的自我讲述——她所到过的地方。

她其实并没有与众不同、特殊的地方，她像许多人一样。

最近，在纽约出版商格林伯的一次宴会上，我遇到一位著名的植物学家。我从未接触过植物学的专家，认为他的话很有吸引力。我坐在椅子上静静听他讲有关大麻、“浦邦”和布置花园等等，像入迷似的，听他说有关马铃薯的惊人现象。后来我谈到自己有个小型的室内花园时，他非常热情地告诉我怎样解决我亟待解决的问题。

这次宴会还有十几位客人在座，我几乎忘记了其他所有的人，与这位植物学家聊了数小时。

到了午夜，我准备告辞，这位植物学家在主人面前对我极度恭维，说我“极富激励性”，最后说我是最风趣、最健谈、具有“优雅谈吐”的人。

“优雅谈吐”？我自己几乎没有说话啊！我对植物学方面所知甚少，我们刚才所谈的内容即使我想谈，也无从谈起。不过我知道，我刚才在仔细地、静静地听。我用心静静地听他所讲的，我发现自己确实产生了兴趣，他也感觉到了，所以自然地也高兴了。“静听”是我们对他人一种尊敬和恭维的表示。在《异乡人之恋》一书中，伍福特这样说：“没有人能拒绝专心专意里包含的谄媚。”

我对那位植物学家说，我得到他的细心指导，真希望拥有与他一样的丰富学识。我告诉他，希望能再见到他，能同他一起去田野散步。

因为这些，他认为我善于谈话。其实，我只是一个善于倾听、善于鼓励他谈话的人罢了。

谈成功一桩生意的秘诀是什么？依照依烈奥脱这位笃实的学者所说：“生意的成功没有什么特别的诀窍。最重要的是专心静听向你讲话的人说的话，没有比这个更重要的了！”

道理非常明显，你根本不用在哈佛大学花四年时间研读。商人大多租用豪华的店面，降低进货成本，陈设漂亮新颖的橱窗，花去巨额的广告费。但是他们所雇用的往往是一些不愿意倾听客户讲话的店员：那些打断顾客的话、反驳顾客、激怒顾客的店员，把顾客赶出大门似乎才甘心！

在讲习班里，胡顿说出这段故事：

在近海的新泽西州纽华城的一家百货公司，胡顿买了一套衣服。这套衣服上衣褪色，将衬衫领子也弄黑了，穿起来实在令人太失望了。

他把这套衣服送回那家百货公司，找到那个出售给他的店员，想要把衣服情况告诉那店员。可是他想要说的话，都被那个似乎有“口才”的店员给打断了。

那店员反驳说：“我们卖出去这种衣服已经有几千套了，这是第一次有人来挑剔。”

那店员说话时声音大得出奇，他话中的含意就是说：“你在撒谎，别以为我们是好欺侮的！我给你点颜色瞧瞧！”

正在激烈争论时，另外一个店员也进来插嘴，他说：“所有黑色的衣服开始都会褪一点颜色的，那是不可避免的。这种价钱的衣服这种情形很普遍，都是料子的原因！”

“我那时满肚子都冒出火来了。”胡顿先生说着他的经过，第一个店员怀疑我骗人，第二个店员暗示说我买的是劣等货。我非常恼怒，正准备责骂他们时，那家百货公司的负责人过来了。

“那负责人似乎明白他的职责，他完全改变了我的态度，把一个恼怒的人变成了满意的顾客。他是怎样做的？整个情形分为三个阶段：

“第一，他让我从头到尾讲述了我的经过，他没有插一句话，始终静静听着。

“第二，我讲完那些话，那两个店员又与我开始争论了。那负责人却站在我的一边跟他们讲理，他说这套衣服很明显地染污了衬衫领子。他坚持表示不能使客人满意的衣服，卖出去是不应该的。

“第三，他承认不知道这套衣服品质这样差，并坦白地说：‘该如何处理这套衣服，我完全依照你的意思办理，请你尽管吩咐。’

“几分钟前，我还想退掉这套讨厌的衣服，可是后来我却这样说：‘我想知道这褪色的情形是否是一时的。如果你们有什么办法，能使这套衣服不再继续褪色，我就接受你的建议。’

“他建议我把这套衣服带回去，再穿一个星期看看情况如何。他最后说：‘届时如果仍然不满意的话，再换一套满意的。我们感到非常抱歉，增加了你的麻烦。’

“我后来满意地离开百货公司。一个星期后，那套衣服没有发现任何毛病，我恢复了对那家百货公司的信心。”

那位先生难怪是百货公司的负责人。至于那些店员，只能一辈子在“店员”的位置上停留，最好把他们调到包装部，永远别跟客人见面。

最激烈的批评者，最爱挑剔的人，往往在一个抱着忍耐、同情的倾听者面前会软化下来！静听者必须要有过人的沉着，在气愤的寻衅者像一条大毒蛇张开嘴巴吐出毒物的时候也要静听。

有一个例子是这样的：

纽约电话公司多年前遇到一个凶狠不讲理的顾客，这顾客用最刻薄的言语辱骂接线生。后来他又说电话公司印制假账单，因此他拒绝缴费。同时他要投诉给媒体，并向公众服务委员会提出申诉。这个客人对电话公司有好几起诉讼。

电话公司最后派出一位富有经验技巧的“调解员”，去拜访那位蛮不讲理的客人。“调解员”到那里后，静静听着那位喜欢争论的老先生发泄他满腹的牢骚。对他的话电话公司“调解员”都回答简短的“是！是”，并表示对他的委屈很同情。

这位电话公司“调解员”在讲习班上，说出当时的状况：

“他大声连续不断地狂言，我差不多静静听了三个小时。后来我又去他那儿听他没发完的牢骚，一共访问了他四次。第四次访问结束后，我成为他始创的‘电话用户保障会’组织的基本会员。据我所知，除这位老先生外，我是目前为止唯一的会员。

“在访问中我一直静静听着，对他所举的每一点理由我都深表同情。他表示，电话公司里的人从没跟他这样说过话，他对我的态度也逐渐地和善起来。在前三次中我对他需求的事，不提一个字，在第四次，我最后结束了整个案件。他付清了所有的账款，并且第一次撤销了对公众服务委员会的申诉。”

这位先生表面上无疑是为社会公义而战，保障公众的利益不受无理的剥削，实际上他是由挑剔抱怨去获得他需要的自重感。当他从电话公司调解员身上得到这种自重感后，那些不切实际的委屈也不再列举了。

一个多年前的早晨，一位顾客愤怒地闯进第脱茂毛呢公司创办人第脱茂的办公室里。

第脱茂先生给我解释说："这位顾客始终不肯承认欠我们 15 美元，可是错的确实是他，因此公司信用部要求他付款。他接到信用部的几封信后，就急忙来到芝加哥我的办公室，告诉我说，他拒绝付那笔钱，而且表示，以后我们公司别想再做他一分钱的生意。

"我耐着性子安静地听他所说的话，有好几次忍不住，几乎要跟他反驳争吵，可是我明白这不是最好的办法。我让他尽量发泄，他的这股气最后慢慢地平息下去了。我平静地说：'你特地来芝加哥告诉我这件事，我非常感激。实际上你帮我做了一件非常有意义的事。我们公司信用部如果得罪了你，相信他们也一定会得罪别人，后果不堪设想。请相信我，我迫切地需要你来告诉我刚才你所说的事实。'

"我会讲出这些话来，他根本没有想到，也许他感到有点失望。他来芝加哥的目的是跟我谈判的，我却并没有跟他争论，还感谢了他。我心平气和地告诉他，公司会消除那笔 15 美元的账款，同时忘掉这件事。我向他这样解释，他是个心细的人，需要处理的只是一份账目，但是我们公司职员每天要处理的账目成千上万份，所以他大概不会弄错。

"我说我很了解他的处境，如果遇到与他同样的问题，我也会有同样的想法。由于他不准备再买我们公司的物品，我饱含诚意地向他推荐了几家其他毛呢公司。

"他以前来芝加哥时，我们经常一起吃饭，所以我那天也请他吃午餐，他答应得很勉强。午餐后回到办公室，他订购了比以前都要多的货物，带着平静的心情回家去了。似乎因为我对他的接待和处理，这位顾客回去仔细地查看了他的账单，终于把那份 15 美元的单据找了出来，原来他放错了地方。于是他把那笔 15

美元的账款汇来，并附了一封致歉信。

“他妻子后来生了一个男孩，他给他儿子取名‘第脱茂’，就是取用我们公司的名称。直到22年后他去世，他始终是我们公司的忠实客户，也是我们很好的朋友。”

多年前，荷兰籍的一个小男孩，在放学后替一家面包店擦窗，每周赚半美元。因为他家很贫穷，所以常常提着篮子去水沟捡从煤车掉落的煤块。这男孩叫爱德华·巴克，一辈子没有受过超过六年的教育，可是他后来却成为美国新闻界最成功的杂志主编。他是如何成功的，说来话长，但他怎样开始的，则能够简单地叙述。

13岁离开学校时，他在西联公司里充当童役，工资是每周6.25美元，虽然处在十分贫穷的环境中，可是他时刻都在追求接受教育的机会。他不但没有放弃求学的信念，还自己教育自己。他从不搭乘公共汽车，总是以步当车，把午饭的钱也省下来。钱积攒起来后，他买了一本《美国名人传记》——后来他做了一件人们闻所未闻的事。

爱德华·巴克仔细阅读《美国名人传记》后，就给传记上的每一位名人写信，请他们多告诉他一点关于他们童年时候的情况。这个表现可以表明，巴克有一种善于倾听的本质——他希望那些名人谈谈他们自己。

他给当时正竞选总统的詹姆士将军写信，问他是否真的做过运河上拉船的童工。詹姆士给他回了一封详细的复函。巴克又给格雷将军写信，问他那本传记上记述的有关一次战役的情况。格雷将军画了一张详细的地图寄给他，并邀请他吃饭，他们聊了一个通宵。

这位西联公司的信童不久便和国内最著名的人通起信来：爱默生、勃罗克、夏姆森、朗雷洛、林肯夫人、奥尔科特、谢尔曼将军以及戴维斯。

他不仅和这些著名人士通信，而且一到休息日或节假日，就去拜访他们中的许多人，成了他们家中受欢迎的一位客人——这些经历使他培养出一种无价的自信心。这么多的名人，激发了他的理想和志向，从而改变了他的人生道路。而所有这一切，让我再说一遍吧，都只是因为实行了我们在本章所讨论的原则而已。

马可逊可能算得上这个世界最优秀的名人访问者。他说：“有许多人之所以不能给别人留下深刻而良好的印象，就是因为他们不注意倾听别人的讲话。他们极其关心的是他们自己下面要说什么，他们从来都不会认真地听别人要说什么……许多大人物曾告诉我，和那些善于谈话的人相比，他们更喜欢那些善于倾听者。但是，我们所具备的善于倾听的能力，好像比任何其他的能力都要少。”

不仅仅是那些大人物愿意和善于倾听的人打交道，普通人也不例外。这正像《读者文摘》中曾说过的：“许多人之所以去看医生，其实他们并没有大碍，他们所需要的不过是一个善于倾听的人。”

在美国内战如火如荼地进行的时候，林肯写信给在伊利诺州斯普林菲尔德镇的一位朋友，请他来华盛顿。林肯告诉对方，他有一些问题要与他讨论。

这位老朋友到了白宫，于是林肯就关于解放黑奴是否合适这个问题，和他长谈达好几个小时。林肯详细分析研究了赞成或反对这项措施的各种观点，又认真地读了一些谴责他的信件以及报纸上的文章，有的怕他不解放黑奴，但也有的怕解放黑奴后会引起国内的混乱。

在他们谈论了几个小时之后，林肯与他的这位老朋友握手道晚安，然后就派人将他送回了伊利诺州，竟然没有征求他的意见。

在这次会谈中，所有的话都是林肯一个人说的，那好像是为了舒适他的心情。“谈话之后，他似乎稍稍感到舒适些。”这位老朋友说。

林肯并没有征询他的意见。林肯所需要的只是一位友善的、同情的倾听者，使他可以宣泄内心当中的苦闷——正是我们每个人在困难中都需要的；这也正是那些愤怒的顾客所需要的；不满意的雇员、感情受到伤害的朋友也都是这样。

如果你想知道如何让别人躲避你，在背后讥笑你，甚至轻视你，我这里就有一个好方法——那就是绝不静听别人谈话，而是只顾不断地谈论你自己；如果你在别人谈话过程中有了一个想法，大可不必等他说完，因为他没有你聪明，你为什么要浪费自己的时间去听他那无聊的闲谈？你只要立即插嘴说你自己的事情，马上就可以打断他。

他们正是那种令人厌恶的人——被他们的自私及他们的自重感所麻醉了的、令人厌恶的人。

那些只谈自己的人，只会为自己着想。而“只为自己着想的人”，哥伦比亚大学校长巴德勒博士说，“是无可救药的缺乏教育者”。“他是没有教养的人，”巴德勒博士说，“无论他接受过什么样的教育。”

所以如果你希望自己成为一个善于谈话的人，首先就要做一个善于倾听他人说话的人。这正如李夫人所说的：“如果你要想使别人对你感兴趣，那么首先就要对别人感兴趣。”其实，要做到这一点并不难，你不妨问问别人一些他们喜欢回答的问题，鼓励他们谈论自己以及他们所取得的成就。

千万不要忘记，那个正在与你谈话的人，对他自己、他的需要、他的问题，比对你及你的问题要感兴趣 100 倍。例如，他对自己脖子上一点儿小痣的在意，要远远超过对非洲 40 次地震的关注。

因此，在你下次开始谈话的时候，就要试用这一点。

方法四：做一个善于倾听的人，鼓励别人谈论他们自己

心理弱点分析

最能让人认同的永远是利益，而不是道理。就算你是一个大人物，你所讲的道理也不见得比别人讲的有道理多少。而获得共同利益的第一步，就是了解对方的需求。没有人能拒绝专心专意里包含的谄媚。

五、让别人对你感兴趣的绝对法则

> **特别提示：**对专门的对象一定要做事先的了解和准备。尽可能多地了解你的谈话对象，使得你们的信息变得对称起来。

凡到牡蛎湾拜访过罗斯福的人，对他广博的知识无不感到惊奇。“无论是一个牧童、猎骑者、纽约政客，还是一位外交家，”伯莱特福写道，“罗斯福都知道同他谈些什么。”那么罗斯福是如何做到这一点的？

其实答案很简单。无论什么时候，罗斯福每接见一位来访者，他都会在这之前的一个晚上阅读有关这一客人所特别感兴趣的东西，以便找到令双方感兴趣的话题。

罗斯福同所有领袖一样，懂得与人沟通的诀窍就是：谈论他人最以为贵的事情。前耶鲁大学教授、和蔼的费尔普早年就有过这种教训：

“8岁那年，有一个周末，我去拜望我的姑母林慈莱，并在她家度假。”费尔普在他的一篇关于人性的文章中写道，“有一天晚上，一个中年人来访，他与姑母寒暄之后，便将注意力集中于我身上。当时，我正巧对船很感兴趣，而这位客人谈论的话题似乎特别有趣。他走后，我向姑母热烈地称赞他，说他是一个多么好的人！对船是多么感兴趣！而我的姑母告诉我说，他是一位纽约的律师，其实他对有关船的知识毫无兴趣。但他为什么始终与我谈论船的事情呢？

“姑母告诉我：因为他是一位高尚的人。他见你对船感兴趣，所以就谈论能让你喜欢并感到愉悦的事情，同时也使他自己为人所欢迎。”

费尔普说：“我永远记住了我姑母的话。”

当我正在写作本章的时候，我面前放着一封在童子军中极为活跃的查利夫写给我的信。

> 有一天，我觉得我需要有人帮忙，欧洲将举行童子军大露营，我要请美国一家大公司的经理资助我的一个童子军的旅费。
>
> 幸而在我去见这人以前，我听说他曾开了一张百万美元的支票，而这张支票退回之后，他把它置于镜框之中。
>
> 所以我走进他办公室所做的第一件事就是谈论那张支票——一张百万美元的支票！我告诉他，我从未听说过有人开过这样一张支票，我要告诉我的童子军，我的确看见过一张百万美元的支票了。他很欣喜地向我出示那张支票。我表示羡慕他，并请他告诉我其中的经过情形。

你注意了没有，查利夫先生没有谈论童子军，或欧洲的露营，或他所要做的事？他谈论的是对方所感兴趣的。事情的结果又怎样呢？

> 稍过片刻，被我访问的人说道：“我顺便问你，你要见我有什么事？”所以我告诉了他。使我非常惊奇的是，他不但即刻应许了我的请求，并且比我要求的还多得多。我只请他资助一个童子军赴欧洲，而他竟资助了5个童子军，另加上我，并且让我们在欧洲住七个星期。他又给我开了介绍信，介绍给他分公司的经理，让他们帮忙。他自己又亲自在巴黎接我们，引导我们游览城市。自此以后，他给那些家境贫苦的童子军提供一些工作，而且现在仍在我们的团体中活跃地工作。
>
> 但我知道如果我不曾找出他所感兴趣的事，使他先高兴起来，那么

我想接近他是多么不容易！

在商界，这不是一种很有价值的方法吗？下面让我们再看看另一个例子：

杜佛诺公司是纽约一家面包公司，杜佛诺先生想方设法将公司的面包卖给纽约一家旅馆。4 年以来，他每星期去拜访一次这家旅馆的经理，参加这位经理所举行的交际活动，甚至在这家旅馆中开了房间住在那里，以期得到自己的买卖，但他还是失败了。

“后来，”杜佛诺先生说，“在研究人际关系之后，我决定改变自己的做法。我先要找出这个人最感兴趣的是什么——什么事情能引起他的热心。

“我后来知道，他是美国旅馆招待员协会的会员，而且他也热心于成为该会的会长，甚至还想成为国际招待员协会的会长。不论在什么地方举行大会，他即使要飞过山岭，越过沙漠大海也要到会。

“所以在第二天见他的时候，我就开始谈论关于招待员协会的事。我得到的是一种多么好的反应！他对我讲了半小时关于招待员协会的事，他的声调充满热情地震动着。我可以清楚地看出，这确实是他很感兴趣的业余爱好。在我离开他的办公室以前，他劝我也加入该会。

“这次谈话，我根本没有提到任何有关面包的事情。但几天以后，他旅馆中的一位负责人给我打来电话，要我带着货样及价目单去。

“‘我不知道你对那位老先生做了些什么事，’这位负责人招呼我说，‘但他真的被你搔着痒处了！’

“试想一想！我对这人紧追了 4 年——尽力想得到他的买卖——我若不最费事去找他所感兴趣的东西，恐怕我还得紧追不舍。”

所以，如果你要使人喜欢你，如果你想让他人对你产生兴趣，那就记住，一定要谈论别人感兴趣的话题。

方法五：谈论别人感兴趣的话题

心理弱点分析

人们通常会对陌生人、客户以及谈判对象怀有戒备。然而对于自己的荣誉、功勋以及成就却有一种天然的表现欲——还是杜威所说的“成为重要人物的欲望”在起作用。而大人物的表现欲通常比常人还要更大。

六、如何在最短的时间内让人喜欢上你

> **特别提示：**发自内心的真诚赞美的力量，是一种伟大的力量！如果我们卑贱自私，没有从别人身上得到什么，就不乐意给别人分一点快乐，那我们也注定是要失败的。

一天，在纽约32街和第8道交叉口处的邮局里，我排队等着发一封挂号信。

我对自己说："我要让那个邮务员喜欢我，必须说些关于他的有趣的事，而不是我的。"随后又问自己："他什么地方值得赞赏呢？"这个难题不容易找出答案，特别对方是素昧平生的陌生人。可是我很容易地从这邮务员身上有了发现，找出了一件值得称赞的事。

他称我的信的时候，我微笑着说："我真希望有像你这样好的头发！"

那邮务员抬起头，神情从惊讶换出一副笑容来，他很客气地说："不如以前那样好了！"我很明确地告诉他也许不如过去有光泽，不过现在看来仍然很美观。我们愉快地聊了几句，最后他高兴地对我说："很多人都夸奖过我的头发。"

我敢打赌，那位邮务员中午下班回家吃饭时，他的脚步就像腾云驾雾般轻松。晚上回到家里，他一定会跟妻子说这事，还会对着镜子说："嗯，我的头发确实很好。"

在公共场所，我曾讲过这个经历，有人问我："从那个邮务员身上，你想得

到什么？”

我想得到什么？从那个邮务员身上，我想得到些什么？

如果我们卑贱自私，没有从别人身上得到什么，就不乐意给别人分一点快乐，如果我们的气量比酸苹果还小，那我们注定是要失败的。

我确实想要从那人身上获得些什么！我想获得一些非常贵重的东西，而我已经得到了——我觉得我为他做了一件不需要他回报的事。那件事无论过了多久，在他的回忆中，仍然会闪耀着光芒。

在人类行为中，有一条至为重要的法则，如果我们遵守它，就会为自己带来快乐；如果你违反了它，就会陷入无尽的挫折中。这条法则就是：“永远尊重别人，使对方获得自我成就感。”这正如杜威教授所说的：“自重是人类天性中最强烈的冲动和欲望。”也正如詹姆森教授所说的：“在人类天性中，最深层的欲望就是渴望得到别人的重视。”我也曾一再强调，这种冲动正是我们区别于动物的特征，正是这股力量促使人类创造了文明。

千百年来，哲学家们一直在思考人类关系的准则，终于悟出一种观念。这个观念并非什么新的发明，其实早在3000多年前的波斯、2000多年前的中国，以及印度和耶路撒冷等地，先哲们就在传播这种观念，这就是中国先哲孔子所说的“己所不欲，勿施于人”。这个观点的内涵也包含了“己所欲者，亦施于人”的内容。

你希望周围的人喜欢你，希望自己的观点被人采纳，希望自己能得到别人的重视；你不愿听到不值钱的卑贱的谄媚，但渴求得到真诚的赞美。你希望你的朋友和同事都能像史考伯所说的那样，“诚于嘉许，宽于称道”。我们大家也都希望如此。

那么，就让我们自己先遵守这条法则：你希望别人怎样对待你，就应该先怎样去对待别人。

你该如何、在什么时候、在什么地方去做呢？答案是：随时随地实践，这样它就会给你带来神奇的功效。

例如，我曾向无线电商厦一位穿戴整齐的导路员打听舒维尔先生的办公室在哪里。他口齿十分清晰地说：“舒维尔（他稍作停顿），18层楼（又稍作停顿），1816号房间。”他挺着胸，抬着头，显然对自己回答问题的方式非常自豪。

我走到电梯边上，很快又转了回来，对那位导路员说：“你回答我的方法实在是太美妙了，为此我要真诚地感谢你，向你表示祝贺。你的回答非常清楚准确。你真像一位艺术家，真的是太了不起了！”

他听了我的话之后，精神焕发，显然高兴到了极点。他告诉我为什么他每次都稍作停顿，为什么每说一句话都会那么准确……你看，我短短几句话就让他如此得意，以至于将头高高抬起。我很快就到了第18层楼，这时我突然感到自己那天下午也算是为人类的幸福做了一点有益的事情。

其实，你大可不必等自己当上大官，干了大事业或发了大财之后，再去奉行这条法则。你几乎每天都可以运用它，然后自然会产生神奇的效果。

例如我们进餐馆，要了一份法式炸薯条，而女服务员却端给我们一盘薯泥。这时我们不妨说：“对不起，给你添麻烦了。但我更喜欢法式炸薯条。”女服务员会说：“不用客气，一点也不麻烦。”由于我们对她表示了尊敬，因此她会很高兴地给我们换炸薯条。

“对不起”“给你添麻烦了”“让你多费心”“请你……”“能不能……”“谢谢”——这些细微平常的礼貌短语，就像是每天单调的生活中的润滑剂，会给我们的生活平添几分色彩，促进我们的人际关系。而这同时也是你我优良品质的体现。

让我们再看另一个例子。

你读过凯恩的小说《基督教徒、法官、英国曼岛人》吗？有成千上万的人读过他的小说。凯恩是个铁匠的儿子，一生只上过8年学，但他去世时已成为这个世界有史以来最为富有的作家。

凯恩是怎么创造这样巨额财富的呢？大概情况是这样的：由于凯恩酷爱诗，所以他将大诗人罗斯迪所有的诗都读了一遍。他还写了一篇演说辞，来歌颂罗斯迪在诗歌方面的高深造诣以及取得的艺术成就，并将它送给了罗斯迪本人。罗斯迪当然非常高兴。“一个青年能对我的才华有如此高深的见解，”罗斯迪说，“一定是个非常聪明的人。”

于是，罗斯迪将凯恩请到自己的家中来，让他担任自己的秘书。这对凯恩来说，可是改变人生道路的重要机会——因为他凭借这一新的身份，接触了许多那个时代著名的文学家，从他们那里接受有益的建议，并受到他们的鼓励和激发，开始了他自己的写作生涯，最终享誉世界。

凯恩的故乡是英国曼岛的格里巴堡，它现在已经成为世界各地旅游者观光赏景的胜地。他留下了高达250万美元的财产！可是，又有谁知道，如果他当初没有写那篇真诚赞美罗斯迪的演讲词，他可能一生都将穷困潦倒。

这就是发自内心的真诚赞美的力量，这是一种伟大的力量！

罗斯迪认为自己很重要，这并非多么新鲜的一件事——几乎每个人都认为自己很重要，非常非常重要。而每个国家也是如此。

你认为你比日本人出色吗？可事实上日本人更加自以为是，认为自己比你要出色得多。例如，当一个保守的日本人看到一位白人和一个日本女人在一起跳舞时，他一定会大为恼火。

你认为你比印度人更聪明吗？那是你的自由。但成千上万的印度人却认为自己比你更聪明，他们不屑于与你这个异教徒为伍，更不愿去触碰那些被你的影子所玷污过的食物。

你认为你比爱斯基摩人更优秀吗？这也是你的自由。但是你真的想知道爱斯基摩人对你持什么看法吗？在爱斯基摩人当中，那些游手好闲、好吃懒做的流氓地痞，被爱斯基摩人称为“白人”——这是他们最藐视人的称呼。

差不多每个国家都认为自己好于别的国家，于是就因此产生出爱国主义精神，也因此产生了战争。

一个不容否认的事实就是，凡是你听见过的人，你可能都会觉得他在某些方面要比你强。其实每个人身上都有优点，都有值得别人学习的地方。承认对方的重要性，并由衷地表达出来，你就会得到他的友谊。

千万要记住爱默生曾说过的话：“凡是我所遇见的人，都有比我优秀的地方。在这个方面，我正好可以向他学习。”

但让人感到愤怒的是，那些无所作为却自以为很成功的人，整天都在用令人作呕的浮华夸饰之词来掩饰他们内心的焦躁与不安，到处招摇撞骗，毫无廉耻之心。这种人正像莎士比亚所说的：“人！狂傲的人！借着那么一点儿才能，竟然在上天面前胡作非为，骗得天使们都流下了眼泪。”

下面我将讲三个故事，都是我班上那些从事商业的学员实行这些法则而获得成功的故事。

我先来讲一位康涅狄格州律师的故事。由于他亲属方面的原因，他不愿意让别人知道他的真名实姓，因此我们暂且叫他 R 先生吧！

R 先生到讲习班没多久，有一天开着汽车陪太太去长岛拜访亲戚。他太太让他陪她的老姑妈闲谈，自己去看别的亲戚去了。R 先生想着把学习所得实际运用，以便将来写篇报告，他便从这位老姑妈身上开始。于是他朝屋子四周看了看，有哪些是他值得赞赏的。

他问老姑妈：“这栋房子是建造于 1890 年，是吗？”

“是的，”老姑妈回答，“就是那年建的。”

他又说：“这令我想起我出生的那栋房子——建筑好，也非常美丽。而现代人对这些都不讲究了。”

“是的，”老姑妈点点头，“现在年轻人只需要一间小公寓和一台电冰箱，再就是一部汽车而已，早已不讲究住好看的房子了。”

老姑妈抱着回忆的心情温柔地说：“这栋房子在建造之前，我已梦想了很多年。我和我的丈夫没有请建筑师设计，完全是我们自己理想的房子。这屋子是用‘爱’建造成的。”

老姑妈领着R先生去参观各房间。R先生对她珍爱一生收藏的各种物品，像法式床椅、意大利的名画、古式英国茶具和一幅曾经在法国封建时代宫堡里挂过的丝帷，都加以真诚的赞美。

R先生接着说：“我参观了老姑妈的房间后，她又带我去车库，里面停着一辆崭新的凯迪拉克汽车。”

她轻轻说：“我丈夫去世前不久买的这部车子——自从他去世后我再也没有开过——美丽的东西你爱欣赏，这部车子我送给你！”

听到这话R先生非常吃惊，婉转辞谢，说：“姑妈，感激你的好意，但是我不能接受。我已经有一辆新车，你有很多亲密的亲戚，相信他们也会喜欢这部车的。”

“亲戚！”老姑妈提高了声音说，“对，我有很多希望我尽快离开这个世界的亲戚，那样他们就能得到这部车子。但是，他们永远得不到。”

R先生说：“姑妈，你可以把这部车卖掉，如果不愿意送给他们。”

“卖掉！”老姑妈叫了起来，“你认为我会卖掉这部车吗？看着陌生人在街上开着这部车子你想我会忍心？这是我丈夫特意买给我的，我做梦也不会卖。因为你知道如何欣赏美丽的东西，我愿意送给你！”

R先生婉转辞谢，不愿接受她的赠与，可是他不能去伤老姑妈的感情。

老太太单独一个人住在宽敞的房子里，看着屋子里精致、珍贵的陈设，缅怀过往的回忆——她盼望有一个人与她有相同的感受。她过去有一段金色年华，她有美丽动人的容貌，男士们疯狂追求她。她和爱人建造了这栋饱含“爱”的房屋，还从欧洲各地搜罗了很多珍品加以装潢陈设。

现在的老姑妈已风烛残年，孤零零的一个人，她渴望着得到人间的一点温暖，一点源于内心的赞美——然而，没有一个人给她。当她发现她找到的时候，就像沙漠中冒出的一泓泉水，让她心底感动，甚至愿意相赠那部凯迪拉克汽车。

让我再举一个纽约一位园艺设计家麦克乌霍的事例：

我听了“如何交友和影响他人”的演讲后不久，给一位著名的司法官设计园艺。那位司法官对我提出他的意见，什么地方应栽种些什么花。

我说：“法官，你的业余爱好很好，养的几条狗都很可爱，听说你曾得过多次赛狗会中的蓝丝带优等奖。”

我这句话果然有效，那位司法官说：“嗯，对于养狗我很感兴趣。要不要参观我的狗舍？”

他带我去看他的狗和获得的许多奖状，差不多费了一个小时的时间。他取出那些狗的血统系谱，告诉我每条狗的血统。因为有优质的血统，所以他豢养的狗都活泼又可爱。

最后他问：“你有小男孩吗？”

我回答说有的。

他接着问我：“你孩子喜欢小狗吗？”

我说：“嗯，我想他一定非常喜欢的。”

司法官点头说：“那太好了，我送他一只。”

他对我说怎样豢养小狗，顿了顿他接着说：“这样告诉你，你很快就会忘了，我还是给你写下来。”那位司法官进屋里，用打字机把他要送我的小狗的血统系谱和喂养方法很清楚地打了出来，然后送我一条价值一百美元的小狗，并浪费了他一小时零十五分钟的宝贵时间。这是我对他的喜好和成就表示真诚赞赏所获得的结果。

柯达公司的伊斯曼发明了透明胶片以后，摄制活动电影才获得了真正的成功，同时他也获得上亿美元的财富，成为世界上著名的一位商人。虽然他有伟大的成绩，可是他与我们一样渴望别人的赞扬。

比如，伊斯曼几年前在洛贾士德建造“伊斯曼音乐学校”和“凯本剧场”，剧场是纪念他母亲用的。纽约优美座椅公司经理爱达森期望能接下剧场里的座椅工程，他给建筑师打电话，约好去洛贾士德见伊斯曼。

爱达森到了那儿，建筑师说：“我明白你想签订座椅的订货合同，不过我还是告诉你，伊斯曼非常严肃，工作很忙，如果你花五分钟以上的时间，就别想做这笔生意了。他脾气大，事情忙，因此我告诉你，你要快速地向他表明来意，然后离开他的办公室。”

爱达森听了，就那样准备做。

他被领进一间办公室，看见伊斯曼正埋头工作，正处理桌上的一堆文件。伊斯曼见有人进来，抬头摘了眼镜，向建筑师和爱达森说：“两位好，有何见教？”

建筑师介绍了他们互相认识，爱达森说：“伊斯曼先生，我真羡慕你的办公室。假如我也拥有像你这样的办公室，我想我一定很高兴在这里工作。我从事室内木工营业，这您知道，可是我从未见过像这样漂亮的办公室。”

伊斯曼回答说：“这间办公室的确很漂亮，谢谢你提醒我差点忘了的事。这间办公室当初布置结束后，我真是非常喜欢。但是由于我现在工作太忙，甚至接连数星期，我都不会在意这方面了。”

爱达森用手摸摸办公室的壁板，说：“这是英国橡木？它的品质与意大利橡木略有不同。”

伊斯曼回答说：“对，这是一位专门研究细木的朋友，替我特地挑选的进口的英国橡木。”

伊斯曼接着陪同他参观了他设计的室内陈设，包括木门、油漆颜色和雕刻工艺等。

他们在一扇窗前停下来，伊斯曼表示他准备给洛贾士德大学和公立医院等捐些钱，为社会尽一点心意。爱达森热情地赞叹说，这是一件古道热肠的慈善善举。伊斯曼打开玻璃橱的锁，拿出他从前购买的首架摄影机——那是买下的一个英国人的发明。

爱达森问他当初在商业上是如何挣扎和奋斗的。伊斯曼感慨地回忆了幼年时的贫苦状况。他守寡的母亲出租了一套小公寓；自己是一家保险公司的小职员，每天只赚 0.5 美元……因为饥寒所迫，为了免得母亲辛劳一辈子，所以他立志刻苦奋斗。

爱达森又问些别的问题，而他自己始终静静地听着！伊斯曼说起他实验室的一段往事：过去做实验的时候，他在实验室里工作一整天的时间，有时候甚至穿着工作服，三天三夜不能休息。

爱达森在上午 10 点 15 分进伊斯曼办公室，那位建筑师还劝告他至多只能逗留 5 分钟，可是一小时、两小时过去了，他们仍然热烈地交谈着。

伊斯曼最后向爱达森说："我上次去日本买回来几张椅子，我把它们搁在阳台上，后来阳光晒脱了椅子上的漆。我买些油漆回来自己漆了，你看看我漆椅子的手艺如何。欢迎你到我家一起吃午饭，我让你看看。"

伊斯曼午饭后让爱达森看他漆的椅子。那些椅子每把不会超过 15 美元，而资产达上亿美元的伊斯曼却认为很自豪，仅仅因为那是他自己漆的。

这笔座椅订货的总额是 9 万美元。究竟谁得到了订货合同？除了爱达森外，不会有其他人。

就从那时候起，直到伊斯曼去世，他们始终保持着极深切的友谊。

你我该从何地开始实施这种神奇的试金石？你为什么不从自己的家庭开始？我知道还有其他地方更为需要或是更容易忽略。我相信你的妻子一定有她的优点，至少曾经有过，不然你不会娶她做老婆的。但是，你有多久没有称赞过她的美丽了？有多久了？

一次，我独居在加拿大森林的一个帐篷里，在纽白伦斯维克的米拉密契河钓鱼。那时每天只能读到一份镇上出版的报纸。因为空闲的时间太多，这份报上的每一个字，我都详细地看过。

在报上“迪克斯婚姻指导”专栏里，有一篇文章写得很好，我把它剪下保存起来。她那篇文章上指出，她说她听烦了人们对新娘所讲的话，她觉得应该给新郎一些明智的建议。

她的建议是：“结婚前赞美女人是必然的事，不会甜言蜜语就不要结婚，结婚以后，给她赞美也是一种必需任务。婚姻的经营需要有外交的手段，不只是靠诚实。”

你如果想过天天快乐、美满的生活，千万不要指责你太太治家有错误之处，或者拿你的母亲和她做没有意义的比较。相反，你应该经常称赞她治家的本领，夸奖她把家里收拾得干干净净、井井有条；还要当着别人的面，说你很幸运地娶了一位既有才华、又很漂亮的妻子。即使她有时把牛排烤得像牛皮一样焦，把面包烤得像炭一样黑，你也不应该有任何的抱怨，而说她只是一时失误罢了，所以没有达到平常应有的水平，那么她一定会尽力达到你对她的期望。

不过，你不能突然开始，否则她可能会起疑心的。

你要经常给她买些鲜花和糖果。不能只是口头上说：“是的，我应该那样做。”而是要真的付诸实践！然后再送给她一个温婉的微笑，和她说上几句甜蜜的情话。如果有更多的夫妻能依此去做的话，我想就不会出现每6次婚姻中就有一次失败的现象了。

你想知道怎样让女人对你产生爱的好感吗？好的，这里就有一条秘诀，而且非常有效。这可不是我发现的，我是从迪克斯那里学到的。她曾访问过一个著名的重婚犯——他曾获得过23个女人的芳心，以及她们存在银行里的钱财（需要说明的是，迪克斯是在监狱中访问这人的）。当她问他是如何令这些女人对他产生爱情的时候，他说并没有什么秘诀，只要和女人谈论她自己就行了。

对男人来说，同样的方法也一样有效。“和一个男人谈论他自己的事，”大不列颠帝国最聪明的首相迪斯雷利说，“对一个男人谈论他自己的事，他会静听几个小时。”

因此，你要想让别人欣赏你，需要记住的第六条原则就是：

使别人感到自己重要，并真诚地照此去做。

到现在为止，这一部分内容你已经读了不少了。现在合上书，立刻开始对离你最近的人试用这种赞美的法则，看看它神奇的效力。

方法六：使别人感到他很重要，并真诚地照此去做

心理弱点分析

千百年来，哲学家们一直在思考人类关系的准则，这就是中国先哲孔子所说的“己所不欲，勿施于人”。而很多人只看到了真理的正面，而忽略了真理的反面也是真理。在这条真理中它的内容就是“己所欲者，亦施于人”。

HOW TO WIN FRIENDS
AND INFLUENCE PEOPLE

CHAPTER 3

让人认可你的十二种方法

一、辩论的最高境界

> “**特别提示：**当人们逆着自己的意见，被人家说服时，他仍然会在内心固执地坚持自己是对的。你在进行辩论时或许你是对的，可是你要改变一个人的意志时，就是你对了，也跟不对一样。”

二战结束不久，在伦敦的一个晚上，有一件事让我大为受益。

那时候，我正担任罗斯·史密斯爵士的经纪人。史密斯爵士在战争期间，是澳大利亚空军飞行员，曾被调往巴勒斯坦驻军。欧洲战场胜利停战不久，他在一个月内飞行了半个世界，这轰动了全世界。因为从来没有人完成过这样的壮举。为此他得到了澳大利亚政府5000美元的奖励，英国女王也因此授予他爵士爵位。一时间，他成为英国被谈论最多的焦点人物。

一天晚上，我参加了一个为史密斯爵士举行的宴会。宴会上，坐在我右边的一位男士讲了个笑话，这个笑话里面引用了别处的一句话，他说那句话引自《圣经》。恰巧我知道那句话的出处，于是满怀优越感地告诉他，那句话出自莎士比亚的作品。他立即坚持说，不可能出自莎士比亚的作品，肯定出自《圣经》。于是我们争论起来。

正好坐在我左边的是我的老朋友法兰克·盖蒙，他非常熟悉莎士比亚的著作。

于是我和那个人请教盖蒙。盖蒙听后，用脚在桌子底下碰了碰我，然后说我搞错了，那个人是正确的，那句话出自《圣经》。

在一起回去的路上，我问盖蒙怎么回事，因为他明明知道我是对的。他说："是的，就在哈姆雷特第五幕第二场。但是亲爱的戴尔，我们都是作为客人去参加宴会的，为什么要指明是他的错误呢？那样他会对你有好感吗？为什么要让他丢脸呢？他没有问，而且也不需要你的意见啊，为什么要和他顶嘴呢？要永远避免和他人面对面地对着干。"

"要永远避免和他人面对面地对着干。"虽然说这句话的人已经去世了，但是我永远记住了这句话。

这对我帮助极大，因为以前我是那样地喜欢和人抬杠。小时候，我和我哥哥在任何事上都不停地打嘴仗。后来，我在大学里又选修逻辑和辩论学，并且经常参加辩论比赛。再后来我到了纽约，在那里教授演讲和辩论，我甚至曾准备写一本关于辩论的书。所以，以前我和斗嘴结下了不解之缘。

终于，我明白了一个道理：在争论中获胜的唯一方式，就是避免争论。

绝大部分的争论，结果都会使双方比以前更加坚持自己的立场和观点。在争论中没有赢家。不管你是否在争论中占了上风，本质上你都是输了。即使你在争论中把别人驳得体无完肤、一无是处又能怎样呢？你可能暂时会高兴，但对方的自尊心受到了伤害，会对你产生怨恨。并且即使口服，他的心也不会服。

派恩互助人寿保险公司有一条严格的纪律，就是"不要争论"。真正的推销精神不是争论。因为争论并不能让人改变想法。

有这样一个例子：多年前，有一个喜欢争辩的爱尔兰人叫奥哈尔，到讲习班听课。他没有受过良好的教育，做过司机，后来当汽车公司推销员。他喜欢争辩、挑剔别人，因为他觉得自己的业务表现不理想，才来找我。跟他说过话，我才明白他推销汽车时，常因接受不了客户的批评而发生口角。他说："我听了气愤，说那家伙几句，他就不买我推销的东西了。"

对于奥哈尔，我开始教他如何减少讲话，避免与人争吵，并不是教他如何说话。

奥哈尔现在已是纽约怀特汽车公司成功的推销员了。奥哈尔是怎么做的？他说："我现在走进客户的办公室，如果对方这样说：'不行，怀特汽车就是白送给我，我也不要。我准备买胡雪公司的卡车。'听了他的话，我不会反对，相反，我会顺着他的口气说：'你说得很对，胡雪的卡车的确很好，相信你买他们的不会有错。胡雪牌汽车是大公司出品的，推销员也都很优秀。'

"他听了我的话，无话可说，想争论也无能为力。我不反对他赞美胡雪牌车子好，他只好把话停住了。他不会一直说胡雪牌的车子怎样好怎样好。我于是就瞅一个机会，向他推荐怀特牌车子的优点。

"如果过去我碰到这种情形，一定会火冒三丈，我会争论说胡雪牌汽车是如何不好。我越说那家公司的汽车不好，对方可能越会说它如何好，争辩越来越激烈，使对方决心不买我的汽车。

"现在回想起来，我过去推销货物真不知道是怎么做的。那样的争论使我失去了不知多少宝贵的时间和金钱。我现在学会了怎样避免争论，少讲话，我从中获得了许多的好处。"

睿智的老富兰克林说："在辩论、反驳中，也许你会获得胜利，但是那胜利是短暂、空虚的。你永远失去了对方对你的好感。"

不妨替自己作这样的衡量，你是想要空虚的胜利，还是想要人们对你的好感？这两件事，不能同时得到。

波士顿一本杂志上曾经刊登过一首含义很深而且有趣的诗：

这里安静地躺着威廉姆的身体，
他死的时候觉得自己是对的，
死得其所，
但他的错误像他的死亡一样。

在进行辩论时也许你是对的，可是要改变一个人的思想时，即使你对，也跟错了一样。

威尔逊总统任内的财政总长麦肯锡，在多年政治经验中得到一个教训，他说："辩论绝不可能使一个无知的人口服心服。"

麦肯锡先生说得很温和。据我所知，不仅仅是无知的人，任何人你都别想用辩论改变他的思想。

有一个例子：为了一笔9000美元的账目，所得税顾问派逊与政府的税收稽查员发生纠纷，争吵了一个小时。派逊说这是无法收回的一笔呆账，因此不应该课征人家的所得税。那稽查员反对说："不是呆账，我认为是必须缴税的。"

派逊在讲习班上说："跟那种傲慢、固执、无理的稽查员说什么，都是废话。跟他争辩愈久，他愈固执，于是我想跟他避免争论，换个做法，去夸奖他几句。

"我说：'由于你处理过很多这类问题，对你而言是一件很小的事。我虽然学习过税务，但都是书上的知识，而你知道的都是由实际经验中得来的。你有这样的职位我很羡慕，和你在一起，我获益很多。'

"我对他说的每句都是实话。那稽查员在座椅上伸了伸腰，开始说他的工作经验，讲了他所发现的许多舞弊案件。说到他孩子时，他的语气渐渐平和下来。临走时，他对我说，回去后再把这问题考虑考虑，等几天给我答复。

"他三天后来找我，告诉我决定按照税目办理，那笔税不征了。"

这位稽查员表现的是寻常的人性的弱点，他需要的是获得自重感。派逊跟他争辩时，他就展现自己的权威，来获得他盼望的自重感。假如有人承认了他的重要性，争论就自然停止了。"自我"已延伸扩大，他又变成一个和善富有同情心的人了。

拿破仑家中的管家常与约瑟芬打台球。这位管家在他所著的《拿破仑私生活的回忆》的第1卷第71页中说："我虽有相当的技艺，但我始终要设法使她胜我，这样她会非常欢喜。”我们要从这一故事里学到一个有用的教训。我们要使我们的顾客、情人、丈夫、妻子在偶然发生的细小讨论上胜过我们。

释迦牟尼说：“恨不止恨，爱能止恨。”而误会永远不能用辩论停止，而需用手段、外交、和解来看对方观点以使对方产生同情的欲望。

林肯有一次责罚一个青年军官，因为他与同僚激烈争执。林肯说：“凡决意成功的人，不能费时于个人的成见，更不能费时去承受结果，它会搞坏自己的脾气，使你丧失自制力。你不能过分显示你自己，要学会放弃。与其和狗争路而被狗咬，不如给狗让路。即使将狗杀死，也会留下永远的伤口。”

所以，我们要使他人幸福信服，必须记住的**第一项方法**就是：

避免与人争论

心理弱点分析

人对自重感的需求是人最常见到的人性的弱点之一。在争辩当中，人们都希望以自己的正确性，来获得自己希求的自重感。如果有人承认了他的重要性，这争论也就自然地停止了。因为他的自重感得以实现了。

二、不恰当的指责只能制造敌人

> 特别提示：我们要比人家聪明，可是你却不能告诉他，你比他聪明。如果你要纠正某人的错误，就不应该直率地告诉他，而要运用一种非常巧妙的方法，才不会把对方得罪了。

西奥多·罗斯福在白宫的时候承认，如果他的判断有75%是对的，行事便可以达到最高的期望。

如果像这样一位杰出的伟人都承认自己的判断最高只有75%的正确率，那你我又该当如何？

如果你能确定自己的判断有55%是对的，便可以到华尔街去日进斗金。如果你不能确定自己的判断是否有55%是对的，又如何能指责别人常常犯错呢？

你可以利用眼神、音调或是手势来指责别人的错误，这和言辞表达一样有力——但是，当你指出对方的错误时，对方会因此同意你的观点吗？绝不会的！因为你已一拳伤害了他们的智力、判断、荣誉和自尊，这只会造成对方的反击，而不会改变他人的观点。也许你会用柏拉图或康德的逻辑理论予以反驳，但还是没有用，因为你早已伤了他们的感情了。

千万不要一开始就宣称：“我要证明给你看。”这无异于向他人表明：“我比你聪明，我要让你改变想法。”这种做法实在是场恶战，无疑会引起反感并爆发一场冲突。在这种情况下，要想改变对方的观点根本不大可能。所以，为什么要弄巧成拙？为什么要麻烦自己呢？如果你想证明什么，别让任何人知道，而且应不着痕迹，很技巧地去做。

吉士爵士对他儿子说过：“你比人家聪明，但是你绝不能对他说他没有你聪明。”

人们的观念随时在改变，我20年前觉得正确的事，现在来看似乎是错误的。当我钻研爱因斯坦理论时，我也存着怀疑的态度。再过20年，我也许不相信自己在书上写下的东西。现在我都不像从前那样敢于确定，无论是任何事情。苏格拉底多次对他的门徒说：“我知道的只有一件事，那就是我什么也不知道。”

我不奢望比苏格拉底更有智慧，所以我尽量避免向他人说他错了。同时我也认为这实在对我有好处。

有人说了句你知道是错误的话，那么如用下面的语气来说，似乎要好一些：“让我们来讨论讨论，我有另外一种看法，也许是错误的，因为我也经常把事情搞错，如果我错了我愿意改正。我们看看到底是怎么回事！”

天下所有人绝不会责怪你说的话：“或许我是错误的，我们看看到底是怎么回事！”

科学家也同样如此。史蒂文生不但是科学家，也是一位探险家。有一次，我去访问他。他曾在北极圈住了11年，6年的生活中除了水和肉外，吃不着任何其他东西。他说他正在进行实验！我问他实验是求证哪方面。他回答的话我永远无法忘记，他说：“一个科学家永远不敢求证些什么，我只尝试着去寻找事实。”

你希望自己有科学化的思想，对不对？没有人能阻止你，除了自己之外。

我的一位学员哈洛·雷恩克就曾用这种方式处理顾客纠纷，他是道奇汽车在蒙大拿州的代理商。雷恩克在报告时指出，由于汽车市场面临的竞争压力，在处理顾客投诉案件时，我们常常显得冷漠无情，这就很容易引起愤怒，甚至做不成生意，或造成许多不快。

他告诉班上的其他学员：“后来我想清楚了，这样确实无济于事，于是便改变了做事的办法。我转而向顾客这么说：‘我们公司犯了不少错误，我实在深以为憾。请把你碰到的情形告诉我。’

“这种方法显然消除了顾客的敌意。情绪一放松，顾客在处理事情的过程当中就容易讲道理了。许多顾客对我的谅解态度表示感谢，其中两个人甚至后来还带来自己的朋友买车。在竞争激烈的市场上，我们很需要这样的顾客。而我相信尊重顾客的意见，对待顾客周到有礼，都是赢得竞争的本钱。”

假如你确定别人搞错了，而直接地告诉他，会是什么样的结果呢？下面是一个例子：施密特是纽约的一位年轻律师，最近在最高法院的法庭上，为一个重要的案子作辩护。案子涉及一项重要的法律问题和一大笔钱。

在法庭上，一位最高法院的法官问施密特：“海事法追诉期限是6年，对吗？”施密特停在那儿看了法官一会儿，随后直接地说：“法官大人，海事法没有追诉期限。”

施密特后来在班上回忆说：“法庭突然安静下来，空气好像一下子凝固了。事实上我是对的，法官错了，并且我也如实地告诉了他。我依然相信法律支持我这一边，我的陈述也比以往精彩了很多。但我并没有得到法官的好感，因为我在众人面前，指出一位非常有名望、有学识的人错了。我犯了大错。”

没有多少人的思考有严密的逻辑。我们大部分人自身存在武断、偏见的问题。我们很多人都具有固执、嫉妒、猜疑、恐惧和自大的缺点。所以，如果你很想指出别人错误，请每天读一读下面这段文字。这是摘自詹姆斯·哈维·罗宾逊教授所著的《下决心的过程》中的一段话：

“有时我们会在充满宽容、谅解、热情的氛围下，改变自己的想法。但如果有人直接指出我们错了，我们就会生气，并且更加固执。我们的一些想法可能是没有根据的，可是，如果有人反对我们的想法，我们就会全力地维护它。这时我们努力维护的，不仅是我们的想法，更主要的是我们的自尊心。”

“我的”（my）这个简单的单词，在为人处世中要特别注意，而用好这个词是需要智慧的。不管说“我的”晚餐、“我的”狗、“我的”房子、“我的”父亲、“我的”国家还是“我的”上帝，都具备一样的效力。我们不仅不喜欢说我的表不准，或我的车太破，也厌恶别人指出我们关于火车的知识、青霉素的药效或亚述王沙冈一世生卒时间的错误。

我们习惯于相信以前就相信的事。如果有人怀疑我们所相信的事，我们就会尽力为它辩护，并用违心的推理和证明，作为我们继续相信它的借口。

著名的心理学家卡尔·罗杰斯在他的《怎样做人》一书中写道：“我发现，试着去了解别人真是太有价值了。你也许会奇怪我这样说，这么做有必要吗？我认为是的。在我们听别人说话的时候，我们主要关心的是别人和我们在看法和态度上的异同，而不是其语言本身。当别人谈论某种感觉、态度或看法的时候，我们几乎立即判定‘说得不错’，或‘真是可笑’‘这很平常嘛’‘真不合理’‘这是不对的’‘这样不好’等。我们却很少去了解，这些话对于他人具有的真正含义。”

我们不仅反感有人指出我们的错误，——我们的汽车破旧，——也不愿意有人说出来。我们对一桩认为“对”的事，总是继续喜欢相信它。如果有人对我们产生怀疑，我们就会产生强烈的反感，用各种方法去辩护。

一次，我请一个室内装潢师帮我设计并安装一套窗帘。等他把账单送来，我看后吓了一跳。

几天后一个朋友到我家，看见那套窗帘，谈起价钱，她有些幸灾乐祸地说：“太不像话了，你大概是不小心上了人家的当吧？”

真有这回事？对，她说的是实话，可是我们就是不想听见这样的实话。因此，我竭力给自己辩护。我说好的东西价钱总是昂贵的。

第二天，另外一个朋友来我家，她对那套窗帘诚恳地加以赞美。并且表示，自己也想有一套那样的窗帘。我听到这话跟昨天的感受一点也不一样，我说：“配制这套窗帘，价钱太贵了，说实话我有点后悔。”

我们有错时，或许会自己承认，如果他人给我们承认的机会，我们会十分感激：不用别人说，我们就自然地承认了。如果有人硬要把不合胃口的东西塞往我们的喉咙，我们是无法接受的。

美国内战期间，著名的舆论家格利雷与林肯的政见相左，他觉得使用嘲笑、谩骂的争辩方法，林肯就能接受他的意见，让他屈服。一月又一月，一年又一年，他连续不断地攻击林肯，就在林肯被刺的那晚，他还写了一篇粗鲁、刻薄、嘲弄林肯的评论。

这样苛刻的攻击，林肯会屈服么？永远不会。

你如果想要知道人与人之间应该如何相处，如何管好自己，如何改善自己的品格，建议你去看《富兰克林自传》，这是一部美国文学名著，也是一部有趣味的传记。

自传中，富兰克林讲述，他是怎样改变自己好辩的恶习，使他成为美国历史上一个和蔼、能干和善于外交的人物。

富兰克林还是一个经常犯错的年轻人时，一天，一位教友会里的老教友，把他叫到一旁，着实地教训了他一顿。

“朋友，”老教友叫富兰克林的名字，“你实在不应该跟你意见相左的人过不去。如今已没有任何人会理你的看法。你的朋友发觉你不对时，他们更加快乐。你认为你懂得很多，再也不会有人对你说任何事情。实际上，你现在除了一点知识外，其他的什么都不知道。”

富兰克林接受了那次惨痛的教训。他已经明智、成熟起来，他意识到他的人际关系正面临着失败。于是他马上改掉了粗野、傲慢的习惯。

富兰克林说：“我给自己订了一条规则，我不让自己在思想上跟任何人有不一致之处，我不坚持自己的见解。凡是肯定意思的字句，像‘一定的’‘无疑的’等，我都改用‘我推断’‘我猜测’或是‘我想象’等词语来替代。当别人指出我的错误时，我舍弃立即反驳对方的想法，转而用婉转的回答。

“过了不久，我感觉到因为改变态度获得的好处，参与任何谈话时，我都感到融洽和愉快。我谦虚地说明自己的观点，他们很快接受，反对的很少。人们给我指出错误时，我也不再恼怒。在我对的时候，他们更容易接受我的见解，改正他们的错误。

“我起先尝试这种做法时，会很激烈地敌对和反抗自我，后来渐渐自然地形成习惯了。过去 50 年中，没有人听我说过一句武断的话。我想，就是因为这种习惯的养成，当我每次提出一项意见时，会得到人们热烈的支持。我没有口才，用字生涩，也不善于演讲，可是我的大部分见解，都能得到人们的支持。”

下面是在商业领域内，采用富兰克林方法的几个例子。

北卡罗莱纳州金蒙顿市的凯瑟琳•阿尔弗瑞德，是一家纺纱工厂的生产总监。她讲述了她在接受训练前后，怎样解决一个敏感的问题。

她说：“我工作的一部分职责，是制定各种激励员工的方法和标准，来激励员工提高产量和质量，并让他们因此得到更多的报酬。在我们只生产两三种不同的纱线的时候，我们所用的方法还挺管用的，但是当最近我们纱线的种类增加到 12 种以上时，原来的方法就不合适了。因为，这时再用原先的方法和标准，已不能使员工根据他们的工作质量而得到相应的报酬，所以这无法促进他们的生产积极性。

“我设计了一个新的方案，来保证每一个工人在任何工作时间内，所生产的任何种类等级的纱线，都会得到相应的合理报酬。在一次会议上，我把我的新方案提交给参加会议的高层职员们，向他们作了详细的分析说明，以证明新方案的好处和旧方法的错误，并指出过去给工人的待遇在一些地方是不合理的，而且提出了我的相应解决办法。但是，我白费了力气。因为我太急于实行新的方案，没有用商量探讨的语气，对原来的方法的批评又让他们丢了面子，于是我的新方案没有在会议上通过。

“在上了几节培训班的课后，我明白了我犯的错误。我申请再召开一次会议，在会议上，我首先请他们说出他们对这个问题的看法，然后针对每一个要点，大家一一分析讨论，并请他们说出最好的解决办法。我抓住适当的时机，用低调的建议引导他们按照我的意思把方法提出来。当会议结束时，他们汇总提出的方法正是我的新方案，此时他们却热烈地赞同这一方案。

“现在我确信，如果你直接指出某一个人的错误，不仅收不到好的效果，而且还会造成很大的麻烦。你指责别人就是伤害了他的自尊，并且使自己受到他的抵触。”

迈哈尼在纽约专门经销石油工作者使用的特殊工具。他接了长岛一位重要客户的订货单。工具的设计蓝图被上面批准后，生产开始了。随后发生了一件不好的事情。

那位客户和朋友们谈起这件事。他们都告诫他，他犯了一个大错误，他被骗了。一切都不对劲，工具的尺寸、质量、价格，不是太这个，就是太那个。朋友们的话让那位客户非常恼火，他给迈哈尼打去电话，发誓绝不接受那批已经开始生产的工具。

迈哈尼后来说：“经过仔细的检查，我确认我们供货方没有问题，我知道他和他的朋友们都是没有根据的胡说八道。但如果我就这么告诉他，就真的麻烦了。我去长岛找他谈。刚进他的办公室，他马上从椅子上跳起，并朝我大步走过来，非常激动地一边快速说话，一边挥着拳头。他不停地指责我和我的产品，最后说：‘好吧，你看怎么办吧？’

“我非常平静地告诉他，我愿意根据他的意愿来处理。我说：‘你是付钱的买家，理应得到使你满意的东西，可是要弄清问题出在哪儿。如果还愿意继续合作的话，请再给我一幅精确的工具设计蓝图，虽然原来的已经花了 2000 美元，但为了让你满意，我们愿意承担这笔损失。但是我要先提个醒，如果你坚持毁约的话，相应的损失和责任必须由你来负责。我认为履行我们之间的合同，是最好

的解决办法，我可以向你保证我们会交给你满意的货，请相信我。’

“这时他冷静下来了，最后说：‘好吧，照合同进行。上帝保佑，别真的出了差错。’

“结果并没有出差错，于是他决定再向我订两批类似的货。

“当那位客户在我面前挥舞着拳头、攻击我和我的产品的时候，我用极高的克制力，才使自己不和他争执。最终我的克制给我带来了收获。而如果我直接指出是他错了，和他争执起来，很可能就要打官司，伤了和气，经济损失不说，还失去了一位重要的客户。所以，我确信直接指出别人错了，是得不偿失的。”

第二个例子——请相信我列举的例子，你可能随时会遇到——是这样的：纽约泰洛木厂推销员克劳雷多年来总在说木材检查员的坏处，在争论中他常获胜，但没有得到过一点益处。由于好争辩，导致克劳雷所在的那家木厂损失了上万美元。他后来到讲习班听课后，决心改变他的方式，不争辩了。那么结果怎样呢？这是他写的报告：

一天早晨，一个愤怒的顾客打来电话，他说我们送去工厂的木材一点也不适用。他的工厂已停止卸货，还要求我们尽快想法把那些货运走。在卸下满车货的四分之一时，他们的木料检查员认定木料在标准等级55%以下，他们拒绝收货。

我知道情况后立即赶往他的工厂，路上我心里盘算着怎样才能处理好这件事。平时遇到这种情况，我以自己做检查员的经验和常识，引证出木料分等级的各项规则，来求得检查员的相信。我十分自信木料是合乎标准的，原因是他在检查时对规则有误解。最后，我运用了从学习班中所学到的知识。

到了那家工厂，我看采购员和检查员的脸色都不友善，似乎已准备要跟我交涉谈判。到他们卸木料的地方，我要他们继续卸货，以方便我看看什么地方有问题。我请他们把合格的货放在一边，把不合格的放在另一边。

我看了一会儿后，认为他的检查过于严格，而且用错了标准。这次的木料是白松，我了解检查员只学过一些硬木的常识，而对于白松并不内行；而我对白松很熟悉。可是，我并没有对那个检查员有不友好的态度，我只在意他怎样检查，试问他那些不合格的原因在哪儿。我没有暗示他是不对的，我只是这样表示——为了今后送木材时不会再出现问题，才连续发问。

我以友好合作的态度与检查员交谈，一个劲儿地称赞他谨慎、能干，称赞他查出不合格的木材来是好的。这样我们之间的紧张气氛逐渐地消失，慢慢融洽起来了。我经过郑重考虑，非常自然地插句话，令他们感到那些不合格的木材应该是合格的。因为我说得很小心含蓄，让他们认为我不是故意这样说的。

他的态度渐渐地变了！最后他承认对白松那类的木材没有太多的经验，并向我讨教许多问题。我便向他说明一块标准的木材是怎样的。我又表示如果他们不需要，他们完全可以拒绝收货。最后，他发现错误的原因是他们自己没有提出需要上好的木料。

我走后，这位检查员将全车的木材检查了一遍，并全部接受，我也收到即付的一张支票。

从这件事来看，任何事情只要运用手段，就不需要告诉对方他是错误的。对我而言，我为公司省了150美元的损失，而彼此留下的好感，就不是金钱所能衡量的了。

有人问黑人民权领袖马丁·路德·金，为什么崇拜美国当时官衔最高的黑人军官丹尼尔·詹姆斯将军。他回答说："我是根据他们自己的原则，而不是根据我自己的原则来判断。"

同样的，美国南北战争期间，罗勃特·李将军曾经在南部邦联总统杰斐逊·

戴维斯面前，极为赞赏地说起他属下的一名军官。当时另一位军官非常惊讶，他说："将军，你难道不知道吗？你刚才称赞的那位军官，可是你的死对头啊，他经常毫不留情地和你作对。"李将军回答说："是的，但是总统问的是我对他的观点，不是他对我的观点。"

2000 年前，耶稣说过："尽快同意反对你的人。"

4000 年前的一天下午，埃及阿克图国王在酒宴中对他的儿子说："圆滑一点，它能让你得到你想要的。"这个忠告对于今天的我们，依然弥足珍贵。

不要跟你的客户、家人或对手争执。不要直接指出他的错误，要运用一些交际技巧。如果你希望别人赞同你的话。

因此，**第二条项方法**是：

尊重别人的意见。永远不要直接指出对方的错误。

心理弱点分析

当有人对你说你错了的时候，你绝对不会感激那个人。因为他对你的否定，对你来说就是对你的智力、判断、自信、自尊的打击和否定。人很难把事实和立场区分开来，人总是会把对事实的争辩在潜意识里当成对立场的交锋。

三、错的时候永远不要试图先去解释

> **特别提示：**你如在别人责备你之前，很快地找个机会承认自己的错误，对方想要说的话，你已替他说了，他就没有话可说，那你就有百分之九十九的机会获得他的谅解。

我住在纽约的中心位置，距我家步行一分钟的路程有一片树林。春天来了，一丛丛黑草莓中间开满了白色的野花，松鼠在树林里快乐地生活着，草长得和人一样高。这片没有被破坏的林地叫作森林公园。没错，的确是一片森林，当我深入其中的那天下午，所看到的景象跟哥伦布发现美洲大陆没有两样。我和我的小波士顿斗牛犬雷斯常到公园散步，雷斯很听话，从不咬人。我也没有给它拴狗链或戴口罩的习惯，况且公园里的人很少。

一天，我们正在公园里散步，一位骑马的警察过来了，他急着要摆摆自己的架子。

“你为什么不给它拴上狗链，让它在这儿乱跑？”他斥责我，“你不知道这是违法的吗？”

“啊，我知道，”我温和地对他说，“但它不会在这儿咬人的。”

“不会？法律不允许你这种自以为是的看法。它很可能咬死松鼠或咬伤小孩。如果下回我再看到这只没有拴链子的狗，那你就准备自己去找法官吧！”

我礼貌地答应下来。

我试着做了几回，但雷斯很不耐烦，我索性不让它这样受罪——我们又像原来一样出来了。但没过几天就遇到了麻烦。一天下午，雷斯和我正在一座小山坡上赛跑，我突然看到了那位警察跨在一匹红棕色的马上向我走来。雷斯正向他直冲过去。

我知道事情已毫无办法了。所以我没等警察开始说话，就先发制人。我说："警官，你已当场把我抓住了，我是犯了法，我没有推辞，没有借口。你上星期警告我如果我再把没有口笼的狗带到这里，你就要罚我。"

"哦，现在，"这警察用温柔的声调说，"我知道周围没有人的时候，让这样一只小狗在这儿跑一跑，是一件诱人的事。"

"那真是一种引诱，"我回答说，"但那是犯法的。"

"像这样一只小狗是不会伤人的。"警察辩护说。

"不，但它也许会伤害松鼠。"我说。

"哦，现在，我想你对这事太认真了，"他告诉我说，"我告诉你怎样办，你只要使它跑过那土丘，使我看不见它——我们将这事忘掉就算了。"

其实，那位警察也挺有人情味，他只不过要得到一种自重感。所以当我开始自责时，他唯一能滋长自尊的办法就是采取宽大的态度，以显示自己的慈悲。但假使我要为我自己辩护——好，你可曾和一个警察辩论过吗?

但不与他斗，我承认他是绝对正确的，我绝对错误。我迅速地、坦白地、热忱地承认。我们各得其所，这件事就和善地结束了。

假如我们知道自己势必遭受责备时先发制人，自己责备自己，这样岂不比让别人责备好得多？听自己的批评，不比忍受别人的斥责容易得多吗？如果你将别人正想要批评你的事情在他有机会说话以前说出来，他就会采取宽厚、原谅的态度，以减轻你的错误了——正如那骑着马的警察对待我与雷斯一样。

商业美术家华仑曾用这方法获得了一个粗鲁无礼的顾客的信心与好感。事情的经过是这样的：

“在为广告商或出版商绘画时最重要的就是简明准确。有些美术方面的编辑人员交来的工作，要求立刻完成。这种情形下，细微的错误很难避免。我认识的人中，有个负责美术方面业务的客人喜欢挑剔找错，离开他的办公室时，我的心情常常不愉快。并不是由于他的批评和挑剔而不高兴，而是他指出的毛病不准确。

“不久前，我去交一件匆忙中完成的画，后来他打电话让我立即去他办公室。不出所料，他一脸怒容，好像要对我狠狠地批评教训。我突然想到在学习班上学到的‘自己责备自己’的方法，于是我立即说：‘先生，我知道你不高兴，都怪我不可饶恕的疏忽。我替你画了这么多年，应该明白该如何画……我感到非常难过！’

“那个美术主任听我这样说，相反又来安慰我说：‘话虽然这样说，不过还不是太坏，只是……’

“我接着说：‘不管程度怎样，人家看了总会讨厌……’

“他打算插嘴，我不想让他为我开脱，这是我第一次批评自己，我愿意这样做。

“我接着又说：‘你平时很照顾我，我自己应该多加小心，画出令你满意的东西。这幅画我带回去，重新再画一张。’

“他摇摇头说：‘不用不用，我不想再麻烦你。’他很实在地对我说，他要求的仅是一个小小的修改。他说这点小错误，会使他公司的利益受到损失。他还告诉我这是非常细微的错，不必过于顾虑。

“因为我首先批评自己，他怒气全消。最后，他请我吃了饭。在我们分别时，他签了支票给我，并委托我开始另外一件工作。”

当你坦然面对自己的错误时，会感到某种意义上的满足。因为这消除了自己的罪恶感，也在某种紧张的气氛下保护了自己，更有利于迅速准确地纠正错误。

新墨西哥州阿布库克市某公司的一位负责人布鲁士·哈威，有一次批准向一位请病假的员工支付整月的工资。随后，他发现了这个错误，要在这位员工下次的工资中减去多发的金额。那位员工不同意，因为这样会给自己造成严重的财务问题，他请求分期扣回他多领的钱。哈威必须先征求上级的同意才能决定。“如果直接去向老板请求的话，”哈威说，“一定会使他很不高兴。要更好地解决这个问题，应找到合适的方法。我意识到一切混乱都是我造成的，必须在老板面前自我检讨。

“进了他的办公室，我告诉他我办了件错事，然后说了事情经过。他开始发火，先说这应该由人事部门来负责，又大声指责会计部门的疏忽，我一再坚持这是我的错误，应该由我来负责。可他又开始批评办公室的另外两个同事，我还在解释这是我的错误。终于他看了看我说：‘好吧，是你的错。交给你解决吧。’错误被改过来了，也没有造成其他的麻烦。我觉得很高兴，因为我有勇气不去找借口，妥当地处理了一件棘手的事情。而且，我的老板对我更加器重了。”

傻子也知道为自己的过失辩护，但如果一个人能主动去承认错误，就会改变别人对自己的看法。历史上流传着一个佳话：南北战争时的李将军，曾要求一人承担毕克德进攻彼茨堡惨败的责任。

西方最让人心动的一场战斗当属毕克德那次进攻了。当时的毕克德长发披肩，十分浪漫，跟拿破仑在意大利战役中一样，差不多天天都在战场写情书。那个不幸的7月的一个下午，他把军帽斜戴在头上，迅捷地放马向北军发起冲锋，他的部队紧紧地跟随着他，为他呐喊。整齐的军姿，高扬的军旗，闪亮的刺刀，骁勇的士兵，就连北军也忍不住发出声声赞叹。队伍迅速地向前挺进，越过果园和玉米田，踏着山上的绿草和野花。虽然北军大炮持续向他们轰击，但他们士气高昂，毫不畏惧。

就在这时，墓地山脊后面突然蹿出一队埋伏的步兵，毕克德的军队毫无准备，遭到了疯狂的射击。山上顿时硝烟弥漫，尸横遍野。就在几分钟之后，毕克德的旅长，除了一个，全都死了，5000士兵也损失了80%。

将领阿米士德领兵冲了上去，他爬上旁边的石墙，用指挥刀顶着军帽挥舞着叫道："兄弟们，去杀他们！"

士兵们沸腾了，他们异常勇猛，用枪把、刺刀与北军进行肉搏，终于在墓地山脊的北方阵线上插上了自己的军旗。

这一刻，是南军战功的辉煌纪录，但军旗只在那儿飘扬了一会儿就倒下了。毕克德超乎寻常的勇敢，他最后的冲刺虽然光荣，却是失败的开始。

李将军军队的这次失败，使南军无法突破北方的阵线，大局已定。

受到沉重打击的李将军，怀着悲痛的心情，向南方同盟政府总统戴维斯提出辞呈，请年富力强的人带领军队。如果李将军把毕克德的惨败归罪到他人身上，他能找出几十个借口来：师长不尽职、马队后援太迟、步兵未能及时协助等等。

可是李将军没有责备他人，也不归咎于别人。毕克德带领残军归来时，李将军单人匹马去迎接他们，令人感动地说："这次战役的失败都是我的过错，我应该承担全部责任。"

在历史名将中，能有这种勇气和品德，敢于承认自己错误的很少很少。

贺巴特的著作对读者有很强的煽惑性，他讥讽的文字常引起人们不满和反感。可贺巴特有他一套特殊的待人艺术，他能将敌人变成他的朋友。

比如，一些愤怒的读者写信批评他的作品，贺巴特这样回答他们："我细想之后，自己也完全赞同你说的。我昨天写的，今天也许就不以为然了。我很想知道你对这个问题的看法。欢迎你下次来附近时，到我这里，我会跟你紧紧握手。"

你若收到这样的信，还能说些什么？

如果我们是对的，我们要巧妙婉转地让别人同意我们的观点。然而，当我们错误的时候，我们要快速、坦率地承认错误。用这种方法，不但能得到意想不到的效果，还会比替自己辩护更为有趣。

别忘了这样一句话："用争夺的方法，你永远不会得到满足。谦让的时候，你能得到比你的期望更多的东西。"

要想人们同意你，就要记住**第三项方法**：

如果你错了，要主动快速地坦白承认。

心理弱点分析

每个人，都具有这种一般的人性：他需要得到一种自重感。当对方自己承认错误时，人唯一能滋长自重感的方法，就是采取一种宽大的态度，显示出自己的仁慈。这是一个值得利用的弱点。

四、心平气和永远都是有效沟通的第一步

> **特别提示：**如果有一个对你有成见、恶感的人，你就是找出所有的逻辑、理由来，也不能使他接受你的意见；但是我们如果用和善的友谊，温和的言语，我们可引导他同意。

你如果在盛怒下对人发了脾气，对你而言，固然发泄了心头的气愤，可是那人会如何呢？他能体验你的轻松和快乐吗？他受得了你的挑战的口气和仇视的态度吗？

威尔逊总统这样说过：“假如你握紧了两个拳头来找我，我告诉你，我的拳头握得比你更紧。你若是这样说：‘让我们坐下商量一下，如果我们的意见不同，不妨想想看问题何在，主要的症结是什么。’我们很快可以得出彼此很近的意见，不同的地方甚少，相同的地方很多。就是说只要忍耐，加上双方的诚意，我们可以更接近。”

早在1915年的时候，小洛克菲勒还是科罗拉多州一个不起眼的人物。当时，发生了美国工业史上最激烈的罢工，并且持续达两年之久。愤怒的矿工要求科罗拉多燃料钢铁公司提高薪水，小洛克菲勒正负责管理这家公司。由于群情激愤，公司的财产遭受破坏，军队前来镇压，因而造成流血，不少罢工工人被射杀。

那样的情况，可说是民怨沸腾。小洛克菲勒后来却赢得了罢工者的信服，他

是怎么做到的？

小洛克菲勒花了好几个星期结交朋友，并向罢工代表发表谈话。那次的谈话可称为不朽，它不但平息了众怒，还为他自己赢得了不少赞赏。演说的内容是这样的：

> 这是我一生当中最值得纪念的日子，因为这是我第一次有幸能和这家大公司的员工代表见面，还有公司行政人员和管理人员。我可以告诉你们，我很高兴站在这里，有生之年都不会忘记这次聚会。假如这次聚会提早两个星期举行，那么对你们来说，我只是个陌生人，我也只认得少数几张面孔。由于上个星期以来，我有机会拜访整个附近南区矿场的营地，私下和大部分代表交谈过。我拜访过你们的家庭，与你们的家人见面，因而现在我不算是陌生人，可以说是你们的朋友了。基于这份互助的友谊，我很高兴有这个机会和大家讨论我们的共同利益。
>
> 由于这个会议是由资方和劳工代表所组成，承蒙你们的好意，我得以坐在这里。虽然我并非股东或劳工，但我深觉与你们关系密切。从某种意义上说，也代表了资方和劳工。

多么出色的一番演讲，这可能是化敌为友的一种最佳的艺术表现形式之一。假如小洛克菲勒采用的是另一种方法，与矿工们争得面红耳赤，用不堪入耳的话骂他们，或用话暗示错在他们，用各种理由证明矿工的不是，你想结果如何？只会招惹更多怨愤的暴行。

假如人心不平，对你印象恶劣，你就是用尽所有基督理论也很难使他们信服于你。想想那些好责备的双亲、专横跋扈的上司、唠叨不休的妻子，我们都应该认识到一点：人的思想不易改变。你不能强迫他们同意于你，但你完全有可能引导他们，只要你温和友善。

以上是林肯在100多年前所说的话，他还说道：

这是一句古老而颠扑不灭的处世真理："一滴蜂蜜要比一加仑的胆汁能招引更多的苍蝇。"人也是如此，如果你想赢得人心，首先要让他人相信你是最真诚的朋友。那样就像有一滴蜂蜜吸引住他的心，也就有一条坦然大道，通往他的理性。

商界人士都知道，对罢工者表示出一种友善的态度是必要的。举例来说，怀特汽车公司的某一工厂有250个员工，他们因要求加薪而举行罢工。当时的公司总裁罗伯特·布莱克没有采取动怒、责难、恐吓或发表霸道谈话的做法，而是在报刊上刊登了一则广告，称赞那些罢工者"用和平的方法放下工具"。由于罢工，监察员无事可做，布莱克便买了许多球棒和手套让他们在空地上打棒球。有些人喜欢保龄球，他便租下了一个保龄球场。

布莱克先生富于人情味的举动，得到的当然是富有人情味的反应。那些罢工者找来了扫把、铲子和垃圾推车，开始把工厂附近的纸屑、烟头、火柴等垃圾扫除干净。想得到吗？一群罢工工人在争取加薪、承认联合公司成立的时候，同时还在清扫工厂附近的地面！这在漫长、激烈的美国罢工史上是绝无仅有的。这次罢工终于在一星期内获得和解，并且没有产生任何不快或遗恨。

著名律师丹尼尔·韦伯斯特被许多人奉若神灵。虽然他的声誉如日中天，但他那极具权威的辩论始终充满了温和的字眼，他的辩论中经常出现这些词语："这有待陪审团的考虑""这也许值得再深思""这里有些事实，相信您没有疏忽掉""这一点，由您对人性的了解，相信很容易看出这件事的重大意义"——没有恫吓，没有高压手段，没有强迫说明的企图。韦伯斯特用的都是最温和、平静、友善的处理方式，但仍不失其权威性，而这正是他成功的最大助力。

也许你并没有机会去处理罢工风潮，或是在陪审团成员面前发表演说。但是，你可能有机会遇到类似下面这样的情况。

斯特劳伯先生是个工程师，他想要求房东降低房租，但听说房东是个铁面无情的人，恐怕很难说动。"我写了一封信给他，"斯特劳伯在训练班上报告道，"我告诉他，等租约一到，我就要搬出公寓。事实上，我并不想搬家，只想降低房租，我很愿意继续住下去。但情况并不乐观，其他房客试过——但都没有成功。他们告诉我，这位房东极难应付，要特别小心。我对自己说：‘我正选修一门处世训练的课程，正好可以实习一下，看看效果如何。’

“房东一接到信后就来找我。我在门口与他打招呼，讲些热诚的问候话。我没有提到房租高的事，只告诉他很喜欢这栋公寓。请相信我，我当时确实在‘真诚、慷慨地赞美’他。我继续恭维他很会管理房子，假如不是付不起房租的话，我很愿意再多住一年。

“他一定从来没有碰到过这样的房客，显然一时不知该如何是好。

“后来他告诉我一些困扰，就是房客们的抱怨。有人写了 14 封信给他，其中有些显然在侮辱他。还有人要他叫楼上的房客停止打鼾，否则就要毁约。‘像你这样的房客，真让我松口气。’他说。并且没经我的要求，便自动降低了一些房租。我说出我能付出的数目，他也不多说什么便爽快地答应了。

“在他准备离去的时候，忽然转过身问我：‘房子有没有什么需要装修的？’

“如果我用别人的方法要求减租，相信碰到的下场也会同他们一样。这就是友善、同情、赞赏所产生的力量。”

宾夕法尼亚州彼兹堡一家电力公司的部门主任，迪恩·伍考克也运用了这个方法。他的手下要去维修一根电线杆上的某种设备，这以前是别的部门的活，刚刚分配给他们干。他的部下了解这方面的知识，但未实践过。公司里的员工都想看看他们的能力。于是，伍考克下属的几个组长和公司其他部门的人，一起去看他们干得怎么样。

伍考克突然发现有一个人拿着照相机，要拍下当时的情景。电力公司一般是很注意公众形象的，对那位带照相机的人来说，这一幕看来着实可笑，几十个人看着两个人在干活。伍考克想了想，走上前去，对那位拿相机的人说：

“你对我们的活很关心吗？”

“是的，我想我母亲会更关心，她是你们公司的股票持有者，她了解了你们公司之后，应该知道买你们的股票是个错误。多年来，我一直对她说你们公司过于铺张，这下可以证明了。况且报纸也许想得到这些照片。”

“我想如果我站在你的角度，也会有一样的感觉。但这一次情况不一样……”迪恩·伍考克向那人说明是他们刚换了干活的人，公司因此很注意，才会这样。他还保证，普通状况下只要两个人就足够了。于是，那个家伙收起相机，握着伍考克的手，对他的说明表示了感谢。

伍考克就这样挽救了公司的声誉。

杰拉德·文斯是新罕布什尔州李特顿市我们培训班中的一个学员，他说他曾用友好的姿态，解决了一个索取赔偿的案子。

他说：“今年初春，地面上的冰还没有化，就下了一场大雨，雨水不能流到水沟里，却流向我刚盖好的新房子。

“雨水渗入房屋底层的水泥地板里，地板裂了，水淹没了地下室，损坏了里面的东西。要花 2000 多美元来维修，但我在这方面没有投保。

“我很快发现了建筑公司的问题。他们忘了建排水沟，所以水才会淹到地下室。在往建筑公司赶的时候，我思考着怎样用我在培训中学到的东西来解决问题，我知道我是不能发火的。我进了他的办公室，先和他说他前不久到西印度群岛度假的事，当我觉得差不多了，我才说起地下室进水的问题。他马上答应解决这件事。

“没过几天他打来电话，说他不但会负担修理的钱，还要把排水沟给建起来，以免再被水淹。

“即使是他们的错误，可假如我不一上来就用和解的姿态的话，事情就没这么容易了。”

再举个例子，这是一位社交上极有声望的女士的经验之谈，她是长岛沙滩花园城的黛夫人，她是这样说的：

“我最近请几位朋友吃饭，这对我而言，自然希望这个重要的聚会中能够事事如意。

“管家爱弥尔在这些事情上，是我得力的助手，可是这次他令我失望了。

“那次午餐饭菜做坏了，爱弥尔也没有到场，只派了一个侍者来。这个侍者对高级宴席的情况一点也不清楚，整个宴会糟透了。我心里烦死了，但在客人面前必须勉强赔笑。我对自己这样说：‘等见到爱弥尔，我一定饶不了他。’

“那是星期三的事。次日，我听了人际关系学的演讲后，领悟到责备爱弥尔是毫无用处的。如果事情搞严重了，他反而会愤怒和怀恨，今后他也不会帮忙了。

“我开始从他的角度去想：午餐的菜不是他买的，他也没有亲自下厨去做，只怪那侍者太笨，才把宴会搞砸了，对爱弥尔来讲，他也是没有办法。也许是我把事情想得太严重，没多加思索就急于发怒。我决心仍友善地对待他，赞许夸奖他，我相信这办法一定有效。

“第二天，我看到爱弥尔显得愤愤不平，好像要与我分辩那件事。我对他这样说：‘爱弥尔，当我请客的时候，你知不知道如果你在的话该有多好。在纽约，你是最能干的管家。情况我也明白，那天宴会的菜，不是你亲自买回来做的。发生那样的事，我想你也是没有办法的。’

“爱弥尔听了这话，脸上的不高兴完全消失了，他笑着说：‘太太，真的，原因就在那个厨师侍者身上，不是我的错造成的。’

“我接着说：‘爱弥尔，我将再举办一场宴会，我需要你给我提些意见，你认为我应该再给那个厨师一个机会吗？’

“爱弥尔连连点头，说：‘太太，你放心，不会再发生上回那种情形了。’

“过了一星期，我又设宴请人聚餐。爱弥尔提供了菜单的资料，我给他一些小费，没有提到过去那次的错误。

“我们走到席间，桌上摆着两束美丽的鲜花，爱弥尔在旁亲自照料，殷勤侍候来宾。眼前的景象，就是我即使宴请玛丽皇后，也不过如此。美味可口的菜肴，服务周到的四个侍者在旁侍候。爱弥尔最后亲自端上爽口的点心作为结束。

“席散后，我的一位客人含笑问我：‘那个管事，你对他施了什么法术？我

从未见过他如此殷勤。'

"他说得很对，是我对爱弥尔的和善和对他的诚意赞赏，才得到这个效果。"

多年前，我住在密苏里州西北部，每天必须赤脚穿过一片树林，那时我还是去乡村学校上学的小孩。一次，我读到一篇关于太阳和风的寓言。

太阳和风比赛谁的力量大。风说："我马上找个证明给你看，你有没有看到那穿着大衣的老人？我可以很快把他身上那件大衣脱下，那时你就知道我的力量比你大了！"

太阳躲进云里去，那风就吹刮起来，几乎成了一股飓风。可是那风吹得愈大、愈激烈，老人把大衣朝身上裹得愈紧。

最后，风不得不停下来！接着，太阳从白云后面出来，对着老人和善地笑着。似乎没有多久，老人拭着额头上的汗，并把身上那件大衣脱了下来。于是太阳向风说："温柔、友善的力量，永远胜过愤怒和暴力。"

在我刚读到那段寓言的时候，在遥远的波士顿，发生了一件事，证实了那段寓言的含义。波士顿是美国历史文化教育中心，小时候，我都不敢梦想有机会去那里。证实那段真理的波士顿 B 医生，在 30 年后，成为我讲习班里的一个学员。下面是 B 医生在班上所讲的故事：

那时波士顿的各报刊上，刊满了几乎全是假药庸医的广告，如替人专门打胎的庸医的广告，用骇人听闻的言辞恐吓病人，主要的目的就是骗钱。患者在接受治疗后，听任那些庸医的摆布而堕胎，造成很多死亡。可是这些庸医被判罪的特别少，他们只要花点钱，或用政治的势力就能摆脱罪状。

这种情形日益严重，波士顿上流社会的人士一致反对，布道的牧师在讲台痛责、抨击那些刊登污秽广告的报纸，他们祈祷上帝能停止那些广告刊登。其他包括市民团体、商人、教会、青年会、妇女会等，也都纷纷指责，但都无补于事。在州议会上，也有激烈的辩论要让这些无耻的广告成为"非法的"，但是对方都有政治势力的背景，因而没有产生任何效果。

B医生那时是一个基督教团体的主席，他尝试用一切方法，但也都以失败告终，对这种医药界败类的运动，马上就没有希望了。

有个晚上，时间已经很晚了，B医生还没有休息，仍费心费力地思考着那件事。终于他想出了一个所有波士顿人从未想起的办法——用友善、同情和赞赏的方法，促使报馆自动停止刊登那类广告。

B医生给波士顿销路最畅的一家报社写了一封信，他对那家报社非常赞誉，说那份报纸的新闻翔实，特别报上的社论更是令人瞩目，是最好的一份家庭报纸。B医生在信上又这样写道——那份报是全州乃至全美国最完美的新闻读物。但他接着说：

“但是，我有个朋友，他对我说他年轻的女儿，在一个晚上朗诵你们报上的一则专门替人打胎的广告，那女孩不明白广告上的意思，就问她的父亲那些字句的含义。我朋友被女儿问得非常窘迫，他不知道该如何向这纯洁、天真的女儿去解释。

“在波士顿高尚的家庭中，你们的报纸是一份受欢迎的读物。在我朋友家庭发生的情形，在别的家庭里是否也有发生？假如你有一个纯洁、天真、年轻的这样的女儿，你是否也愿意她看见那些广告？当你女儿向你提出同样的问题时，你该如何去解释？

“贵报的各方面都十分完美，但因为这类情形的存在，常使做父母的非得禁止他们的子女阅读贵报。对于这点，我为贵报感到十分痛惜。其他上万的读者，我相信他们也会有与我同样的想法。”

两天后，这家报社的发行人给B医生一封回信，信上的日期是1904年10月13日，这封信他保存了三十多年，当他在我讲习班上学习时，他把那封信拿给我看。信的内容是这样的：

本报编辑于本月11日交来你的一封信，阅后万分感激，这是多年来本报发展至今，一直未能实施的一件事。

自周一起，本报所有报道中，将删除读者不欢迎的、反对的一切广告。至于暂时不能停发的医药广告，经编辑郑重处理后，方行刊登，以免引起读者的反感。

谢谢你关切的来信，让我们获益良多。

发行人海司格尔

希腊克洛赛斯宫中的奴隶伊索，在基督降生前600多年写下了一部不朽的作品，那就是流传至今的《伊索寓言》。它对于人性的教育，就像波士顿的情况，在2500年前的希腊雅典是一样的。太阳比风更能使你脱去你的外衣！友善和爱能改变人原有的心意，这比暴力的攻击更为有效。

记住林肯说的那句话：“一滴蜂蜜比一桶胆汁捉到的苍蝇更多。”

当你想要让他人同意你的观点时，别忘了**第四项方法**：

从友善的方法开始。

心理弱点分析

人对于来自他人和周围环境的压力有一种天然的抵抗心理。而当人进入到他人的心理空间时，由于文化背景、语言方式以及行为习惯的影响必然会与他人产生冲突。这种冲突是必然存在的，然而却可以在相接触的最初阶段，去努力弥补。

五、苏格拉底的智慧之谜

> **特别提示：**我费了多年的时间，损失了数万美元的买卖，最后才知道，争辩并不是一个聪明的办法。要从对方的观点去看事，那才是一套成功的办法。

当你与别人交谈的时候，不要先讨论你不同意的事，要先强调——而且不停地强调——你所同意的事。因为你们都在为同一结论而努力，所以你们的相异之处只在方法，而不是目的。

让对方在一开始就说“是，是的”。假如可能的话，最好让你的对方没有机会说“不”。

根据哈理·奥维奇博士的说法，“不”的反应是最难克服的障碍。当你说了一个“不”字之后，你那本性的自尊就会迫使你继续坚持下去。虽然以后，你也许发现这样的回答有待考虑。但是，你的自尊往哪摆呀？一旦说了“不”，你就发觉自己很难再摆脱。所以，如何让对方一开始就朝着肯定的方向做出反应，这对你们的结果是很重要的。

懂得说话技巧的人，会在一开始就得到许多“是”的答复。这可以引导对方进入肯定的方向，就像撞球一样，原先你打的是一个方向，只要稍有偏差，等球弹回来的时候，就完全与你期待的方向相反了。

“是”的反应其实是一种很简单的技术，却为大多数人所忽略。也许有些人以为，在一开始便提出相反的意见，这样不正好可以显示出自己的重要而有主见吗？但事实并非如此，在现实生活中，这种“是”反应的技术很有用处。詹姆斯·艾伯森是格林威治储蓄银行的一名出纳，他就是采用这种办法挽回了一位差点失去的顾客。

“有个年轻人走进来要开个户头，我递给他几份表格让他填写，但他断然拒绝填写有些方面的资料。

“在我没有学习人际关系课程以前，我一定会告诉这个客户，假如他拒绝向银行提供一份完整的个人资料，我们是很难给他开户的。但今天早上，我突然想，最好不要谈及银行需要什么，而是顾客需要什么。所以我决定一开始就先诱使他回答‘是，是的’。于是，我先同意他的观点，告诉他，那些他所拒绝回答的资料，其实并不是非写不可。我接着问他：‘但是，假定你碰到意外，是不是愿意银行把钱转给你所指定的亲人呢？’

“‘是的，当然愿意。’他回答。

“‘那么，你是不是认为应该把这位亲人的名字告诉我们，以便我们届时可以依照你的意思处理，而不致出错或拖延？’

“‘是的。’他再度回答。

“年轻人的态度已经缓和下来，知道这些资料并非仅为银行而留，而是为了他个人的利益。所以，最后他不仅填下了所有资料，而且在我的建议下，开了一个信托账户，指定他母亲为法定受益人。当然，他也填写了所有与他母亲有关的资料。

“由于一开始就让他回答‘是，是的’，这样反而使他忘了原本所有的问题，而高高兴兴地去做我建议的所有事情。”

约瑟夫·艾利森是西屋电气公司的一位业务代表，他也在训练课程上向大家报告了他的经历：

“在我的辖区内有个人，公司一直很想和他做生意。我的前任代表和他接洽了 10 年，可还是没做成一笔业务。等我接管以后，又与他联系了 3 年，还是没有做成生意。最后，经不住我们一再商谈、打电话，终于卖了些发动机给他。既然有了开始，以后就不难再继续下去。我始终抱定这样的希望。

“3 个礼拜之后，我情绪高昂地再度拜访他们。

“接待我的是他们的总工程师，他向我公布了一个惊人的消息：‘艾利森，我不能再买你们的马达了。’

“‘为什么？’我惊讶地问道。

“‘因为你们的发动机太热了，我不能把手放在上面。’

“我知道这时争论是没有用的，因为这方面的经验很多，所以我想起了‘是’反应的原则。

“‘啊，史密斯先生，’我说道，‘我百分之百同意，假如那些发动机真的太热，就不要再多买了。您这里一定有符合电气制品公司标准的发动机吧？’

“他表示同意，我得到了第一个‘是’反应。

“‘电气制品公司一般规定发动机的设计，其温度可高出室温 72 华氏度，是吗？’

“‘是的。’他又表示同意，‘但是你们的产品还是太热了。’

“‘工厂里的温度是多少？’我问道，并没有与他争辩。

“‘啊，大概是华氏 75 度左右。’他回答。

“‘很好。’我说道，‘假如工厂内的温度是 75 度，则发动机的温度可高达 75 加上 72 度，也就是 147 华氏度。假如您把手放在 147 华氏度的水龙头下，是不是会烫伤呢？’

“‘是的。’他不得不这样说。

“‘很好。’我建议道，‘那么，是不是最好不要把您的手放在发动机上呢？’

“‘我想你说的一点儿不错。’他承认。在往后数个月里，我们又成交了将近 35000 多元的生意。”

加利福尼亚州奥克兰的爱迪·斯诺先生也谈到他如何成为一家商店的主顾的。只因那位店主也让他做了“是”的反应。

爱迪对弓箭狩猎很有兴趣，因而花了不少钱去添购器材和装备。一天，他的哥哥来访，建议他改用租的方式，于是爱迪到他常常去的店里询问。但是店员说明他们并不对外租借弓箭。于是爱迪又打电话到另一家店里询问，以下是爱迪的叙述：

“有位愉快的男士接电话。他听过我的询问之后，表示非常遗憾，因为他们店里已不做这种服务了。然后他问我，是否以前向店里租借过。我回答：‘是的，在好几年以前。’他提醒我，那时一把弓的租金是否在 25 ~ 30 美元之间。我又回答：‘是的。’接着，他问我是不是个喜欢节约的人，我当即回答：‘是的。’接着，他解释道，他们正好有一套弓箭在廉售，包括所有小装备，总价才 30 多美元。那就是说，我只需多付几美元便不需租借，而可以拥有整套的器材。他并解释，这就是他们店里不再办理租借的缘故，因为那样太划不来。后来，我当然买下了那套器材，并且还买了额外的其他东西。从此以后，我成了他们店里的常客。”

苏格拉底是人类历史上最伟大的哲学家之一。他改变了人类的思考方式。在 2400 年后的今天，大家仍尊他为最具智慧的说服者，他对这个纷争的世界影响很大。

他的秘诀是什么？他指出别人的错处吗？当然不是。他的方法现在被称为“苏格拉底法则”，也就是我们提到的“是”反应技巧。他问些对方同意的问题，然后渐渐引导对方进入设定的方向。对方只好继续不断地回答“是”，等到你觉察时，你已得到设定的结论了。

所以，下次你告诉别人犯错的时候，请记住苏格拉底的这一有效的法则，问些温和的问题——一些能引发别人做出“是”反应的问题。中国有句格言最能反映东方人的智慧：以柔克刚。

所以如果你想使人信服，就应该记住**第五项方法**：

首先让别人说“是，是的”。

心理弱点分析

就以人们的心理状态来讲，当一个人说出“不”字时，同时他心里也潜伏着这份意念，而使他所有的器官、腺、神经、肌肉，完全结集起来，形成一个“拒绝”的状态。如果反过来说，当一个人回答“是”的时候，体内那些器官，没有收缩动作的产生，组织是前进、接受、开放的状态。

六、如何让不断抱怨的人听你说话

> “**特别提示：**我们应该谦逊，因为你我都没有什么了不起，你我都要过去的。百年之后，我们不值一提的成就都会消失。我们要鼓励别人多说话。”

很多人为了让别人的意见同自己保持一致，往往采用一种错误的策略：说话太多。尤其是那些推销员，他们更易犯这种不经济的毛病。其实，你不如让对方畅所欲言，因为每个人对自己的事和与己有关的问题一定比你知道得多，所以不如问他一些问题，让他给你讲述有关的一些事情。

如果你不同意他人的意见，你或许想阻止他，但最好不要这样，这样做没有什么效果。当他人还有许多意见要发表的时候，他是不会注意你的。所以要忍耐一点，用一颗开放之心听取他人讲话，并诚恳鼓励他完全发表自己的意见。

这一原则在商业中确实有其价值，让我们来看看下面这一例子。

数年前，美国最大的一家汽车工厂正在接洽采购一年中所需要的坐垫布。3家有名的厂家已经做好样品，并接受了汽车公司高级职员的检验。然后，汽车公司给各厂发出通知，让各厂的代表作最后一次的竞争。

有一厂家的代表R先生来到了汽车公司，他正患着严重的咽喉炎。R先生在我训练班中叙述他的经历说：“当我参加高级职员会议时，我嗓子痛得厉害，几乎不能发出声音。我被引进办公室，与纺织工程师、采购经理、推销主任及该会司的总经理面洽。我站起身来，想努力说话，但我只能发出尖锐的声音。

“大家都围桌而坐，所以我只好在本上写了几个字：诸位，很抱歉，我嗓子哑了，不能说话。

“‘我替你说吧。’汽车公司总经理说。后来他真替我说话了。他陈列出我带来的样品，并称赞它们的优点，于是引起了在座其他人活跃的讨论。那位经理在讨论中一直替我说话，我在会上只是做出微笑点头及少数手势。

“令人惊喜的是，我得到了那份合同，订了 50 万码的坐垫布，价值 160 万美元——这是我得到的最大的一份订单。

“我知道，要不是我实在无法说话，我很可能会失去那笔合同，因为我对于整个过程的考虑也是错误的。通过这次经历，我真的发现，让他人说话有时是多么有价值。”

有一家电气公司的业务员范珀也深有同感，下面让我们来看他的例子。

有一次，范珀先生正在宾夕法尼亚作一次农业考察。

“为什么这些人不用电？”他经过一家整洁的农家时向该区代表问道。

“他们是守财奴，你不可能让他们买下任何东西，”区代表厌烦地回答说，“并且他们对公司不感冒。我已经试过多次，真是没有希望了。”

也许是没有希望，但范珀无论如何要试一试，他走过去叩一农家的门。门只开了一道小缝，老罗根堡夫人探出头来。

范珀先生讲述说：“她一看见公司代表，就当着我们的面把门一摔。我再叩门，她又把门开了一点，告诉我们她对我们及公司的看法。

“‘夫人，不好意思，’我说，‘你误会了，我们不是来卖电器的，我是来买鸡蛋的。’她将门再开得大些，探出头来怀疑地望着我们。

“‘我看到你有一群多米尼克鸡，’我说，‘我想买一打新鲜鸡蛋。’

“门又打开一点。‘你怎么知道我的鸡是多米尼克鸡？’她的好奇心似乎被激发起来。

“‘我自己也养鸡，’我回答说：‘但从未见过比这更好的多米尼克鸡。’

“‘那你为什么不用你自家的鸡蛋？’她还是带着怀疑。

“‘因为我家的莱格亨鸡只下白色蛋。你知道在做蛋糕时，白色蛋比不上红色蛋。我的内人以她所做的蛋糕自豪，因此，我必须为她选最合适的鸡蛋。’

“听了我的话，罗根堡夫人放着胆走了出来，态度也温和多了。我环顾四周，发现农场中有一座很好的奶牛棚。

“‘罗根堡夫人，实际上，’我接着说，‘我敢打赌，你用你的鸡赚的钱，比你丈夫用奶牛赚的钱要多。’

“嘿！她高兴极了！当然她赚得多！她听我如此说非常高兴，她固执的丈夫却从来不肯承认这一点。

“她请我参观她的鸡舍。在参观的时候，我留意到她亲手制造的各种小设备，我还向她介绍了几种食料及一些控制鸡舍温度方面的技术，并在几件事上请教她的意见。片刻间我们就能很融洽地交换意见了。

“过了一会儿，她告诉我有几位邻居在她们的鸡舍里装置了电灯，据说效果不错。她征求我的意见，她是否应该采取这种办法……

“两星期以后，罗根堡夫人的多米尼克鸡也见到了灯光，它们在灯光下叫唤着，跳跃着，而且比原来长得更快。我得到了我的订单，她也能多得鸡蛋。双方满意，人人获利。

“但这儿有个要点：只有那位太太自己说服自己，才能把电器卖给她。

“遇到那种人时，你决不能主动进行推销，必须让他们自己决定来买。”

让别人说，也有助于解决家庭矛盾。芭贝拉·韦尔森和她的女儿洛瑞闹僵了。可洛瑞过去一直对她很温顺，现在十几岁了，却常和她作对，她甚至觉得自己比母亲还有理。韦尔森太太用尽了一切办法，对她就是不管用。

韦尔森太太说：“有一天，洛瑞没有做完家务，就出门去找她的朋友。她回来时，我原想和她大吵一通，但我已经失望了。我只是看着她伤心地问她为什么要这样。

“洛瑞看了看我，平静地问我是否真想知道，我对她点了点头。洛瑞终于说了她的心里话，开始还有些支吾，接着索性痛快地说出了一切。这是我第一次听她如此向我倾诉，我以前总是用命令和吩咐的态度对待她。每当她要和我谈心时，我不等她把话说完，就吩咐她该如何。我开始了解到，她希望我是一个可以倾诉的朋友，而不是一个只管吩咐做事的母亲。她需要把成长的烦恼说出来，而我却没有意识到这一点。

“从此，我总是尽量地倾听。她把心里话都对我说，我们又变得亲密起来。她再度成为一个听话的乖孩子。”

近来，纽约《先锋论坛报》的经济版上登出了一个篇幅很大的广告，招聘一个有突出才干的人。查尔斯·克比决定试一试。于是，他写了一封信，并很快收到了回信，邀他去面试。在面试之前，他费了不少力气在华尔街了解和那家公司老板有关的事情。面试时，他对那个老板说：“我将十分荣幸，如果能为你们这样的公司效劳的话。我知道28年前，公司成立的时候除了一个小办公室和一位打字员以外，什么都没有。”

没有一个成功人士不爱回忆他的奋斗史。那公司的老板开始讲述他是怎样凭着450美元和一个新想法开始创业的。他曾被人看不起，但他坚持着，星期天和节假日都在加班，每天干16个小时，他克服了所有的困难。现在，华尔街最著名的商人也要征求他的意见。他为自己的过去感到骄傲。接着，他问了问克比的经历，然后把一位副董事长叫进来说：“我想我们所要找的人就是他了。”

克比先生事先了解对方，然后引导对方说他最自豪的事情，并且注意倾听，这让对方对他的印象非常好。

加利福尼亚州圣克拉蒙多的路易·布莱德雷，正好遇到一个相反的情形。他要聘用一个熟悉推销工作的人，来担任布莱德雷公司的一项职务，但前提是对方能把自己说服。路易说：

“理查·普约尔干过这种类似的活。他在和我的助理面谈时，知道了一些这项工作的不利之处，所以当他见到我的时候，有点打退堂鼓。我只告诉他在我们公司工作有一个好处，即我们是一个独立承包商，所以，一旦他干，他就说了算。

“就是这一点，让他把以前的疑虑慢慢打消了。我看得出他还是有点犹豫，有时他甚至在自言自语。好几次，我忍不住插话，但面谈完毕后，我认为是他自己说服了自己，来干我们公司这个工作。

“因为我做了一名好的倾听者，尽量让理查说，他就自己考虑利弊，并且做出了一个积极的决定。他选择了挑战。后来他在公司干得非常出色。”

事实上，纵然是朋友也更喜欢说他自己的成绩，不喜欢倾听我们的成绩。

法国哲学家罗西费戈说：“如果你在别人面前显能，你将得罪人；但如果你让他在你面前显能，你将会得到友谊。”

这句话的道理在于，当我们的朋友在我们面前显能时，他就因为被人重视而高兴；当我们在他面前显能时，他就会感到压抑，甚至产生嫉妒的心理。

亨瑞塔现在是纽约市中区人事局最受欢迎的工作咨询专员，但她以前也曾经搞不好人际关系。她刚刚进人事局时，竟然没有一个同事喜欢她。原因是什么呢？那时的她成天忙着吹牛皮，说自己在介绍工作方面干得多么出色，自己又新开了一个银行账户，存了多少钱，简直是喋喋不休。

亨瑞塔谈道：“我自我感觉好极了，觉得自己的工作做得棒得很。但是，这却让同事们很不快，他们居然不觉得我干出了成绩是好事。我为此很迷惑，因为，我希望能和他们做朋友，让他们接受我，和我分享一切。当学习了卡耐基的课程后，我总算开了窍，明白应该多听别人说话，而不要光顾自己说。我的同事们也会有很多话要说，夸耀一下他们自己的成绩，比光听我吹来吹去会让他们高兴得多。于是空闲下来的时候，我就和他们聊聊天，但如今我很少吹嘘自己了不起，多数是听他们诉说，分享他们的快活事。”

"一直幸运的人总算倒霉了，这真让人乐呵。"这是德国的流行谚语。是呀，最让人高兴的事，莫过于听到别人的倒霉事。

或许，你工作不顺心更让周围的人舒坦些，而你一直春风得意却让人有些悻悻然。

所以说，要尽量不提自己取得的辉煌战绩，要尽量显得谦虚，这样就会让别人能够接受你。尔温·考博就深谙此道。一次在法庭上，证人席上的一位律师问考博："你是闻名全美的大作家，是这样吗，考博先生？"

考博却答道："我其实是浪得虚名。"

要记住，我们都很平凡，没什么好骄傲的。人生一世，草木一春，在这个世界上，我们最终都留不下多少痕迹。多倾听别人，多感受别人，不要得意扬扬地吹嘘自己，让人不胜其烦。说实话，我们也真的没啥好吹牛的，我们都只是地球上的生物而已。为什么我们不是白痴疯子呢？也就只是因为我们的甲状腺中不缺碘——这玩意儿也就值 5 美分而已。想象一下，要是有一个医生划开了你的脖子，切开了你的甲状腺，取出一丁点儿的碘，你就完蛋了。呵呵，你所以没有进疯人院，也就是因为 5 美分的碘！就这么简单，有什么好吹嘘的呢？

这样，我们就得出了**第六项方法**：

尽量让对方有多说话的机会。

心理弱点分析

德国人有句俗语，那是："当我们所猜疑、妒忌的人，发生一桩不幸的事时，会使我们有一种恶意的快感。当朋友胜过我们时，那就可以满足了他的自重感。可是，当我们显出胜过朋友时，那会使他有种自卑的感觉，并会引起猜疑和妒忌。"

七、被骗的大多是聪明人

> **特别提示：**如果提出意见，启发别人自己去得到他的结论，这不是一个更聪明的办法吗？

请想一想看，如果这个想法是你自己思考的结果，而不是别人灌输给你的，那么，你是不是会更有实现它的决心呢？所以，要是你把自己的意见强加给别人，这样做是不是很不明智呢？更明智的做法应该是：给别人提一些建议，然后让他自己去想一下该怎么做，难道不是这样吗？

有一家汽车展示中心的业务经理阿道夫·赛茨发现公司的业务员办事没有精神，态度散漫，这一点确实有待改进。于是他召开了一次业务会议，鼓励下属说出他们对公司的期望。他把大家的意见写在黑板上，然后说道："我会尽量满足大家的愿望。现在，你们知道我对大家的期望是什么了吗？"紧接着他提出了自己的要求：忠诚、进取、乐观、团队精神、每天8小时热心地工作等。会议结束的时候，大家都觉得精神百倍，干劲十足，有个业务员甚至自愿每天工作14小时……据赛茨反映，以后公司的业务果然蒸蒸日上。

"这些人跟我做了一次道德交易。"赛茨先生说，"只要我实践自己的诺言，他们自会实践他们的诺言。我征询他们的愿望和期待，这一做法正好满足了他们的需要。"

没有人喜欢接受推销，或被人强迫去做一件事。我们都喜欢按照自己的意愿购买东西，或照自己的意志行动，我们喜欢别人征询我们的愿望、需求和意见。

韦森先生专门从事将新设计的草图卖给服装设计师和生产商的业务。3年来，他每星期，或每隔一星期，都前去拜访纽约一位最著名的服装设计师。“他从没有拒绝见我，但也从没有买过我所设计的东西。”韦森说道，“他每次都仔细地看过我带去的草图，然后说：‘对不起，韦森先生，我们今天又做不成生意啦！’”

经历了150次的失败，韦森体会到自己一定过于墨守成规，于是决心研究一下人际关系的有关法则，以帮助自己获得一些新的观念，找到新的力量。

后来，他采用了一种新的处理方式。他把几张没有完成的草图夹在腋下，然后跑去见设计师。“我想请您帮点小忙。”韦森说道，“这里有几张尚未完成的草图，可否请您帮忙完成，以更加符合你们的需要？”

设计师一言不发地看了一下草图，然后说：“把这些草图留在这里，过几天再来找我。”

3天后，韦森回去找设计师，听了他的意见，然后把草图带回工作室，按照设计师的意见认真完成。结果呢？韦森说道：“我一直希望他买我提供的东西，这是不对的。后来我要他提供意见，他就成了设计者。我并没有把东西卖给他，他自己就买下了。”

自从那笔生意完成后，过了9个月，那位买主又订了十张图样，完全都是按照他的意思做的，韦森轻易地赚了1600多美元的佣金。

罗斯福做纽约州州长时，他做成了一件特殊的事情。他和重要政党人物相处十分要好，使他们同意了他们原本反对的案件。我们看他是怎么做的：

当有重要职位要补缺时，他就请那些政党要人推荐。罗斯福说：“他们起初推荐的，在党内是不受欢迎的人。我就对他们说，要想使政治有满意的表现，你们推荐的人不适合，同时民众也会反对。

“他们后来又推荐了一个，那人虽没有可批评的缺点，但也没有令人称赞的优点。我就对他们说，任用这样的人，会辜负公众的期望，因此请他们继续推选出一个更适合这位置的人。

“他们第三次推荐的人，看来似乎差不多，可仍不十分理想。

“我于是向他们表示谢意，请他们再试一次。他们第四次推荐的，正是我所需要的人，对于他们的协助，我表示感谢后，就任用了这个人。而且，我还让他们有任命此人的名义。借此机会，我对他们说，我做了让他们高兴的事，现在轮到他们听从我的意见，做几件事了。

“我觉得那些党政首要也乐意这样做，因为他们支持了政府的重大改革，比如选举权、税法和公务法案等。”

切记，罗斯福每次很费事地去征求别人的意见，并对他们的建议表示尊重。当罗斯福委派重要职司时，他使那些党政首要真正地感觉到，任用的正是他们所挑选的，这是他们的意见。

正是运用与罗斯福相同的诀窍，长岛的一个汽车贸易商，把一辆二手汽车卖给了一位挑剔的苏格兰人。这位苏格兰人看了他各式各样的车，却总是不满意，一会儿挑剔这不合适，一会儿强调那不方便实用，一会儿又埋怨太贵。没办法，这位贸易商就在上我的课程时征求我们的意见（他也参加了我的培训课程）。

我们向他提的建议是：不必告诉这个苏格兰人该买些什么，而是问他：“你想买什么样的车子呢？”让他觉得主动权在他。

他听起来觉得很有道理，于是决定这么办。不久，有位顾客找到这位贸易商，说是想卖了旧车买一辆新的车。他感到苏格兰人可能会对这辆旧车有兴趣，就立即打电话给他，说是请他过来帮个忙，给自己当个参谋。

苏格兰人马上就到了。贸易商客气地对他说：“先生，我看出来你很懂车，能否请你帮忙试试这部车子，看看它性能怎么样，值多少钱呢？”

这一下子，可让苏格兰人高兴极了，自己的能耐多大啊，有人这么看重他的意见。他启动车子，开车上了皇后大道，又从牙买加区一直转上了弗洛里斯特山，这才把车开回来。这之后，他告诉贸易商："这车值300美元，准保没错。"

贸易商抓住时机问道："请问，您喜欢这车吗？您愿意花300美元把它买下吗？"啊？300元可是自己的主意，应该不错。他俩当下就成交了。

这个诀窍不仅仅在从政、经商中有用，在个人家庭生活中也管用得很。俄克拉荷马州图萨市的保罗·戴维斯曾这样告诉我们：

"我们一家人曾经进行了一次我多年梦寐以求的旅行，路线囊括了东部各州的一大堆历史名城和古迹：葛底斯堡所遗留的内战战场、费城的独立厅、法吉谷、詹姆斯高台、保留威廉士堡殖民时代风貌的村庄，还有华盛顿特区。

"但是起初，我的太太南希在今年3月提出的暑期游览计划，却是另一个：全家去游览西部各州，还有新墨西哥州、亚利桑那州、加利福尼亚州和内华达州的名胜。要知道，她一直都想去这些地方逛逛。她的想法与我恰恰相反，我们不可能同时既去西部又去东部。

"正巧，我上初中的女儿安妮刚刚修完美国历史课，非常想了解美国建国初期的各个历史事件。于是，我问她想不想去实地看看她在书本上读过的那些地方，她说：'想呀！'我答应她：'好的，我们下一次度假的时候带你去！'

"过了两天，在吃晚饭时，太太南希向我们提议，如果没意见，夏天就去东部各州游玩一趟吧。她还郑重地说，这样的旅行一定会有益于安妮，一家人都会十分高兴。"

一位X光仪器制造商，使用同样的技巧，把一批机械仪表卖给了勃洛克林市的一家大医院，获得了很高的一笔利润。这家医院将要设一个新的部门，准备购置一套最好的X光仪器。这事由L医生负责，他被那些推销员团团包围了，谁都说自己的东西是最好的。

可是中间有一位比较精明能干的制造商，他知道待人处世的技巧。他给L医生写了一封信，内容是这样的：

> 敝厂新近完成了一套X光仪器，这种仪器的首批货已运送我们办事处，但是不敢说十分完善，所以我们打算进行改良。如果你能抽出时间，来我们这里参观一下，并告诉我们怎样才能使其更适合你们医院的应用，我们将非常感激。知道你平时工作繁忙，烦请你指定时间，我很愿意派车去接你。

L医生在学习班上，说出这件事的经过："我接到那封信后，感到非常惊讶，不仅出乎我意料，而且心里也很高兴。从没有X光仪器的制造商征求我的意见，这让我觉得受人重视并感到十分荣幸。尽管那周我每晚都很忙，可我还是取消了一个约会，特意地去看那套新的仪器。我当时越看心里越喜欢。没有任何人强求我买，我认为替医院购进那套仪器完全是我的想法，我认为那套仪器很好，就决定购买下来。"

威尔逊在白宫时，郝斯上校对内政和外交上都有很大的影响。威尔逊总统信任郝斯上校，一切重要的事都与他商量，他比内阁成员还要受到威尔逊总统的重视。

郝斯上校用什么方法，影响威尔逊总统到这种程度？很幸运的，在一次偶然的机会中，郝斯上校对司密斯透露过，而司密斯在《周六晚报》上的一篇文章中，引用了郝斯的话。

郝斯曾这样说："认识总统以后，我渐渐发觉，让他听信他人意见的最好方法，就是将这意见不经心地转移到他的心里，让他产生兴趣，并让他自己去思考。这方法第一次发生的结果，是因为一件令人意外的事。

"我曾去白宫劝他采取一项政策，而他似乎并不完全赞同这项政策。在几天后的一次聚会中，我吃惊地发现威尔逊总统说出我的那项建议，并表示那是他自己的想法。"

郝斯上校是不是马上打断总统的话，说明那是他提出的意见，并非总统的意见？郝斯上校绝不会那样做，他并不在乎功劳，他只问结果。所以他让总统感觉到那就是他的意见，而且还公开称赞总统的睿智。

我们要记住，明天我们要接触的人，也许就是威尔逊总统那样的人，所以我们要用郝斯上校的方式。

几年前，纽勃伦司维克有个人就用了这个方法，得到了我的信任。我那次打算去纽勃伦司维克钓鱼、划船，于是便给旅行社写信，咨询那方面的情形，顺便请他们帮我安排。

我的姓名和住址显然被列在一份公开的名单中，所以我立刻就接到该地许多旅行社写给我的信件、小册子等。我不知道选择哪一家才好。后来，有一位旅行社经理，做了一桩很巧妙的事。他给了我几个他曾经接待过的、住在纽约的人士的姓名和电话号码。他请我给他们打电话，去询问他们在野营时对他的服务和其他方面的感受。

我惊讶地发现这张名单中，有我认识的一个人。我就给他打了电话，询问他那次野营的情况。有了答案后，我就立即又打电话给那位经理，把我的行程日期告诉了他。虽然其他旅行社经理也全以真诚的服务，希望我选择他们，可是我只甘心接受那位旅行社经理的服务。

你要想影响别人，让别人同意你，**第七项方法**是：

让对方以为这是他的想法。

心理弱点分析

人都喜欢照着自己的意思去做事情，同时人也不愿意别人比自己聪明，即使这份聪明帮他解决了当务之急，他也会觉得不舒服。在政治上，聪明的宠臣，总会让平庸的君主觉自己比臣下聪明。社交中又何尝不是如此？

八、创造奇迹的公式

> **特别提示：**如果你接触到每一件事时，都会处处替别人着想，以对方的观点去观察这件事情，那么这个习惯将会影响到你终生事业的成就。

我们要记住，当对方并不认为自己有错误时，你就不要强行指责。这样做是非常愚蠢的，聪明的人绝不会如此，他会试着去了解对方，站在对方的利益上思考。

为什么这个人会这样想这样做，一定有他的理由。我们要找出根本的原因来，就可以很清楚地了解他的人格和思想。

假如你这样对自己说："如果我处在他的困难中，我会怎样想，怎样做？"这样想，你就会豁然很多。由于了解了原因，就不会郁闷了。此外，你可以增加许多人际关系上的技巧。

古德在他《如何将人变成黄金》一书中说过："稍微想一想，把你对你自己的事的关心程度和对于他人的冷漠态度作一个比较，你就会明白世界上其他人也都是这样的。然后，你可以跟林肯、罗斯福一样，把握住任何事业的稳固基础。也就是说，人的成功在于和别人的思想进行沟通和体谅。"

纽约州汉普斯特市的山姆·道格拉斯，过去经常抱怨他的太太，觉得太太把过多的时间用在整修他们家的草坪上了：他太太在自家的草坪上至少一周两次拔除杂草、施肥和剪草。但道格拉斯认为草坪并不比4年前他们搬来的时候看起来更舒服。而每当他把这样的话告诉他太太时，自然就破坏了家庭气氛。

后来道格拉斯参加了我们的培训班，在培训中，道格拉斯认识到他过去几年来的愚蠢。他从来没有想到她喜欢整修草坪，是因为她找到了里面的乐趣，并且还会希望别人因此而夸奖她。

有一次他们吃完晚饭后，她太太说要去修理草坪，还请他陪着一块儿去。开始他拒绝了，但他随即又想到了什么，于是跟她出去一起除草。他们认真地干了一个小时，并且不时愉快地交谈着。自然，他太太因此而非常高兴。

从此，他经常帮她修理草坪，并且赞美她干得好，说草坪在她的修理下好看多了。于是，夫妻之间更加快乐融洽。这都是因为他学会了从她的角度看待事情，即使只是一个有关草坪的事情。

吉拉德·黎仁柏所写的《进入别人的内心世界》一书中，有这样一段话："把别人的观念和感觉与你自己的观念和感觉，置于同等重要的地位，并把它表现出来，这样，谈话的气氛就会融洽起来。一开始，要让对方把他谈话的目的或方向先说出来。当你在听别人说话时，要根据对方的意思来准备你将要说的话，这样，由于你理解和认同了他的观点，他也就会理解和认同你的观点。"

生活中有时会发生这种情形：对方或许完全错了，但他仍然不以为然。在这种情况下，不要指责他人，因为这是愚人的做法。你应该了解他，而只有聪明、宽容、特殊的人才会这样去做。

对方为什么会有那样的思想和行为，其中自有一定的原因。探寻出其中隐藏的原因来，你便得到了了解他人行动或人格的钥匙。而要找到这种钥匙，就必须诚实地将你自己放在他的地位上。

假如你对自己说："如果我处在他当时的困难中，我将有何感受，有何反应？"这样你就可省去许多时间与烦恼，也可以增加许多处理人际关系的技巧。

多年来，我常到离家不远的公园中散步、骑马，以此作为消遣，像古时高卢人的传教士一样。我很喜欢橡树，所以每当我看见一些小树及灌木被人为地烧掉时，就非常痛心。这些火不是由粗心的吸烟者所致，它们差不多都是到园中野炊的孩子们摧残所致。有时这些火蔓延得很凶，以致必须叫来消防队员才能扑灭。

公园边上竖有一块布告牌，上面写道：“凡引火者必受罚款及拘禁。”但这布告牌被竖在一处偏僻的地方，很少有儿童能看见它。该公园由一位骑警负责照看，但他对自己的职务不大认真，火仍然是经常蔓延。有一次，我跑到一个警察那里，告诉他一场火正急速在园中蔓延着，要他通知消防队。他却冷漠地回答说，那不是他的事，因为不在他的管辖区中！我非常愤怒，在那以后，当我骑马的时候，我便自己担负起保护公共地方的义务。最初，我没有试着从儿童的角度来看待这件事。当我看见树下起火时就非常不快，急于想阻止他们。我上前警告他们，用威严的声调命令他们将火扑灭。而且，如果他们拒绝，我就恫吓要将他们交给警察。我只在发泄我的情感，而没有考虑孩子们的观点。

结果呢？那些儿童遵从了——怀着一种反感的情绪遵从了。在我骑马跑过山丘后，他们又重新点起火来，并恨不得烧尽公园。

多年以后，我增加了一些有关人际关系学的知识与手段，于是我不再发布命令，甚至威吓他们，而是骑向火前，向他们说道：“孩子们，这样很惬意，是吗？你们在做什么晚餐？……当我是一个孩童时，我也喜欢生火——我现在也很喜欢。但你们知道在这公园中生火是极危险的，我知道你们不是故意，但别的孩子们不会这样小心，他们过来见你们生了火，他们也会学着生火，回家的时候也不扑灭，以致在干叶中蔓延烧毁了树木。如果我们不再小心，这里就会没有树林。因为生火，你们可能被拘捕入狱。我不干涉你们的快乐，我喜欢看到你们感到如此快乐。但请你们即刻将所有的树叶扒得离火远些——在你们离开以前，你们要小心用土盖起来，下次你们做饭时，请你们在山丘那边沙滩中生火，好吗？那里不会有危险——多谢了，孩子们。祝你们快乐。”

这种说法产生的效果有很大区别！它使孩子们产生了一种同你合作的欲望，

没有怨恨，没有反感。他们没有被强制服从命令。他们保全了面子。他们觉得好，我也感觉很好，因为我处理这事情时，考虑了他们的观点。

当一个人面临严重问题的时候，从别人的角度来看待事情，可以缓解压力。澳大利亚南威尔士的伊丽莎白·诺维克用分期付款的方式买了部车子，可是她有6个星期都没有按合同交钱了。她说："在一个星期五，负责我买车子分期付款账户的一名男子在电话中告诉我说，如果在下星期一上午，我拿不出122块钱来的话，他们公司就会采取进一步行动。正好是周末，我没有筹到钱。于是，他在星期一给我的电话里，说了很多更不好听的话。可是我没有发火，我从他的角度出发，来看待这件事情。我先是向他真诚地道歉，说真是给他带来了很大的麻烦，而且由于我已经6个星期未付款，自己一定是他的客户里边最让他头疼的。于是，他改变了说话的语气，说我并不是最让他头痛的。他还举了几个例子，有的客户非常不讲理，有的经常撒谎，还有的躲着他不和他见面。我不说话，让他把心里的不痛快都说出来。最后，没等我提什么请求，他就说要是我不能马上交上拖欠的钱，也不要紧。只要我在月底先付给他20元，然后在我方便的时候再把剩下的欠款交给他，这样就可以了。"

当你以后请求任何人把火灭掉，或请求他买你的东西，或请求他捐给红十字会50元之前，为什么不暂时停下来，把眼睛闭上，试着从别人的角度出发来仔细想一想整件事情呢？问自己："他为什么要这样做？"是的，这要花一些时间；不过这样能让你交到朋友，取得更好的效果，减少困难和冲突。

哈佛商学院的院长唐哈姆说："在和一些人会面前，我愿意用两个小时在他办公室前面的人行道上散步，而不愿在脑子里没有清晰的想法，不知道该怎么说，并且不了解对方，没有做好应答准备的情况下，直接去他的办公室。"

这段话非常重要，为了强调它的重要性，让我再重复一遍：

"在和一些人会面前，我愿意用两个小时在他的办公室前的人行道上散步，而不愿在脑子里没有清晰的想法，不知道该怎样说，并且不了解对方，没有做好应答准备的情况下，而直接走进他的办公室。”

即使你在看完本书后，只明白了一个道理，即经常从别人的角度来看待事情，这就足够成为你生活中的一个新的里程碑。

所以，要想改变别人而不伤和气，用**第八个方法**：

从他人的角度出发来看待事情。

心理弱点分析

人的每一个思想和行动，一定有他的理由。我们需要探求出那个隐藏着的理由，找出那个让对方疯狂的原因。你把自己处在对方的立场之下，去看待这个世界，你就不会憎厌这个结果了。

九、求安慰是人的普遍心理需求

> **特别提示：**你明天遇到的人，其中可能有四分之三都饥渴似的需要同情！如果你同情他们，他们就会喜欢你。

有这么一句神奇的妙语，它可以阻止人们辩论，消除他人产生的恶感，并给他人留下一个良好的印象，还能使对方注意聆听。那么，你是否急切想知道这一神奇妙语是什么吗？

这句话就是："我一点儿也不怪你有这种感觉。如果我是你，也会与你的感觉一样。"

类似这样的一种回答，可以软化所有刁钻而老奸巨猾者，你完全可以真诚地说出这句话，因为假如你是对方，你也会产生同他一样的感觉。

例如，你不是一条响尾蛇，唯一的原因是，你的父母不是响尾蛇。你不与牛接吻，不以蛇为神，唯一的原因是，因为你没有生在珀兰马伯那河岸一个印度家庭之中。

你之所以成为现在这样的人，你并没什么可以居功自傲——要记住，出现在你面前的那些充满烦躁、固执、缺乏理智的人，他们之所以成为这样的人，其实他们也没有很大的过错。要对他们表示惋惜、怜恤与同情。要像高约翰那样，当他看见街上摇摇欲跌的醉汉时，他常会说："如果不是上帝的恩赐，我也会走在那边。”

你明天要遇见的人，有四分之三是为了同情而饥渴。给他们同情，他们就会即刻喜爱你。

我有一次在播音中提到《小妇人》的作者阿尔科特。当然，我知道她生长在马萨诸塞的康科德，并且写下了她那部不朽的作品。但我没有留神，我说我曾到新何赛的康科德去拜访过她的老家。如果我说新何赛只一次，或许可以原谅，但不幸的是，我说了两次。一下子，我被函件、电报包围起来，刺激的言辞像一群野蜂似的围绕在我那不能抵御的头上。其中许多是愤怒的，有几个是侮辱的。有一位美国老太太，生长在康科德，当时住在费城，对我发泄了她的强烈怒火。我如果诬告阿尔科特女士为来自纽格尼的食人者，她也不能更苛刻了。我读那信时，我对自己说：“谢谢上帝，我没有娶那个女人。”我觉得应写信告诉她，虽然我在地理知识上犯了一个错误，但她在常规礼仪上却犯了一个更大的错误。我开始的语句，即要表达我的情绪，然后我要卷起袖子来告诉她我真实的想法。但我没有这样做。我克制住自己。我知道任何昏头的傻子都会那样做——而大多数傻子要做的正是那样。

我比傻子聪明，所以我决意要将她的仇视变成友善，那将是一大挑战，我将玩一场竞技。我对自己说：“如果我是她，我大概也会同她的感觉一样。”所以我决意对她的观点表示同情。在我不久到费城的时候，便打电话给她，电话中的谈话大概是这样的：

××夫人，几个星期之前，你写给我一封信，我要为此谢谢你。

（明确、文雅、高尚的声调）请问你是谁？

我对你而言是一个陌生人。我名叫戴尔·卡耐基。几个星期之前，你听我在播音中讲到阿尔科特，我犯了一个不可宽恕的大错，我说她曾住在新何赛的康科德。那是一个愚笨的大错，我为此道歉。你还费工夫写信给我，真是太好了。

我很抱歉，卡耐基先生，我写了那封信，我发了脾气。我必须道歉。

不！不！不是你道歉，而是我应道歉，任何学过一些地理知识的人都不致说出我所说的那种话。我曾在后一个星期日播音道过歉，现在我要对你个人表示道歉。

我生在马萨诸塞康科德，200年来，我的家庭在马萨诸塞很有声望；而且我为自己的家乡而自豪。听你说阿尔科特女士生在新何赛，实在让我难过。但不管怎么说，我对于寄给你的那封信真是很惭愧。

我要真诚地告诉你，你的难过不及我的十分之一。我的错误对马萨诸塞无害，但是伤及了我。有着像你这般地位与声望的人，是很少有费工夫写信给在无线电台播音的人的，如果你在我的演讲中发现错误，我极希望你再写信给我。

你知道，我实在喜欢你接受我的批评的态度，你一定是一位很诚挚的人，我非常愿意认识你。

因为道歉，并同情她的观点，我得到了她的道歉，也博得了她对我的同情。我得到了控制自己脾气的收获，以和善报答侮辱的收获，我从中得到了无限的乐趣。

凡入主白宫的人，差不多每天都要碰到人际关系中的烦闷问题，塔夫特总统也不例外。他从经验中深深感到了同情对于中和恶感的极大价值。在他的《服务伦理》一书中，塔夫特举了一个很有趣的例子，证明他是如何使一位失望而有志气的母亲从愤怒变得平和的。

华盛顿有一名妇人，她的丈夫在政界颇有势力，她曾到我这里来与我周旋了6个多星期，要我给她儿子安排一个职位。她得到了多数参议员的赞助，并同他们一起来我这里请求我。然而，她所要求的这一位置是需要技术资格的，并且这一位置已由该部部长举荐委任给了别人。后来，我接到了这位母亲的一封信，说我冷酷，因为我剥夺了她的快乐。她认为这件事情对我来说易如反掌。她还进一步抱怨，她与她的州代表，为我所特别重视的一个行政议案费心尽力，我因此而得到了所有的选票，而我对她的报答却是如此。

当你收到一封这样的信时，你所做的第一件事就是，严正地对待这个非礼或有些唐突的人。于是你开始给她回信。然而，如果你聪明的话，你可以将这封信放在抽屉里并锁起来，两天之后再拿出来——这样的信札，回答总要迟上两天——当你间隔些时候再取出来，你就不会把它发出，这正是我所采取的办法。过了几天，我坐下来尽力给她写一封最客气的信，告诉她我明白一个做母亲的都会在这种情形下感到失望，但那种委任不能只按我个人的好恶，我须选一个有技术资格的人，所以只得按照该部部长的举荐。我表示希望她的儿子在他当时所在的位置上做出与她希望相符的成就。那封信使她息怒了，她给我写了一封短信说，她很抱歉她曾写了前一封信。

实际上，我所做出的委任，没有即刻确定。隔了段时间，我又接到一封信，上面说是由她丈夫代笔的，但笔迹与所有其他信件相同。信里告诉我，由于这次失望，她已变得神经脆弱，卧床不起，并且患有严重胃痛，并问我可否将已经委任的人的名字换上她儿子的，以恢复她的健康。看来我必须再写一封信了，这封是写给她丈夫的。我说我希望诊断不确切，我同情于他因夫人重病而产生的忧虑，但如果要将已经确定的名字撤换，这是不可能的，因为我所委任的人，已经确定了。在我接到那封信的两天之内，我们在白宫举行过一场音乐会，最先到场向塔夫特夫人和我致意的两人就是这对夫妇，虽然这位夫人不久前还装过病哩。

杰易·蒙格是俄克拉荷马州吐萨市一家电梯公司的业务经理。该公司和吐萨市一家最好的旅馆签订了合同，这家旅馆的电梯由他们来维修。为了方便房客，每次维修时，旅馆经理只给两个小时的维修时间。可是修理至少要八个小时才能搞定，而当旅馆的电梯停修时，他公司最好的技术工人又不一定能及时赶到。

当公司技术最好的维修工有空的时候，蒙格打电话给这家旅馆的经理。他没有和这位经理争论，他这样说：

"瑞克，我理解你们旅馆有很多的客人，你要尽量避免电梯停开的时间过长。我知道你把这个看得很重要，我们会在这件事上尽力配合你。但是，通过对你们的电梯检查之后，我们确信如果现在不彻底把电梯修理好，电梯会遭到更加严重的损害，这会使电梯更经常地停开。我想你不会愿意给客人带来更大的麻烦。"

于是，旅馆经理答应把电梯停开八个小时用来彻底地维修。因为蒙格表达了理解旅馆经理照顾客人的想法，所以蒙格轻易地让这位经理同意了他的要求。

密苏里州圣路易市的钢琴教师佳茵·诺瑞丝讲述了她是怎样面对和处理一个问题的，而这个问题在钢琴教师和十几岁女孩子间是经常会出现的。贝蒂的指甲留得很长，但是，这么长的指甲会妨碍弹好钢琴。

诺瑞丝说："我知道她的长指甲会阻碍她想弹好钢琴的愿望。但是在开始教她弹琴前，我们聊天的时候，我丝毫没有提她的指甲。我不想打击她学钢琴的热情，我也明白她很在乎她的指甲，并且花很多时间在上面，以使它看起来很有吸引力。

"在第一堂课后，我想是时候了，就对她说：'贝蒂，你的手和指甲非常漂亮。我也知道你非常想把钢琴弹好，如果你能把指甲修短一点，你就会发现弹好钢琴变得容易多了。我理解你有点舍不得，你好好地考虑一下，怎么样？'她做了个鬼脸，说她不会把指甲修短。我也找她的母亲谈了这个情况，说起她的漂亮指甲的问题，又得到了否定的回答。显然，贝蒂仔细保养着她美丽的指甲，她非常珍视她的指甲。

"当贝蒂下个星期来上第二节课时，让我没想到的是，她的指甲变短了。我夸奖了贝蒂，并去感谢她母亲给她的影响。她母亲回答说，自己并没有说她什么，是贝蒂自己决定的，并说这是她第一次因为别人剪指甲。"

诺瑞丝没有威胁贝蒂，也没有说她会因此而不教她。她告诉贝蒂她的指甲很漂亮，并表示把指甲修短对贝蒂来说是一种牺牲。这等于她做了这样的暗示：“我非常同情你，我知道决定把指甲修短对于你来说是一件困难的事，但是你会在弹钢琴方面得到更大的好处。”

霍洛克是美国第一位音乐会经纪人，他对如何应对艺术家，像嘉利宾、邓肯、潘洛弗，有20多年的经验。霍洛克告诉我，应付那些性格古怪的音乐家他曾经有过深刻的教训。直到后来，他才知道对他们古怪的脾气必须理解和同情。

有三年的时间，霍洛克担任世界低音歌王嘉利宾的经纪人。最使霍洛克烦恼的是，嘉利宾本身就是一个问题，他就像一个被宠坏了的孩子。用霍洛克独特的话来说：“他的性格简直糟透了。”

例如，如果晚上有音乐会的话，嘉利宾会在当天中午打电话给霍洛克说：“沙尔（他叫霍洛克的名字），我觉得我喉咙很不舒服，恐怕今晚我不能登台演唱了。”听了这话，霍洛克会和他大吵一架吗？不，霍洛克才不会这样做！

他知道做一个艺术家的经纪人，这样处理是极不妥当的。所以，他会立即去嘉利宾住的旅馆，表现得十分关怀地说：“我可怜的朋友，真是太不幸了。我马上去通知取消今晚的节目，你虽然损失了两三千美元的收入，可是比起你的名誉来，简直不值一提。”

嘉利宾听霍洛克这样说，会深有感触地叹息道：“沙尔，你再等等，下午5点钟的时候再看看情况吧！”

到了5点钟，霍洛克先生再去嘉利宾的旅馆，坚持要取消他的节目。可是嘉利宾却又说：“再等等，晚一点也许我就会好了！”

到了7点半，这位低音歌王终于答应登台了。他唯一的条件，就是要霍洛克先生走到台上，对观众说嘉利宾得了重感冒，嗓子不好。霍洛克很热情地答应了。

盖慈博士在他那部著名的《教育心理学》中这样写道：“人类普遍需要同情，孩子们会急切地显示他受伤的地方。有的甚至于故意弄伤自己，来博得大人们的同情。”

成人们也会这样做，他们会到处向人展示他受到的伤害，如身体的疾病，手术后的伤疤。这些都表明，“自怜实际上是人的本能”。

你要获得别人对你的同意，**第九项方法**是：

理解并同情对方的思想情感。

心理弱点分析

人类有一种普遍的追求同情的心理，孩子们会急切地显示他受伤的地方，有的甚至于故意自己割伤、弄伤，以博得大人们的同情。成人们也有类似的情形。可以说，自怜实际上是一般人的习性。

十、每个人都喜欢被捧得高一点

“**特别提示：**人会做一件事，都有两种理由存在：一种是好听的，一种是真实的。人们会时常想到那个真实的理由，而我们都是自己内心的理想家，较喜欢想好听的动机。”

我的故乡是密苏里州的一个小乡镇，附近有个卡梅镇，那是当年美国匪魁奇斯·贾姆斯的故乡。我曾经去过卡梅镇，奇斯的儿子还在那里生活。

他的妻子告诉我奇斯当年怎样抢劫银行、火车，然后把抢来的钱送给贫穷的邻居，让他们去赎回典当出去的田地。

也许奇斯·贾姆斯曾以为自己是个理想家，这种梦想无可厚非。事实是每个人都很看重自己，给自己的自我评价也力求美好。

银行家摩根在他一篇文章中说：人们做事的理由有两种，一种是梦想，一种是现实。

我们每个人的内心都把自己理想化，都喜欢把自己行为的动机赋予一种良好的解释。因此，如果我们要想改变他人，就应该诉诸一种高尚的动机。让我们看看汉弥尔顿·法瑞的例子。

法瑞先生有个挑剔的房客，扬言要搬家。他的租约还有 4 个月才到期，但是他不管这些，而是单方面通知对方自己即将搬出去了。

“这些人整个冬天都住在那里——这是一年当中消费最多的季节。”法瑞先生说道，“而且我知道，要在秋天之前把房屋租出去很难。我可以预见自己手中的钞票随风而去了。”

“要是在以前，我会把那个人痛骂一顿，要他再把租约重读一遍，并且指出，假如他现在搬走，必须先付清所有的租金——我完全可以按照规定向他收取。

“但是，我并没有这么做。我只是向房客说：‘杜先生，我听说您要搬家，但还是不相信您真的会这么做。多年的租房经验使我多少了解一点人性的事。我相信您应当不会出尔反尔。事实上，我敢打赌您一定不会这样的。’

“‘我有个建议，您不妨再多考虑几天。假如一个月后，您还是坚持要搬，我当然绝对尊重您的决定。我会特准您搬出去。毕竟，我们是人不是猴子——决定完全在我们自己！’

“到了第二个月，这位房客亲自来见我，并且付了房租。他和太太商量过了，而且决定留下来。他们都认为至少应该住到租期满为止。”

最近，诺史克里夫爵士发现报上登了一幅他不愿公开发表的照片，便写了一封信给报纸编辑。但是他并没有这么写：“请别再刊登那张照片，因为我不喜欢。”而是激发对方一种比较高尚的动机，即人人都敬爱母性的伦理观念。他的信是这样写的：“请别再刊登那张照片，因为我的母亲不喜欢。”

小洛克菲勒也深懂此中诀窍。他极不喜欢摄影记者拍摄他子女的照片，便激发人人都不愿伤害儿童的高尚动机。他对记者们这么说：“你们也是有孩子的人，一定了解我的感受。你们一定也知道，太出风头对小孩子是很不好的。”

柯迪斯本来是缅因州一个贫苦人家的孩子，后来作为《星期六晚报》和《妇女家庭》杂志的负责人，得到了几百万美元的收入。他创办报刊之初，没有资本像别家的报纸、杂志一样，出高价买稿子和聘请国内一流作家撰稿，可是，他善于激发人们心灵的东西。

例如，他会请写《小妇人》的著名作家阿尔科特为他写稿，而且是在她声望最高的时候。但柯迪斯却使用了一般人所没有想到的方法，他以她的名义签了一张一百美元的支票，然后捐助给她最喜欢的一个慈善机构。

也许有人会说，这种激发情感的方法对很多人固然有效果，可对于那些不可理喻的人就没用了。

没错，这世界上没有什么万能药。可如果你对这样做结果满意，那又何必再改变呢？

我从前一个学员汤姆斯讲的一个真实故事深受人们喜爱：

某家汽车公司，有6个顾客拒付一笔修理费，他们不是不承认那个账目，而是怀疑其中某些数据。可是每一项租车，或是修理的账单上，都有他们的亲笔签字，所以公司认为这些账不会有错。

下面是那家汽车公司信用部职员，去索款时的做法。你看他们会不会成功？

一、他们拜访每一位顾客，并且开门见山地说他们是公司派来索取积欠的账款的。

二、他们很明确表示公司不可能弄错数据，都是顾客方面的问题。

三、他们暗示，对于汽车方面的业务，公司要比顾客内行得多。所以辩解是没用的。

四、结果，他们争吵起来。

用这些方法，能让顾客们心甘情愿掏钱吗？

后来这件事给总经理知道了，他查看那几位欠账主顾过去付账的记录，发现他们过去都是按时付款的。因此总经理认定错处一定是出在公司方面——收账的方法不对。所以，总经理把汤姆斯叫去，要他去收那些无法收回的烂账。

看看汤姆斯先生是怎么做的吧：

他自己这样说：

“一、我去拜访每一位顾客，但我对收账的事只字不提。我解释说我是来调查一下公司对顾客的服务情形。

“二、我坦诚地表示，在客户说完话之前，我不发表任何意见。我告诉他们说，公司方面也不是绝对没有错误。

“三、我告诉他们，我只是关心他们的汽车；而他们对自己汽车的了解比谁都熟悉，所以我应该悉心听取他们的意见。

“四、我对他们所有的想法都表示深刻的理解，这正是他们所希望的。

“五、最后，那些顾客心平气和之后，我要他们客观地想想整个事情。

“所以我对那些顾客这样说：

“‘首先我要你知道，我也觉得这件事处置得并不太好，我们公司上次派来的代表打扰了你，并且使你受到很多的不便。这是不对的，我代表公司方面向你道歉。我听了你刚才所讲的话后，为你的忍耐和公平所感动。’

“‘你如此宽大为怀，我才麻烦你帮我做点事情，这件事没有人会比你做得更好。同时，你也比别人更清楚你自己开的账单。请你细细查看一下，如果什么地方记错了，你完全可以要求公平地解决。’

“他有没有看账单？当然，而且十分高兴这些账单的数目，由 150 美元到 400 美元之间，数目大小不等。但顾客占到便宜了吗？是的，只有一位顾客拒付这笔有争执的款项。可是另外那 5 位顾客，都让公司获利不少。而且最棒的是，在以后的两年中，那几位顾客，都买了本公司的新汽车。”

如果你要获得人们对你的同意的话，在一般情形上，遵守**第十项方法**，是一件很好的事，那就是：

激发他内心深处的潜在欲望。

心理弱点分析

人不会主动地去高尚，但是绝对会为自己所得的高尚埋单。而且在建立这种高尚的名声之后，人就会主动地去维护这个高尚的名声。而这个维护名声的心理就会成为一个“高尚的动机”，促使人再去做一些其他与高尚相关的事情。

十一、包装好你的观点

> **特别提示：**在现代社会中，人们总会接触到无限多的海量信息，不做包装、不做广告的产品是没办法卖得好的。思想和观念也一样。

多年前，《费城晚报》曾被人恶意造谣。有人指责那家晚报充斥着广告，内容空泛，没有可读性。这种评论使之流失了大量的读者，严重影响到该报的发行量。这家晚报立即采取措施，阻止这种恶意的谣传。

他们是怎么做的呢？

报社把该报普通的一天里所有版面上的所有新闻和文章全部摘出来，分类后，印成一本书，书名就叫《一天》。这本书共有307页，按照当时的市价，这样页数的一本书值两美元，但《一天》的定价只是两美分，并上市公开发行。

《一天》的发行，戏剧化地说明了一个事实：《费城晚报》登载了大量可读性很强、有深度的新闻和文章。显然，这个办法比只是发表一些数字和评论更生动，更有趣，更能突出事实，更能说明问题。

这个时代充满了戏剧性。只是平铺直叙是不够的，必须更生动、有趣、戏剧化地表达事实，你必须用一些方法来吸引人。电影是这么做的，电视也是这么做的，如果你想吸引人们的注意力，你也必须这么做。

橱窗展示专家懂得运用戏剧化的效果。举个例子，一家厂商生产出一种新的鼠药，为促销专门设计了展示橱窗，并在里面放了两只活的老鼠，结果他们的鼠药销量在那一个星期里大增，增加了 5 倍的销量。

在电视广告里，运用戏剧化的手法促销产品的例子更多。当你晚上看电视时，你可以分析一下里面的戏剧化手法，你会看到一种解酸剂怎样在试管中把酸的颜色改变了，而另一种解酸剂却不行；一种牌子的肥皂或洗衣粉怎样把油污的衣服洗得非常干净，而用其他的洗后还留下模糊的污痕；你会看到一辆汽车夸张地运动着，表现得比说的还要好；还有许多人露出笑脸表示对商品满意；等等。这一切，都是戏剧化地表现商品的好处，而观众也很吃这一套。你可以把戏剧化用到你的业务和生活的任何方面中去。这并不难，在弗吉尼亚州瑞奇蒙市推销国家收款机的吉姆·叶曼斯，讲了一个用戏剧化来促销的例子。

“上周，我去拜访离我家不远的一家杂货店的老板，发现他用的收款机是非常陈旧的那种。我就对他说：‘事实上，你为每一位顾客在你的柜台上结账的时候，都会把钱丢掉。’同时我把一些硬币扔在地上。这立即吸引了他的注意。我说话时，他已经在听了，当他听到硬币掉在地上的声音时，他停止了做其他的事情。于是，他最终从我那里更换了他所有的旧机器。”

在家庭生活方面，戏剧化的办法也很适用。在过去，当男人在向他的情人求婚时，他不只是说些情话，并且还跪在他的情人面前，来表现他的诚意。现在，我们求婚时，不用再下跪了，但是提出求婚之前，还是有许多男人先营造浪漫的氛围。

戏剧化的办法对小孩也非常管用。阿拉巴马州伯明翰市的乔·方特，为了叫他 5 岁的儿子和 3 岁的女儿把玩具收拾起来，他专门为此发明了一列“火车”。小乔骑着他的三轮车作为火车头，珍妮的篷车接在三轮车的后面作为车厢。到了晚上，当儿子骑着车子绕着房间转的时候，女儿就把所有的货物（他们的玩具）装上车厢（她的篷车），随后她也跳进去。这样一来，根本用不着命令、请求或威胁，屋内的玩具很快就收拾好了。

印第安那州蒙台瓦哈市的玛丽·沃尔芙，遇到了一些工作上的问题，她想和老板说一说。在星期一上午，玛丽要求和老板谈话，但是，老板说他现在很忙，他的工作日程已经排满了，要先和他的秘书预约，并说会尽量抽出和她面谈的时间。

沃尔芙小姐后来说："整整一星期，秘书都没有来通知我。每当我去问她，她都会说为什么老板没有时间见我。都到了星期五上午了，还是没有结果。但我必须在这星期内和老板面谈我的问题，于是我就自己想办法，让老板和我面谈。

"最后我用了这样的办法：我给他写了一封正式的信。在信中，我说，我完全知道他一星期都非常忙，不过我要和他面谈的这件事也很重要。并且，我在信里面放了一张表格和一个写上自己名字的信封，我在信中请他自己或者他让秘书填好信里面的表格，装到信里面的信封里，然后交给我。

"上午 11 点钟，我把这封信放在他的公文盒里，下午两点钟我就看见我自己写上名字的那个信封，就放在我的信箱里。老板亲自回了我的信，说当天下午就可以见我，和我谈 10 分钟。我们见了面，交谈了一个多小时，我的问题解决了。

"我如果不用戏剧化的方式来处理这件事情，可能我到现在还在等待。"

《美国周刊》的普顿准备作一个长篇的市场报告。他的公司为一家最著名的润肤膏品牌做过一份详细的研究。业主是一位业务量最大也最可畏的广告业主。他的第一次接洽彻底失败了。

"第一次我进去，"普顿先生承认说，"我觉得自己走错了路，转到无用的讨论和调查方法上去了。他辩论，我也辩论；他告诉我我错了，我则竭力证明我是对的。

"最后我胜利了，我很满意——但我的时间到了，会谈结束，我仍然没有获得什么结果。

"第二次，我没有费事去管数字及资料的表格，我去见这人，向他们演示我的事实。

“当我进入他的办公室的时候，他正忙着接电话。他打完电话时，我打开一只皮箱，取出32瓶与之竞争的润肤膏。

“在每个瓶上都有一标签，上面简要地、戏剧性地说明了该种产品的调查结果。

“结果如何？

“不再有辩论了。这里是些新的、不同的东西，他拿起一瓶又一瓶的润肤膏瓶来阅读标签上的说明。一个友好的谈话展开了，他深感兴趣地问了一些另外的问题。本来他只给我10分钟时间陈述事实，但10分钟过去了，20分钟，40分钟，快到了一小时，我们还在交谈。

“这次我是陈述我以前所陈述过的同样事实，但这次我采用了充满戏剧化的表演术——它所产生的区别多么大。”

所以，如果你要使人信服你，就应遵守**第十一项方法**：

将你的意图戏剧性地表演出来。

心理弱点分析

在信息的海洋面前，人只会选择那些对自己口味的东西。在现代社会中可替代的资源太多，如何从同质化的信息中脱颖而出，就成了信息传播者要攻克的首要问题。由于人接受信息的方式在改变，所以人际交往的方式也需要变得“炫目”起来。

十二、对固执的人你可以试试这个

> **特别提示：**争胜的欲望加上挑战的心理，对一个有血气的人来说，是一种最有效的激励。

取胜的欲望！挑战！激发！激发他人产生一种向上的精神——一种确实有效的方法！斯瓦布则巧妙地运用了这一手段来掌管他的企业。

斯瓦布手下有一位厂长向他报告，厂里的工人总是达不到生产指标。

“怎么回事？”斯瓦布问道，“像你这样能干的人，为什么不能使工厂完成规定的生产指标呢？”

“我不知道，”这人回答说，“我曾哄诱他们，也曾强迫他们，甚至发誓、责骂，还曾以开除来恫吓他们，但怎么做也不生效，他们就是不愿干活。”

这时正巧是太阳西落的时候，白班工人们下班了。

“给我一支粉笔，”斯瓦布说，然后他转向最近的一个正要离开的工人，“你们这班今天做了几个单位？”

“6个。”

斯瓦布在地板上写了一个大大的“6”以后，一言未发地走开了。当夜班工人进来时，他们看见这个“6”，就问是什么意思。

“公司老总今天来这里了，”白班的人说，“他问我们做了几个单位，我们告诉他 6 个，他就在地板上写上了这个‘6’字。”

次日早晨，斯瓦布又来到这间工厂，他发现夜班工人们已将“6”擦去，换上一个大大的“7”。白班工人来上工的时候，他们看见一个大大的“7”写在地板上。夜班以为他们比白班好，是不是？好了，他们要给夜班点颜色。他们加紧工作，下班前，他们留下了一个神气活现的大“10”。情形逐渐好起来了。不久，这个一度生产落后的工厂比公司里其他的工厂产出都多。其中的道理是什么？

“要做成事情，”斯瓦布说，“有效的办法是激起竞争。我的意思不是勾心斗角的竞争，而是相互取胜的欲望。”

正是有了这种欲望，罗斯福才入主白宫。当时罗斯福是义勇骑兵队的一员，刚从古巴回到美国，并竞选纽约州州长。但是，反对党发现他没有纽约州的合法居民身份，这时候罗斯福不由得打起退堂鼓来。就在这时，挑战出现了，托马斯·科力尔·普拉特突然转身面对罗斯福，大声叫道：“在圣璜山时你像个英雄，难道现在只是个孬种吗？”

罗斯福接受了挑战，他勇敢地留下来了。这项挑战不仅改变了他的命运，也影响了美国的历史进程。

“每个人都会有害怕的东西，但是胆大的人把他们的害怕扔到一边，接受挑战，结果有时输了，但总会赢的。”这是古希腊国王的侍卫的口头语。克服困难，迎接挑战，没什么大不了的。

查尔斯·史考伯很明白挑战的功效。普拉特和艾尔·史密斯也知道这个。

艾尔·史密斯当纽约州州长的时候，就用过这个法子。那里有个辛辛监狱，当时，那座监狱丑闻和谣言不断，管理职位出现了空缺，所以史密斯要找一个厉害的人物来管理辛辛监狱。不过，谁又能干得好这个活呢？他找了新汉普顿的刘易斯·路易斯。

当他见到刘易斯的时候，高兴地说：“把辛辛交给你管，怎么样？那里需要个有点本事的家伙。”

刘易斯·路易斯很犯愁，他明白辛辛监狱可不是个好玩的地方。去了是当官儿，但这个官儿往往是吃不了兜着走。那些前任就没有干长的，其中，有一个家伙就只干了3个星期。所以，他必须寻思一下他的大好前程。

“这趟浑水值得我去吗？”

史密斯看见他在发呆，于是往椅背上一靠，乐了：“小伙子，你吓成这个熊样，我一点都不奇怪。这个地方难缠得很，它需要一个大人物才能镇得住。”

面对史密斯的挑衅，刘易斯反而向往起当大人物的感觉来。

他说去就去了，并待了下来，再也没走，成了当代最有名的监狱长。他写了一本叫《辛辛两年》的书，卖了好几十万册。他上了电台广播，他的监狱生活的故事，也被改了改后拍成十几部电影，而他的罪犯“人性化”，带来了奇迹般的监狱改革。

哈维·贝尔斯通是火石轮胎及橡胶公司的创始人，他说：“我看出来了，光用薪水是留不住好员工的。我觉得，是活儿本身的竞争……”

伟大的行为科学家之一弗瑞德瑞克·侯兹柏也这么认为。他仔细琢磨了好几千个从工人到高级经理的干活态度。他找到了激励的最大因素，是什么啊？工作很刺激？钞票？舒服？福利？都不是。让人们好好工作的主要因素之一，就是工作本身。如果人们觉得这个活挺有意思，那么他们就会愿意做，还会加把劲把它干好。

这就是每个成功的人喜欢的东西：竞争和展现自我的机会，实现自我价值、胜过别人的机会。

所以，如果你想让好强的、勇敢的人接受你的想法，就用第**十二项方法**：

提出挑战。

心理弱点分析

马斯洛认为有自我实现需要的人，往往会通过实现自己获得成就感。在这一过程中，人会产生出一种所谓的“高峰体验”的情感，这个时候的人处于最高、最完美、最和谐的状态，并产生一种欣喜若狂、如醉如痴的感觉。

CHAPTER 4

使人接受你观点的九种方法

一、学会绕一个漂亮弯子

> **特别提示：**如何去赞美人，在前文里已经有了介绍。重点是一定要真诚，并且把话说到点子上。前面赞美得越真诚，后面批评的收效就越高。

在柯立芝总统执政时，有一次我朋友应邀到白宫做客。当他走进总统私人办公室时，正好听到柯立芝对他的一位女秘书说："你今天穿的衣服很漂亮，真是风华正茂。"

平常沉默寡言的柯立芝总统，一生很少赞美过别人，而这次却对他的女秘书大加赞美。那位女秘书顿时高兴得脸都红了。总统接着又说："当然了，我刚才的话是让你高兴的；同时我也希望今后你要多注意些公文的标点。"

尽管柯立芝总统采用的办法似乎太直白了一些，但他运用了一种心理技巧——当我们听到他人对自己的优点加以称赞以后，再去听一些不愉快的话，自然会觉得好受一些。就如理发师在替人修面之前，先给他涂上一层肥皂一样。这也是麦金利在1896年竞选总统时所采取的一种做法。

当时有一位著名的共和党人写了一篇演讲稿，他觉得比西西洛、亨利和范勃斯德三人合起来所写的还要好。这位先生非常高兴地将他那不朽的演讲稿大声朗读给麦金利听。这篇演讲稿有它的优点，但麦金利先生总觉得有些不大合适，因为它会引起一场批评的风波，可是麦金利又不愿伤害这位作者的感情。他不愿给这位满腔热忱的人泼冷水，但又不得不说“不”。那么他是怎样巧妙处理的呢？

“我的朋友，这确是一篇极好的演讲稿，一篇伟大的演讲稿。”麦金利说，“没有人能准备一篇这么好的演说稿。在许多场合，我可以这样说，但在这种特殊的场合是否十分合适？也许从你的立场来看，这是非常合理与慎重的，但我必须从我所代表的政党的立场来考虑它所产生的影响。现在，你回家去，按照我的提示再写一篇演讲稿并送一份给我。”

那人回去照做了。麦金利加以修改，帮助他重新写他的第二篇演讲稿。后来他成为竞选中一位有影响的演讲者。

下面是林肯所写的第二封最著名的信（他的第一封最著名的信是写给毕克斯贝夫人的，对她在战争中失去了 5 个儿子表示哀悼）。林肯写这封信大约用了 5 分钟，但在 1926 年公开拍卖时，它卖了 12 万美元——那比林肯苦干 50 年所存的钱还多。

这封信是在内战最黑暗的时期——1862 年 4 月 26 日写的。18 个月来，林肯的将领所带的联军屡遭惨败。数千名兵士从军中逃脱，甚至参议院的共和党议员都有人叛乱，并要强迫林肯退出白宫。“我们现今处在灭亡的边沿上，”林肯说，“我看好像上帝都在反对我们了。我差不多看不出一丝希望的曙光。”这是一个黑暗、忧愁、紊乱的时期。这封信就产生于这一时期。下面我们看看这封信的内容，从中我们可以看出林肯是如何改变一位爱夸夸其谈的将军的，而且是正当举国的成败命运可能系于这位将军的行动的时候。它恐怕是林肯在做总统以后所写的最锐利的一封信，但我们还是提醒你注意到，在他说到他的严重错误以前，他先称赞了胡格将军。

是的，那是些严重的错误。但林肯没有这样评判它们，而是更委婉，更富外交手段。他写道：“有些事我对你不十分满意。”下面是致胡格将军的信：

我已经将你放在军队的首位。当然，我这样做是根据我以为充足的理由，但我想，你最好知道对于有些事，我对你不是十分满意。

我相信你是一位智勇双全的将军，那当然是我所喜欢的。我也相信你不会将政治与你的职务混淆起来，在这事上，你是对的。你自信，那是一种有价值的、不可或缺的性格。

你有志气，这在相当程度上是有益无害的。但是，当我力主让柏恩赛将军带领军队的时候，你却出于个人的意志，竭力阻挠他。在这事上，你对国家，对一位战功显赫的同僚长官犯了一个大错。

我曾听说，而且我也相信，你最近曾说军队与政府都需要一位独裁者。当然，不是因为这一点，而是没有理会这一点，我才给你统治权。

只有取得胜利的将领，方能成为独裁者。我现在请求于你的是军事的胜利，我可以将独裁权冒险授予你。

政府会尽力帮助你，这同以往及今后政府对于所有将领所给予的帮助一样，不多也不少。我深怕你所致力灌输于军队的任意批评将领及对他们采取不信任的态度，现在将加于你的身上。我要尽力帮助你将这种态度消除。

当这种态度存在于军队中时，无论是你，还是拿破仑（如果他还活着），都无法从军队中得到什么益处。现在，要小心，不要匆忙，要尽力不懈地努力前进，以保证我们取得胜利。

从这封信看来，尽管其骨子里隐含着一种非常严肃的谴责，但字面上依然委婉诚恳，娓娓动听。那位将军捧读此信，怎能不心存感动而甘愿效忠呢？这就是林肯的过人之处。

你当然不是柯立芝、麦金利或林肯，但你要评估一下，这种处世哲学是否对你的日常生活和工作极为有用。让我们看看费城沃克公司高伍先生的例子吧！

高伍先生是一位与你我一样平常的人，他是我在费城所举办的一个培训班中的学生，他在班中的一次演说中叙述了这样一件事。

沃克公司在费城承包了一幢办公大厦的建筑工程，必须要在一个规定的日期前完工。整个工程一切都进行得很顺利，该项建筑差不多要完工了。这时，负责建筑物铜制品装饰材料的供应商突然声称他不能按期完成。这样，整个建筑工程都要受到影响——巨额的违约金！惨重的损失！都因为一个人！

长途电话，辩论！激烈的谈话！都没有用。于是高伍先生被派往纽约去拔这头狮子的胡须。

“你知道你的姓在布鲁克林是独一无二的吗？”高伍先生进入这位经理的办公室时这样问道。这位经理很惊异：“不，我不知道。”

“哦，”高伍先生说，“当我今天早晨下火车后，查电话簿找你的住址时，发现在布鲁克林电话簿中只有你是这个姓。”

“我从不知道，”经理说，他很有兴致地查阅电话簿，“那不是平常的姓，”他自豪地说，“我的家庭是差不多200年前由荷兰迁到纽约来的。”他接着说了很久关于他的家庭及他祖先的事。在他说完后，高伍先生又恭维他有如此大的一家工厂，并且比他曾参观过的几家同样的厂子都好。“这是我所见过的最清洁的铜器工厂。”高伍说。

“我费了一生的工夫经营这项事业，”经理说，“我很自豪。你愿意参观一下工厂吗？”在参观的时候，高伍先生又恭维了他的构造系统，并告诉他为什么它看上去比他的几家竞争对手要好，好在哪里。高伍先生还评论了几种特别的机器。经理也兴致颇高地介绍那些机器是如何运转的及它们所造出的产品如何优良，他坚持要请高伍先生吃午餐。请注意，直到这时，高伍先生一直未提他来访的真正目的。

午餐过后，经理说：“现在，言归正传，我自然知道你为什么而来了。我想不到我们的聚会会这样愉快，你可以带着我的承诺回费城去，我们制造好产品后马上就送去，即使不得不延迟别的订货。”

高伍先生其实没有任何请求，就得到了所要的东西。材料按期交到，整个建筑工程在合同期满那天完成。如果高伍先生用平常惯用的争论及冲动的方法，他能有这种结果吗?

新泽西州福特蒙马斯的一个联邦信用合作社的分行经理陶乐丝·鲁布卢斯基，在我们的培训中说起，她是怎样帮助她的职员提高工作效率的。

“最近，我们雇用了一位女孩当实习出纳。她很善于和顾客打交道，应付一些特别的事情，也很准确有效。但有一天结账时出现了问题。

“出纳组长找到我，并强烈要求把她解雇：‘她耽误了每一个人的工作，她活干得太慢了，我教了她那么多次，她还是不行，她必须走人了。’

“第二天，我见她迅速准确地处理着日常业务，而且顾客也很满意。但不久，我就看到，她在结账时出了问题。下班后，我找她谈话，她看起来很紧张，于是，我先是夸她很会和顾客打交道，还有她平时工作的效率也不错。随后，我提议我们一起来温习一下平衡现金的程序。她明白了我对她的信心，就放松下来，在我的指导下，很快就熟悉了这项业务。从此，她再也没在这个地方出过问题。”

从赞扬开始，就像医生给病人拔牙前，先用麻醉药一样。麻醉能把痛苦减轻，让病人更容易接受。

要想改变一个人而不引起伤害的**第一个方法**是：

从赞扬和感激开始。

心理弱点分析

人在受到批评的时候，一定会有一种被否定的感受。当这种被否定的失落感大于对于现状改善的快感时，人很容易会产生负面情绪。而先给人以夸赞和欣赏，则能利用人因赞赏而获得的愉悦和轻松，来降低收到批评时的负面情绪。

二、让你的批评不被怨恨

> “**特别提示：**旁敲侧击的时候一定要先把圈子绕得稍微大一点，加上适当的赞美。然后一定要直截了当地把问题的核心指出来。”

有一天中午，查尔斯·史考伯路过他的一家钢铁厂。他看见几个工人正在抽烟。正好，他们头上有一块写着“禁止吸烟”的牌子。史考伯没有马上指着牌子不让他们抽烟，他不会那么蠢。他走到那几个人面前，给每个人一支雪茄，这才说：“各位，如果你们能去外面抽这些雪茄，我会非常感激。”他们马上明白了，他们违反了纪律，但史考伯不但没有指责他们，反而给他们每人一个小礼物，这让工人们更敬重他，也更自觉。

约翰·华纳梅克也用了这个技巧。华纳梅克每天都去费城他的大商场里瞧瞧。一天他发现柜台前有个顾客在等着买东西，却没有售货员理她，而售货员则都聚在柜台的另一头谈笑着。华纳梅克什么也没说，他进到柜台里面，招呼那位女顾客，并叫售货员帮助包装货品，然后就走了。

官员们常因为不接待民众而受批评，是的，他们很忙，但有时是因为他们的助手们给拦着，助手们不想让他们的上司太累。卡尔·兰福特当了多年的奥兰多市的市长。他经常对他的部下说，不要阻拦民众来见他。他宣布实行“开门政策”，但是，来访的市民们还是被他的秘书和下属们给拦在办公室门外了。

后来，这位市长想了一个办法。他让人卸掉了办公室的大门，他的下属们也知道不能再拦了。就这样，这位市长真的做到了“开门政策”。

要想改变别人，而又不让他生气，只需要换一个词，效果就会不同。

大部分人在赞扬完了别人，转到批评之前，都会用一个词“但是”。例如，要改变一个孩子不专心读书的态度，我们往往会这么说：“约翰，我们为你感到骄傲，这个学期你的学习取得了进步，‘但是’如果你在代数方面再多下点功夫的话，就更好了。”

约翰在听到“但是”之前，感觉很好。可“但是”一出现，他马上怀疑这个赞许的可信度。他开始感到，这其实是个批评，他因此而反感。我们要改变他的愿望就无法实现了。

如果把“但是”换成“而且”呢？那就好多了。让我们试一下：“约翰，我们真为你骄傲，这个学期你的学习取得了进步，‘而且’如果你在代数上再多下点功夫的话，就更好了。”

这一回，约翰会很愉快地接受这份赞许，因为他感觉到了赞扬和鼓励，而不是批评。他会愉快地按照我们希望的那样去做。

对那些非常敏感的人，用巧妙的暗示，让他们改正自己的错误，会收到奇妙的效果。下面是罗得岛的玛姬·杰克在我们的课程中讲述的，她怎样让一帮懒惰的建筑工人，给她盖房子的同时又帮她打扫干净的故事：

“刚开始的几天里，杰克太太下班回家之后，总是看到满院子的木屑。她没有说工人们什么，因为他们分内的活干得很好。于是等工人走后，她和孩子们把院子里的碎木头收拾起来，并整齐地在屋角放好。第二天早上，她对工头说：‘我很喜欢昨天晚上这种整洁的样子，而且也不会冒犯邻居。’从此，工人每天下班前，都会收拾好碎木头，并整齐地放到一边。工头也每天都来检查一下。”

在预备军人和正规军训练人员之间，最大的不同就是军人的发型，预备军人认为他们是普通民众，所以很抵触剪短头发。

哈雷是美国陆军第542分校的士官长，当他训练一批预备军官时，他想解决这个问题，按照他在正规军时的做法，他会用强制的命令。但现在，他不想这样做。

他对他们说："先生们，你们都是领导者。如果你们以身作则的话，会取得最好的效果。你们必须为你的听从者做个榜样。你们应该知道军队关于发型的纪律，虽然我现在的头发比很多人短很多，我今天还是要去理发。你们可以照一下镜子，看看你们符合榜样的要求吗？我想你们会自觉的，我会给你们去营区理发部理发的时间。"

结果，很多人照了镜子，理了发。第二天，哈雷在训话中说，队伍中有些人已有了领导者的样子。

1887年3月8日，美国伟大的牧师及演说家亨利·华德·毕奇尔去世了。日本人对他的评价是，他让整个世界都发生了改变。就在那个星期天，莱曼·阿伯特接受邀请，向那些因毕奇尔逝世而悲痛的牧师们作演说。他特别想作好这个演讲，因此不断地修改稿子，并像福楼拜那样谨慎地润色词句，然后他读给他的妻子听。

稿子写得很不对劲。如果他的妻子不懂得运用方法的话，她也许会说："莱曼，写得真是糟糕，这样不行。听起来就像一部百科全书似的，简直是让人犯困。你这么多年的传道经验，应该知道怎样更好才成。看在上帝的分上，你为什么不像一般人那样说话？你为什么不表现得更自然一些？如果你真的拿这个东西来演说，你只会成为笑柄。"

但是，她没有这么说，她知道这样说的后果。所以，她告诉阿伯特，如果这篇稿子登在《非美评论》杂志上，将是一篇很棒的文章。也就是说，她称赞了这篇稿子，但同时很巧妙地暗示，这篇稿子是不适合用来演说的。莱曼·阿伯特明白了她的意思，于是他扔掉了这篇华而不实的稿子，后来演说时甚至连笔记都没有用。

要改变一个人而不引起伤害的**第二个方法**是：

学会旁敲侧击地指出人们的过错。

心理弱点分析

在行动效率上，旁敲侧击比针锋相对要更优质；同时，如果能用赞美提高对方对你的心理认同的话，那么你在没有开始真正进入正题之前已经成功了一半。批评永远不是最终的目的，批评的目的同样是让对方与你达成共识。

三、先说出自己的错误

> “**特别提示：**如果批评的人，开始先谦卑地承认自己也不是十全十美的、无可指责的，然后再指出人们的错误，这样就比较容易让人接受了。”

3年前，我的侄女约瑟芬·卡耐基到纽约来担任我的秘书。她当时只有19岁，高中毕业，没有什么做事的经验。如今，她已是一位十分干练的秘书了。在刚开始的时候，她十分敏感脆弱。有次我准备指责她，却又马上对自己说：“等一下，戴尔·卡耐基，等一下。你几乎有约瑟芬两倍的年纪，做事经验更是多出好几倍，怎么可以要求她能有你的看法、判断和主动自发的精神——何况你自己也并不挺出色。还有，戴尔，你在19岁的时候是什么德行？记得你像蠢驴一样犯下的错误吗？记得你做过这些……还有那些……吗？”

一想到这里，我不得不老实地下个结论：约瑟芬比我19岁时要好得多——而实在惭愧得很，我反而没有称赞过她。

于是，一遇到约瑟芬犯错时，我总是这样说：“约瑟芬，你犯下了一项错误。但是，老天知道，我以前也常常如此。判断力并非生来具备，那全得靠自己的经验，何况我在你这个年纪的时候还比不上你呢！我实在没有资格批评你或别人，但是，依我的经验，如果你这么这么做的话，会不会好些呢？”听别人数说我们的错误很难，但假如对方谦卑地自称他们也并非完美，我们就比较容易接受了。

加拿大有位工程师叫迪利斯通，他发现秘书常常把口授的信件拼错字，几乎每一页总要错上两三个字。那么他是如何让秘书改正这一错误的呢？

“就像许多工程师一样，别人并不以为我的英文或拼写有多好。我有个维持了好几年的习惯，就是常常随身带着一本小笔记簿，上面记下了我常拼错的字。我虽然常常指正秘书所犯的错误，但她还是我行我素，一点也没有改进的意思。我决定改变方式，当我又发现她拼错时，我坐到打字机旁，告诉她说：这字看起来似乎不像，也是我常拼错的许多字之一，幸好我随身带有拼写簿（我打开拼写簿，翻到所要的那一页）。哦，就在这里。我现在对拼写十分注意，因为别人常常以此来评断我们，而且拼错字也显得我们不够内行。

“我不知道后来她有没有采用我的方法。但很显然，自那次谈话之后，她就很少再拼错字了。”

在批评别人之前承认自己也不是十全十美的，这样就比较容易让人接受了。

智慧的布洛亲王在 1909 年深刻体会到这种做法的重要性。当时德皇威廉二世在位，他目空一切，建设陆、海军，妄图在世界称霸。于是发生了一件让人惊奇的事情：德皇说了一些让整个欧洲都震动的话，不仅如此，德皇在做客英国时，还把这些高傲而荒谬的言论当众发表出来，并允许《每日电讯》在报上刊登。

例如，他说他是唯一对英国感觉友善的德国人；他正在建造海军以对付日本的威胁；他还表示，只有他才能庇护英国使其不受法、俄两国的威胁；他还表示英国洛伯特爵士能在南非打败荷兰人，都是他的功劳。

过去和平的一百多年里，没有哪个欧洲国王会如此出言不逊，甚至引起欧洲各国的哗然。英国更是非常愤怒。

在这强烈的公愤中，德皇也渐渐感到事态严重。他惶恐不安地希望布洛亲王代为受过，要他宣称这一切都是他唆使那样做的。

可是，布洛亲王说：“但是陛下，恐怕全欧洲人都不相信我会唆使陛下说那些话的。”

布洛亲王话音刚落，就发觉自己犯了大错。不出所料，德皇愤怒了，他咆哮地说：“你认为我笨得犯下了连你都不会犯的错误吗？”

这时布洛亲王并没有惊慌失措，而是恭敬地说：“陛下，我绝无此意。我在很多方面都远不如陛下，在海洋和军事知识上更是这样。而在自然科学方面，当陛下解释晴雨计、无线电报、伦琴射线的时候，我也只有听的份儿。我对自然科学是什么都不清楚，别说物理化学，连最简单的自然现象我都解释不了，所以为了弥补我的无知，我学了一些历史和政治方面的知识，也许对我的工作会有些帮助。”

德皇渐渐地眉开眼笑，因为布洛亲王称赞了他，并谦逊地说了自己。德皇饶恕了他并热情地说：“我不是经常跟你说，你和我各有所长，只有相辅相成，精诚合作，才能够有所作为。”

那天下午，他紧紧握着布洛的手，说：“如果有人向我说布洛不好，我就砸烂他的鼻子。”

是啊，谦卑地赞扬一下对方，就能让一位傲慢孤僻的德国皇帝转怒为喜，我们可以想象，在我们的生活中，谦卑和赞扬会起多么大的作用，如果用好了，会给我们不断地带来惊喜。

面对一个有错不改的人，你只要先说自己的错误，就能更容易地让他改正错误。马里兰州提蒙尼姆的克劳伦斯·周哈辛就知道这个道理。有一次，他看到了他 15 岁的儿子正在学抽烟，他是怎样处理的呢？下面是他的话：

“是的，我不想让大卫抽烟，但我和妻子都一直在抽，我们起了不好的示范作用。于是，我没有对他说不能吸，也没有恐吓他吸烟怎样不好。我给他讲我自己吸烟的事。我对大卫说，我像他这么大时也开始吸烟了，很快我就上了瘾，吸烟严重损害了我的健康，而现在我几乎都戒不了了。

“大卫考虑了一阵子，然后告诉我，他决定在上完高中前就不吸了，而直到现在他都没有再吸。

“从那次谈话后，我也决定不吸了，在家人的帮助下，我成功地把它戒掉了。”

要改变一个人而不引起伤害的**第三个方法**是：

在说别人的错误前，先说自己的错误。

心理弱点分析

先说出自己错误有两点好处：第一、能让对方放松警惕，这会使对方从对手，变成一个愿意帮你解决问题的朋友；第二、能让对方产生对错误的同情心，让他们同情你以及那些犯错误的人，并让他们为自己种下一个潜意识——每个人都会犯错误。

四、没有人喜欢被别人命令

> **特别提示：**一定要注意你的语速、表情，一定要显得有诚恳的态度。你只不过锻炼了一下演技，却获得了一个人对你的真心服从。

有一次我极荣幸地与资深传记作家伊达·塔贝尔共进晚餐。我谈起正在写这本书，于是我们便讨论起如何与人相处这个重要话题。她告诉我，在她写《欧文·杨传》的时候，曾和一位与杨先生共事3年的人谈话。这位先生宣称，他从未听过杨指使别人——他只是建议，不是命令。譬如，欧文·杨不会说“去干这个，干那个”或“别这么做，别那么做”，他会说：“你可以考虑这样”或“你觉得那样有用吗”……他常常在口授一封信之后说：“你觉得这样如何？”在接过助手写的信之后，他会说：“也许这样写比较好些。”他不教助手做什么，而让他们自己去做，让他们自己在错误中学习。

这种办法容易让一个人改正错误，保持个人的尊严，给他一种自重感，这样他就会与你保持合作，而不是背叛。无礼的命令只会导致长久的怨仇——即使这个命令可以用来改正他人明显的错误。宾夕法尼亚州有位教师丹·桑塔雷利给我讲述了这样一件事：

有个学生把车子停在了不该停的地方，因而挡住了别人的通道。有个老师冲进教室很不客气地问：“是谁的车子挡住了通道？”等汽车主人回答之后，这位教师厉声说道，“马上把车子移开，否则我叫人把车拖走。”

这个学生是犯了错，车子是不该停在那里。但是，从那天开始，不只那个学生对那位老师心存不满，甚至别的学生也常常故意捣蛋，使他过不好日子。

如果这位老师用不同的方式来处理这一事情，结果如何？他可以好好地问：“谁的车子挡住了通道？”然后建议这位学生移开车子，以方便别人进出。相信这个学生会乐意这么做，也不致引起其他学生的公愤。

伊安·麦克唐纳是南非约翰内斯堡一家小工厂的总经理。这家工厂专门制造精密机器零件。有人愿意向他们订购一大批货物，但要麦克唐纳先生确定能如期交货。由于工厂进度早已安排好，要在短时间内赶出一大批货，连麦克唐纳也不敢确定。

麦克唐纳没有催促工人赶工，他只是召集了所有员工，把事情详细说明了一番，便开始提出问题。

“我们有什么办法可以处理这批订货？”

“有没有人想出其他办法，看我们工厂是不是可以赶出这批订货？”

“有没有什么办法可以调整一下时间或个人分配的工作，以加快生产进度？”

员工们纷纷提出意见，并且坚持接下订单。他们用“我们可以做到”的态度去处理问题，结果他们接下了订单，而且如期赶出了这批订货。

作为一位有效的领导者，如果你想说服他人，**第四个方法**是：

以建议的方式来表达命令。

心理弱点分析

运用请求而非命令的方式，既使对方保持了自尊，又能令对方有自重感。那种方法，也很容易取得对方的真诚合作，而对方不会有任何的反抗或是拒绝。这样做最大的好处是利用对方的自重感，让事情得以顺利推进，同时还能赢得对方的好感。

五、做人留一线

> **特别提示：**其实，我们只需要花一两分钟的时间先想一想，再说一些体恤对方的话，体谅到对方的难处，就可以轻松地把很多怨恨消弭在萌芽状态。

几年前，通用电气公司碰到了一个棘手的问题，公司不知该如何安排一位部门主管查理·史坦梅兹的新职务。史坦梅兹原先在电气部门的时候，是个一级天才，但后来调到计算部门当主管后，公司领导却发现现在的工作非他所长，他不能胜任。但公司领导不愿伤他的自尊，毕竟他是一个不可多得的人才——何况他还十分敏感。于是，当局给了他一个新头衔：通用公司咨询工程师——工作性质仍与原来一样——只是另换他人去主管那个部门。

史坦梅兹对于这一结局当然很高兴。通用公司当然也很高兴，因为他们终于把这位易怒的明星遣调成功，而且没有引起什么风暴——因为他仍保留了面子。

保留他人的面子！这是一个何等重要的问题！而我们却很少会考虑到这个问题。我们常喜欢摆架子、我行我素、挑剔、恐吓、在众人面前指责孩子或雇员，而没有多考虑几分钟，讲几句关心的话，为他人设身处地地想一下，要是这样，就可以缓和许多不愉快的场面。

下一次，当我们必须解雇员工或惩戒他人的时候，不要忘了这点。

一位审定合格的会计师马歇·葛伦杰说：“解聘别人并不有趣，被人解雇更是没趣。我们的业务具有季节性，所以，在所得税申报热潮过了之后，我们得让许多人走路。我们这一行有句笑话：没有人喜欢挥动斧头。因此，大家变得麻木不仁，只希望事情赶快过去就好。通常，例行谈话是这样的：‘请坐，史密斯先生。旺季已经过去了，我们已没什么工作可以给你做。当然，你也清楚我们只是在旺季的时候雇用你，因此……’

“这种谈话会让当事人失望，而且有种损及尊严的感觉。所以，除非不得已，我绝不轻言解雇他人，而是婉转地告诉他：‘史密斯先生，你的工作做得很好（如果他是做得很好）。上次我们要你去纽瓦克，那工作很麻烦，而你处理得很好，一点也没有出差错。我们要你知道，公司十分引你为荣，也相信你的能力，愿意永远支持你，希望你别忘了这些。’结果如何？被遣散的人觉得好过多了，至少不觉得‘损及尊严’。他们知道，假如我们有工作的话，还是会继续留他们做的。或是等我们又需要他们的时候，他们还是很乐意再回来。”

宾夕法尼亚州的弗雷德·克拉克谈到了发生在他们公司的一段插曲：

“有一次开生产会议的时候，副总裁提出了一个尖锐的问题，是有关生产过程的管理问题。他气势汹汹，矛头指向生产部总监，一副准备挑错的样子。为了不在同事中出丑，生产总监对问题避而不答。这使副总裁更为恼火，直骂生产总监是个骗子。

“再好的工作关系，都会因这样的火爆场面而毁坏。凭良心说，那位总监是个很好的雇员。但从那天开始，他再也不能留在公司里了。几个月后，他转到了另一家公司，据说表现很不错。”

安娜·玛桑也谈到相同的情形，但因处理方法不同，结果却不一样。玛桑小姐在一家食品包装公司当市场调查员，她刚接下第一份差事——为一项新产品做市场调查。她说道：

“当结果出来的时候，我几乎崩溃，由于计划工作的一系列错误，整个结果当然完全错误，必须从头再来。更糟的是，报告会议即将开始，我已经没有时间同老板商量这件事了。

“当他们要求我作报告的时候，我吓得发抖。我尽量使自己不致哭出来，免得又惹得大家嘲笑，因为我太过于情绪化了。我简短地说明了一下情形，并表示要重新改正过来，以便在下次会议时提出。坐下后，我等待老板大发雷霆。

“出乎意料地，他先感谢我工作勤奋，并表示新计划难免都会有错。他相信新的调查一定正确无误，会对公司有很大助益。他在众人面前肯定我，相信我已尽了力，并说我缺少的是经验，而非能力。

“我挺直胸膛离开会场，并下定决心不再有第二次这种情形发生。”

有时即使我们是对的，别人是错的，如果让他过于丢面子的话，只能会让事情变得更糟。法国传奇飞行家、作家安托安娜·德·圣苏荷依写道：“我无权去做或者说任何伤害一个人自尊的事。重要的并不是我认为他如何，而是他认为自己怎样，伤害别人的自尊等于是在犯罪。”

看看一个真正的领导者是如何做的。

已经去世的德贝特·摩洛，能够让好斗的对立双方化敌为友。他是怎样做的呢？他会仔细地找出双方正确的地方，并突出地表扬双方这些正确的地方，而且无论他怎样处理，他都不会指责他们错的地方。

每一个公证人都明白，不让别人丢面子。

真正的大人物，不会把时间用在向被他击败的对手炫耀自己的胜利上。这里有一个这样的例子：

在经过几个世纪的被占领之后，土耳其在 1922 年决定，把希腊人从土耳其的土地上赶出去。

穆斯塔法·凯末尔就像拿破仑一样，对他的士兵发表了演说，他说：“你们要打到地中海。”于是一场惨烈的战争开始了。最后土耳其赢得了战争，希腊的两位将领——迪黎科皮和迪欧尼斯来到凯末尔总部投降，他们遭到了土耳其人的辱骂。但凯末尔没有像一般胜利者那样趾高气扬。

他握住他们的手说："请坐，两位先生，你们一路辛苦了。"并且，在商谈了投降的细节后，他对他们失败的痛苦表示安慰。他用军人间的语气说："在战争中，最优秀的并不一定是赢家。"

凯末尔并没有被胜利冲昏头脑，还记着一个原则，即**第五个方法：**

给人留面子。

心理弱点分析

很多人认为打败对方就是为了征服和掠夺，其实在现代社会中这是一个不太高明的观点。打败对手或许能够赢得一时的获利，但是尊重对手，却能让自己多一条退路，甚至是一个朋友。

六、赞扬的魔力

> **特别提示：**假如我们激励我们所接触的人，让他们知道自己潜藏着的财富，那我们所做的，不只是改变他们的意志，而是改变了他们一生的命运！

我有一个朋友叫派特·巴洛。他一直跟马戏团和杂耍团到处表演狗和马的节目。派特驯狗非常有意思，只要狗有了一点进步，派特就会拍着它夸奖它，并喂它肉吃，然后再和它玩一会儿。

其实这没有什么好奇怪的。多少年了，驯兽师们都是这样做的。

我常常想，相同的办法也可以用到人身上吗？用鼓励和赞扬吧，人也会因此进步的。

在一本叫作《孩子，我不是完美的，但我是真实的》的书里，其作者著名的心理学家杰丝·雷恩说："赞扬就像阳光一样，温暖着人类的心灵。我们无法在没有它的环境中进步成长。可大部分人，总是对别人的讽刺、挖苦非常敏感，却很少赞扬别人。"

在我对过去的回忆中，那些让我的命运发生改变的赞扬和鼓励，仍然非常清晰。你是不是也从回忆中找到过同样的东西？那些赞扬和鼓励，会经常在不经意间拨动你的心弦。

有这样一个例子，多年以前，有一个10岁的男孩在一家工厂打工。他有一个梦想，就是要成为一名歌星。可他遇到的第一位音乐老师却对他说："你唱不了歌，你的嗓音条件太差。"这让这个男孩很受打击。

这个男孩的妈妈是一个贫穷的乡村妇女，她搂着自己的儿子说，她相信他能唱好，并觉得他已经取得了进步。妈妈非常艰苦地省下钱，送他去上音乐课。妈妈的鼓励，让这个孩子一生的命运发生了改变。这个孩子后来成为那个时代最伟大的歌唱家，他的名字叫恩瑞哥·卡鲁索。

许多年前，伦敦有个年轻人希望成为一位作家。可是他遭遇了重重困境，甚至他父亲因为偿还不了他上学的费用而被迫入狱，使这个年轻人饱受饥寒之苦。最后，他找到一份工作。他的工作是在一间满是老鼠的货仓里，粘贴墨水瓶上的标签。

夜晚，他跟另外两个从伦敦贫民窟来的孩子住在楼顶的一小间暗房里。他几乎丧失了继续写作的自信心！当他完成第一篇稿子时，怕被别人讥笑，就在夜里偷偷地把稿子投入邮箱里。他继续写稿、投稿，可所有的稿件都如石沉大海。

可是改变命运的一天终于来了，他的一篇稿子被录用了，虽然是免费刊登，他没有得到一分钱的稿费，但录用他那篇稿子的编辑对他的作品赞赏不已。这个年轻人喜极而泣，一个人在大街上走了很久。

那位编辑的称赞和承认改变了他的一生。他就是英国大文学家狄更斯。

50年前，有一个年轻人在一家店铺里工作，每天早晨他5点钟就要起来收拾店铺，一天要工作14个小时。两年后，年轻人觉得再也无法忍受了。一天早晨，他早餐都没有吃，一口气走了15里路，去找他那替人做管家的母亲商量这件事。

他在母亲面前哭诉着发泄自己的痛苦，发誓再也不回那家店铺工作了，否则他就活不下去了。他写了一封又长又悲伤的遗书给他的老校长，说他不想再活下去了。接下来，他的老校长夸奖他，说他所有的痛苦都因为他是个聪明的年轻人，他应该去做更适合他的工作，然后给他一个教员的职位。

那个夸奖改变了那个年轻人的将来，英国文学史上永远铭刻了他的名字。因为那个年轻人从此以后完成了77部巨著，并为自己赢得了一百多万美元的财富。没错，他就是英国著名的史学家韦尔斯。

1922年，加利福尼亚有个年轻人非常困窘，甚至无力支撑他和妻子的生活。星期天，他去教会唱诗班卖唱；有时为别人的婚礼唱唱歌，可以赚进5美元。他没有能力住在城里，所以他们只能用12.5美元的租金在乡下一座葡萄园里租一间破旧房生活着，就这样，他还拖欠了房东10个月的租金。

无奈，他只有替房东摘葡萄偿还租金。他后来告诉我，在他极端贫困时，甚至拿葡萄充饥。对生活的无望使他想放弃歌唱这份爱好，去推销载重汽车。就在这时，他的朋友休士称赞他说：“你的嗓音颇有潜能，你该去纽约学唱。”

后来那个年轻人对我说，就是这一点轻微的鼓励，成了他事业上的转折点。于是他向朋友借了2500美元，去东部学唱。他就是后来著名的歌唱家铁贝得。

当我们激励接触的人，帮助挖掘他们内在的优势，看起来微不足道的事情也许就能改变别人的一生！

已故哈佛大学著名教授、美国最负声誉的心理学家兼哲学家威廉·贾姆士留下的名言是这样说的：

“若与我们应当成就的事业相比，我们只不过实现了一半。我们这样看待自己，也要这样看待别人，每个人身上都有难以想象的潜能。”

而善于挖掘这种潜能的办法就是称赞别人、激励别人，帮助开发蕴藏的神奇力量。

你要改变他人的意志，而不让他反感和抱怨，**第六个方法**是：

称赞他人每一个细微的进步。

心理弱点分析

我们具有各种潜在的能力，却惯于不会利用。这潜在的能力，其中一项，就是称赞别人、激励别人，让他们知道自己这股潜在的能力所蕴藏的神奇效力。同时，要记住，被人认同是一个社会的人最基本的需要。

七、给人戴一顶高帽子

> **特别提示：**这个美名一定要是能够让对方在意的，如果你给小偷安上圣徒的美名，恐怕小偷也无法去坚守圣徒的德行。

如果一个优秀的职工突然变得非常糟糕，你怎么办呢？让他走人？这显然不能解决问题；训斥他？会引起他的愤恨。

亨利·韩克是印第安那州洛威一家卡车经销商的经理，公司里有一个职工，工作变得越来越糟糕。但亨利·韩克没有训斥他，而是把他叫到办公室里来，和他诚恳地谈话。

他说："比尔，你的专业技术很好。你也在这里干了好几年这个工作了，顾客都对你的活非常满意，而且有很多人赞扬过你。但是近来，你工作的效率和质量都比以前有所下降，你以前是多么杰出啊！我想你一定知道，我喜欢你原来的样子，我们也许能一块儿想想办法，来解决这个问题。"

比尔回答说他没有意识到他现在做得不够，并保证说，现在这些活，他都能干，而且也会干好的。

他照他说的干了吗？是的。他有这个能力，再加上韩克先生的赞扬和鼓励，他只会干得更好。

撒慕尔·华克莱是鲍丁火车厂的董事长，他说："如果你尊重一个人，那么他就容易被引导，特别是当你对他的某种能力表示钦佩时。”

也就是说，如果你要改变一个人的某个方面，就要表示认同他这方面的素质。莎士比亚说过：“如果你缺少一种品行，那就装作你有好了。”更妙的是，向对方表示，他有你想让他有的那种品行，送他一顶好看的帽子让他戴着，他就会努力地向着你所希望的那样去做。

古欧吉特·勃布朗在她的《我与马依得荷林的生活》中，描写了一个比利时普通女孩的巨大变化。她在书中写道：

> 旁边饭店的女服务员给我送饭来了，她有个绰号叫“洗盘子的玛希”，因为她刚开始时的工作就是洗盘子。她长得很丑，眼睛是斜的，八字脚，而且总是显得很笨。
>
> 当有一次她给我送通心粉的时候，我对她说：“玛希，你不了解你内藏的光华。”
>
> 她已经麻木惯了，好像面临什么危险似的，在那儿发呆，然后才把装通心粉的盘子放在桌上，纯真地叹了口气说：“我永远都不相信我有。”她没有再问我什么，只是不断地重复着我的话回去了，并且她相信我不是在跟她开玩笑，一点也没有怀疑。从那天开始，她渐渐地被人们所看重，因为玛希身上发生了很大的变化，她相信自己确实有些内在的光华，她开始注意自己的形象，她显示出了少女的光华。
>
> 两个月以后，她宣布她要嫁给大厨师的侄子了。她说：“我要当一名淑女。”并来感谢我。就这样的一个鼓励，让她的命运发生了改变。

古欧吉特·勃布朗给了“洗盘子的玛希”一个“美丽的帽子”，而这个“美丽的帽子”改变了她。

比尔·派克是佛罗里达州得突纳海滨一家食品公司的推销员，公司新推出的一系列产品让他感到非常兴奋。但这时，一件不好的事情发生了，他们的产品在一家大食品商场的展销柜台被那家商场的经理给取消了，比尔为此非常郁闷。他在想了一天后，去了那家商场。

他对那家商场的经理说："杰克，我想我还没有让你了解清楚我们最新的系列产品，如果你方便的话，我很愿意向你介绍我疏忽的地方。你总是愿意和所有人谈话，并且非常宽容，我非常佩服。还有，我还知道你总是根据实际情况来调整你的决定。"面对他送来的美誉，杰克当然不会再拒绝和他谈话，并且最终同意了他的请求。

马丁是都柏林的一位牙科大夫。有一天上午，他的一位病人对他说，他给他用的漱口杯托盘不卫生。他吃惊地发现，托盘生锈了，虽然病人用的是杯子，而不是托盘，但这毕竟影响了他的职业形象。

于是，等病人一走，他就关了他的诊所，然后给他雇的一个女小时工布丽吉特写了一封信。她一个星期来两次，干一些清洁的活。信是这样写的：

亲爱的布丽吉特：

近来见面不多，感谢你抽时间来帮我做些清洁的工作。你做得非常出色。顺便说一下，每星期两个小时的时间并不算多，如果你方便的话，请随时过来帮我干半小时，干一些像清理漱口杯托盘等你认为需要做的事情。并且我会按照你的工作时间发薪水的。

我将非常感谢。

当他第二天来诊所时，发现办公室的桌椅擦得非常干净，简直就像镜子一样。治疗室的器具也是干净得简直让人不敢相信。这一切都是因为他给了她一个好听的赞誉，她在没用额外时间的情况下，尽力地把活干得如此漂亮。

露丝·霍普斯金太太是纽约布鲁克林的一位教师，教四年级。在开学的第一天，当她看她教的班里的学生名单时，她看到了汤姆的名字，汤姆是全校最出名的“坏蛋”，这让她有些犯愁。当他上三年级的时候，他原先的老师就不停地向校长和同事抱怨，汤姆经常和男生打架，挑逗女生，不尊重老师，在上课时捣乱，而且越闹越厉害。不过他确实很聪明，所以学习成绩一直都挺好。

霍普斯金太太决心要处理好汤姆的问题。她第一次在班上见了她的学生，她点名时对他们讲了一些这样的话：“罗丝，你的衣服很好看。爱丽西亚，我听说你画画很好。”当她点到汤姆时，她看着汤姆说：“汤姆，我知道你有领导天赋，这个学年我希望你能带领我们班，成为全年级最优秀的一个班级。”从此她经常赞扬汤姆，并强调他的领导素质，说他的行为表明他是一个好学生。在这些赞美下，汤姆的表现越来越好，后来他真的像她说的那样做了。

现在我们来看这**第七个方法**：

送给别人一个好的名声，他会努力去那样做的。

心理弱点分析

莎士比亚说：“如果你没有某种美德，就假定你有。”其实是“假定”对方有你所要激发的美德，给他一个美好的名誉去表现，他会尽其所能，更不愿意使你感到失望。

八、不要让事情看起来很难办

> “**特别提示：**这种鼓励也是需要把握好分寸和尺度的，同样也需要十足的真诚。对方需要的其实不是你所说的那个道理，而是你对他的支持和相信。”

我有一个 40 岁未婚的朋友，他不久前才订婚。他未婚妻劝他学跳舞，可对他来说，也许太迟了。他这样对我说：“上帝，我需要学跳舞——因为我现在学跳舞跟 20 年前没什么两样。我所请的第一位老师总是直白地批评我，说我的舞步完全不对，必须从头再学起。这让我很沮丧，因此我辞退她，而且再也不学跳舞了。

“第二个老师，说的也许不是实在话，可是我愿意听。她平淡地说，我跳的舞步有点过时，但基本步子是对的。她说我很容易就能学会几种流行的新舞步。

“第一个老师，打击了我的积极性；第二个老师恰好相反，她不断地鼓励我，减少了我舞步上的错误。她确信地对我说：‘你有一种天生的韵律感，你该是一位天才的舞蹈家。’可是我自己知道，我只是一个三脚猫。但我希望真能像她说的那样。我感谢她，她让我心甘情愿地改进自己。”

当一个孩子、一个丈夫，或是一个员工做错事情时，就严厉批评他，那你就打消了他的进取心。可是，如果运用鼓励的技巧，淡化困难本身，使对方知道，你对他有信心，他有尚未发展出的才干，那他就会全力以赴获取成功。

汤姆士是研究人类关系学的一位伟大的艺术家，他善于用勇气和信任来鼓励人。我现在举出一个例子：

最近我同汤姆士夫妇共度周末，星期六晚上，他们约我一起玩桥牌。我那时对桥牌一窍不通，因此一个劲地推辞。

汤姆士说："戴尔，玩桥牌不需要什么技巧，只要用点记忆和判断就行了。你曾写过一篇关于记忆方面的文章，所以桥牌对你很容易的。"

因为汤姆士这样说，我顿时信心倍增，感觉这种游戏并不难。

说起桥牌，我想到克白逊，他所著有关桥牌的书籍，已经译成12种语言，在世界很多国家享有盛誉。可是，他曾对我说过，如果不是有一个少妇说他有玩桥牌的天才，他一定不会以玩桥牌为职业。

1922年，他初次来美国，打算找从事教哲学或是社会学的职业，可是没有成功。

后来，他帮别人推销煤，结果又失败了。最后，他替人家推销咖啡，也无果而终。

那时，他不但对玩桥牌不熟悉，而且向别人问一些很烦琐的问题，所以没人愿意跟他一起玩牌。

后来他遇到一位美丽的桥牌老师狄仑女士，他们相爱并结婚了。当时，狄仑注意到他对自己手里的牌分析得十分细心，于是说他对于桥牌很有天分，正是那句话鼓励他后来成为职业的桥牌专家。

在俄亥俄州辛辛那提，我们课程的一位导师琼斯，讲了怎样用这个道理来改变他的儿子的事。他说：

"我15岁的儿子大卫，在1970年到辛辛那提来和我一起生活。他过去很不幸。他在1958年的一次车祸中头部受伤，做了手术，这使他的额头上多了一个难看的疤痕。我和他母亲在1960年离了婚，他妈妈把他带到了得克萨斯州的达拉斯。15岁以前，他都是在达拉斯的特别班里上课，他在学习上有些迟钝。可能是被看到疤的原因，校方认为他的大脑受过伤害，有障碍。他留级了两次，所以他现在才上七年级，可他还背不了乘法口诀，他用手指数数，也不能流利地朗诵。

“唯一值得安慰的是，他迷上了研究收音机和电视机，他想成为一个电视机技师。对此我非常支持，并对他说，这需要先学好数学。我决定要帮他把数学学好。我给他买了包括加减乘除的四组彩色卡片，我和他一起看卡片，让大卫把正确的答案放在空白栏里，如果他搞错了，我就会告诉他对的，然后再放到相应的地方。我费了很大的力气，终于帮他都放对了。以后，每天晚上，我都让他完整正确地重放一次，并给他计时。我对他说，如果他在 8 分钟里能把所有的卡片都正确地放一次，那么就不用每天都做一次了。对他来说，这似乎是件不可能的事，他第一次用了 52 分钟……第二次用了 48 分钟，接下来是 45 分钟，40 分钟。对他每次的进步，我们都会庆贺。再后来他能在不到 40 分钟的时间内完成了，我打电话叫我妻子回来，我们俩抱着他跳起吉格舞来。到了月底，奇迹出现了，他正确地放完所有卡片的时间，已经可以在 8 分钟以内了。我鼓励他再做，再进步。终于，他发现学习并不是那么难，而且是有乐趣的。

“于是，他的代数成绩不断地取得进步。不久，他惊喜地拿回了一张成绩是 B 的数学成绩单，这在以前是不可想象的。他在其他方面也取得了惊人的进步。他的阅读能力有了很大提高，他开始表现出绘图天赋。到了学期末，他的科学老师让他筹备参加一个展览比赛，他利用杠杆原理设计并制造了一个高难度的模型，这不仅需要绘画和动手的技巧，而且还要用数学、物理上的知识。在这个展览上，他成为学校科学展览比赛的第一名，因此，他又参加了辛辛那提市科学展览的比赛，并且获得了全市第三名。”

是鼓励让他做到了这些。一度，他是一个留级两年的孩子，校方认定他大脑受损，他的同学叫他“现代原始人”；而当他突然发现学习并不那么难，有些东西还很有趣时，奇迹出现了。从八年级的第二学期起一直到高中，他都上了荣誉榜；在他上高中期间，全国荣誉协会选上了他。当他发现学习的容易和乐趣时，他整个人生都不一样了。

如果想让人有大的改进，记住**第八个方法**：

用鼓励，使你要改正的错误，看来很容易做到；

使你要对方所做的事，好像很容易做到。

心理弱点分析

你如果对一个人说，他在某一件事上愚蠢至极，没有一点天赋，他做的完全不对，那你就破坏了他想要进取、上进的心情。可是，如果你多给对方一些鼓励，使对方知道，你对他有信心，他有尚未发展出的才干，那他就会付出最大的努力，争取到这个胜利。

九、荣誉是性价比最高的奖赏

> **特别提示**：或许在你的想象中它不会起到什么作用，但是这个方法你一定要去尝试。有时候虚无的力量会给人以意想不到的惊喜。

1915年是让美国上下震惊的一年，因为欧洲各国在这一年爆发了规模浩大而残忍的战争。没有人知道是否还会有和平。可是，威尔逊总统决心要为这件事而努力，他要派一个和平专使去与欧洲那些军阀会商。

当时的国务卿勃雷恩，是主张和平最有力的人，他希望为这件事全力以赴，对他来说，这是个去完成一桩名垂后世的伟大任务的绝好机会。可是威尔逊总统却派了勃雷恩的好友郝斯上校去做这件事。郝斯上校如果把这件事告诉勃雷恩，很难想象勃雷恩会不气愤。

郝斯上校的日记上写着："当勃雷恩听说我要作为和平使者去欧洲时，他非常失望并坦言，这件事原本他是准备自己去的。

"我说，总统认为不太适合让一位政府大员行此大任。这样人们会猜测，美国政府怎么派国务卿来参商此事？"

你是否听出这话的弦外之音？郝斯上校是在告诉勃雷恩他的职位是何等重要以至于不适合担任那项工作，而勃雷恩对这种解释非常受用。

成熟机智的郝斯上校了解与人相处的一项重要规则，那就是："永远使人们乐意去做你所建议的事。”

威尔逊总统请麦克杜做他的阁员时，也运用了这项规则。我们听听麦克杜自己说的吧：

“威尔逊总统说他正在组织内阁，他很乐意让我担任财政部部长一职。他使我觉得如果我接受这项荣誉，就好像我帮了他一个大忙。”

可遗憾的是，威尔逊总统没有始终运用这一策略，否则历史就不会是今天这样。

例如，关于美国加入国际联盟，并没有得到议院和共和党的同意。威尔逊总统拒绝带洛德、休士，或是其他著名的共和党党员随行，而是带了两个党内并没有名望的人参加和平会议。他冷落了共和党，对创办国联的意见也不买账。威尔逊草率的处置，使他的事业和身体都受到严重的打击。美国因此未加入共和党国联，并且改变了以后世界的历史。

我认识一个人，他不得不经常谢绝各种各样的演说邀请，其中也包括来自他朋友的，可他处理得很得当，没有引起被拒绝的人的不快。他是如何做到这一点的呢？他不会只是推脱自己非常忙，没时间，也不多说这个原因或那个原因。他会先对人家的邀请表示感谢，并为不能去而表示抱歉，然后他会给人家再推荐一位他认为合适的替代者。也就是说，让对方没来得及感到被拒绝时，已经有一个新的目标在等着他去考虑。

亨特·施密特曾经参加过我们在西德的培训课程，他说起过一个发生在他食品店的事情。他店里的一个雇员经常忘记把价格牌摆在各种物品前面，顾客因此不知道价格，并为此而抱怨。那个雇员也被提醒过几次，但还是那样。终于，施密特先生把她叫到办公室，告诉她由她负责全店的标价牌事宜。从此，那个雇员的态度彻底改变了，她把有关价格牌的事宜负责得很好。

人们曾批评拿破仑幼稚，因为他给他的1500个部下颁发了荣誉勋章，又把18个将军册封为“法国元帅”，并把他的军队称为“无敌陆军”。有人批评拿破仑像用“玩具”哄孩子一样，对待他久经沙场的军队官兵，可拿破仑却回答说：

“人正是被玩具统领的。”

这种给个“名头”的做法，拿破仑能用，我们当然也可以用。举个例子，恩尼斯特·杰安特是我的一个朋友，住在纽约史卡斯达尔。有几个男孩子经常从她的草地上走，使她的草地受到损害。她对他们说过好的，耍过横的，都不管用。后来，她找了那帮孩子里最坏的一个，她给他任命，叫他做她的“探长”，让他负责把进入草地的孩子们赶出去。于是，她的“探长”在草地里点了一堆火，放了一块烙铁在里面，并威胁其他孩子说，谁踏进草地，谁就会挨烙。这样问题就被解决了。

一个好的领导者，当需要改变别人时，应该掌握下面几条原则：

1 要诚实守信，对自己做不到的事情，不要答应。

2 自己希望别人怎样，对这一点要搞清楚。

3 从别人的角度出发，了解他真正想要什么。

4 想一下，如果别人照你的建议去做的话，那么他会得到什么。

5 把他能够得到的和他真正想要的比较一下，并作相应的调整。

6 当你提出你的建议时，要让别人感到，他会从里面得到他想要的好处。

举个例子，我们可以这样说：“约翰，明天会有客人来，我想仓房应该看起来干净一些。所以要把它打扫一下，把货物在货架上放好，擦干净柜台。”我们也可以用另一种方式，告诉他这样做的重要性：“约翰，有一件事最好现在就做，省得以后再忙。明天有客人要来，我会带他参观这里。如果你能打扫一下，把货物在架子上放好，并把柜台擦一下，这样看起来就好多了，这样你的工作也更好地树立了公司的形象。”

约翰会按照你的建议去做，但可能会不情愿，但如果你不告诉他这样做的重要性，他会更不情愿。

当然，并不是只要用这种方式，就能让别人很情愿地接受。但是我们从经验中得出，用这种方式比不用好得多，而这里的关键就是告诉他事情的重要性所在。

让人情愿地按照你的希望去做，用**第九个方法**：

告诉他这样做的重要性，让他愉快地照你的意思去做。

心理弱点分析

有人说拿破仑给他的军队颁发了1500枚十字徽章是一种很“孩子气”的行为，那些人讥笑他拿玩具给那些出生入死的老军人。拿破仑回答说：“是的，有时人就是受玩具所统治。”

CHAPTER 5
创造奇迹的信件

我敢和你打赌，我知道你现在的想法。或许你正对自己这样说："制造奇迹的信件?!"胡说，不可能吧，是不是在自吹自擂，又是一篇卖狗皮膏药的广告！

假如你真的那样想，我也不会怪你。如果我在15年前看到这样一本书，我可能也会这样想的。你是不是怀疑论者？但我喜欢那些怀疑论者。20岁之前，我一直住在密苏里州——而我喜欢住在那里的凡事都要求实事求是的人。几乎所有人类社会的思想进步，都是由那些喜欢怀疑、喜好发问、勇于挑战以及实事求是的人所推动。

我们需要诚实。"制造奇迹的信件"，这个标题正确吗？

不正确，坦率地讲，这个题目并不正确。

实际上，这种说法把事实轻描淡写了。这里所发表的信件，它们所获得的效果，被人们认为比奇迹还要更加神奇。这是谁说的呢？这个人就是戴克，美国最著名的一位推销专家，他曾经担任梅维尔公司的推销部经理，现在担任比德公司的广告宣传部经理，同时还担任全美广告联合会主席。

戴克先生说，他以前寄给那些经销商进行市场行情调查的信件，通常只会得到5% ~ 8%的回信。他认为，如果能够得到15%的回信，就已经是非常好的结果了。他告诉我说，如果他的回信升至20%，他就会认为这简直是奇迹了。

但这一章中所附上的一封戴克先生的信，竟得到了42.5%的回信。换句话说，这封信比奇迹还要好两倍！对此，你可不能一笑置之。而且这封信的效果并不是侥幸或偶然才得到的。还有几十封别的信件，也都取得了相同的结果。

戴克先生是怎么做的呢？下面就是戴克先生自己所做的解释：

“在我参加了卡耐基先生的‘高效演讲技巧与人际关系’的课程以后，我的信件的效力立刻得到了惊人的增加。我认识到了我以前所用的那些写信方式是完全错误的。我开始实际采用本书所教的各种原则——结果我调查市场行情信息的信件，所获得的效果增加了5到8倍。”

下面是戴克先生的原信。信中请求对方稍微给写信者一些帮助——这是一种使对方感觉受到重视的请求，自然让对方心情舒畅（括号内是我自己对这封信的注释）。

亲爱的某先生：

我正面临一项难题，恳请您惠予协助。

（我们先来看一看整个情势。想想看，假如是亚利桑那州的一个木材商收到一封来自梅维尔公司的一位高级职员的信，而且在这信的第一行里，这位纽约的高级职员竟要请求他帮助解决这个难题，我可以想象，这位亚利桑那州的木材经销商一定会这样对自己说：“好的，如果这位纽约人真的有了什么困难，他算是找对了人。我就是一个乐于助人的人，我们来看看他的困难究竟是什么。”）

去年，我成功地说服本公司，为了帮助我们的经销商增加他们层顶装修材料的销售，最需要公司在年终进行直接的函件宣传，并由公司完全负担函寄宣传广告的费用。

（这位亚利桑那州的经销商可能会说：“他们当然应该承担这笔费用。其实他们获得了大部分的利润，他们赚了好几百万美元，而我只赚到了一点零头，连付房租都不够……现在，这位朋友的困难究竟是什么呢？”）

最近，我向1600位经销商采用这种函寄推销方法寄出了调查表，得到了好几百份的回复，表示他们赞成这种合作，他们觉得这种方法对他们最有帮助。

根据这种情况，我们刚刚发布我们新的直接函寄计划，我知道您一定会非常喜欢的。

然而，今天早上我们经理和我讨论我去年的这一计划时，他像一般经理那样，问我有多少营业额使我认为这一计划值得推行。因此，我必须向您请求帮助，以便我能回复我们的经理。

（这句话说得太妙了：“我必须向您请求帮助，以便我能回复我们的经理。”这位纽约的高级职员说的倒是实话，他向梅维尔公司在亚利桑那的经销商坦然承认了自己的困难。请注意，戴克并没有将时间浪费在吹嘘他的公司是多么的重要上，相反，他直接向对方表明，他必须怎样依赖对方。戴克承认，如果没有经销商的帮忙，他甚至不能向梅维尔公司的经理汇报工作。当然，因为共有的人性，亚利桑那的木材经销商当然就会喜欢听到那样的话。）

我期望麻烦您帮我做的是：

(1) 请在附上的明信片中告诉我，去年的直接函寄计划帮您获得了多少屋顶工程及屋顶装修的生意。

(2) 请给我这些业务的总营业额，而且越确切越好（根据所得工程的价值）。

如果您能够帮助我的话，给我这两份资料，我将感激不尽。

推销经理戴克谨上

（注意，他在最后一段非常谦虚而轻微地说“我”，却十分强调地说“您”；还要注意他的称赞，你看他是多么的宽厚：“将感激不尽”。）

这封信是不是很简单？它不过是请对方帮个小忙，可是确实产生了“神奇的功效”——让对方给予帮助，因为这会使对方得到一种重要人物的感觉。

不论你是出售海绵屋顶材料，还是乘坐福特汽车去欧洲旅行，如果运用这种心理学，一定是有效的。

有一次，我和克拉奥在法国内地乘坐汽车旅行，迷失了方向。我们停下老式福特T型车，向一群农民打听我们如何才能到达下一个镇子。

然而，我们没有料到这样一个问题，竟有如此神奇的效力。这些全都穿着木鞋的乡下人，以为所有的美国人都是有钱人，而汽车在那些地方简直是稀奇之物。美国人竟然乘汽车在法国旅游！于是他们认为我们必定是百万富翁，或至少是“汽车大王”福特的堂兄弟。但他们知道我们所不知道的事情，尽管我们比他们有钱，我们仍然得摘下帽子，毕恭毕敬地向他们打听道路。这给了他们一种自重感，于是所有的人都立即接口回答。其中一人甚至担心这机会被别人抢走，就让别人不要说话，他要独享为我们指路给他带来的快乐。

下次你不妨自己去试一试。当你到一个陌生地方时，走到一个经济、社会等级都低于你的人面前，对他说：“不知道你愿不愿帮我一个小忙？请问你能不能告诉我，如何到某个地方去？”

富兰克林就曾采用这方法，将一位苛刻的仇敌变成了他终生的朋友。在富兰克林青年时期，他将自己所有的积蓄都投入到了一个小印刷厂。他又设法使自己被选举为费城议会的秘书，因为这个位置可以帮助他揽到许多承印公函的业务。那样可以获利很多，富兰克林当然不愿意失去自己这个位置。但不久他的前途就发生了危机：议会中最有钱也最有能力的一个人非常不喜欢富兰克林，不仅仅是不喜欢，还在各种公开演讲中中伤和毁谤他。

这对富兰克林来说，可是一件非常非常危险的事情，所以富兰克林决意要让那个人喜欢他。

但是这该怎样办呢？这可是一个难题。难道要用乞求仇人的方法吗？不，那样做也许会引起他的怀疑，也可能遭到他的轻视。

富兰克林是个非常聪明、非常细致、绝不会被这种困境难倒的人。因此，他采取了个与正常途径恰好相反的方法，他请他的仇人给他帮一个忙。

富兰克林并没有请求对方借给他10美元。没有！绝不是这样的！富兰克林只是请对方做了一件他自己喜欢的事——这个请求触动了他的虚荣心，使他觉得获得了尊重，并且又能够很巧妙地展示富兰克林对他的知识表示钦佩的事。

下面是富兰克林对这件事的描述：

> 听说在他的书房中有一本稀奇而特殊的书，于是我就写了一封短信给他，表达了我想借阅那本书的愿望，并请求他帮忙借给我看几天。
>
> 他很快叫人把那本书给我送来了。大约过了一个星期，我把那本书送还给他，并写了一封短信，热切而诚恳地表达了我的谢意。
>
> 当我们下一次在会议厅中见面的时候，他居然主动同我打招呼，并且与我交谈起来（以前他可从来没有这样对我讲过话），而且非常客气。从那以后，他表示愿意在任何时候为我帮忙。于是，我们成了终生的好朋友。
>
> 现在，富兰克林去世已经150年了，但他所掌握的心理学知识，以及请别人帮忙的心理策略，至今对于我们都具有很实用的借鉴意义。

例如，我的一位学生爱姆塞，在运用这种心理学方法时获得了很大的成功。

爱姆塞多年来一直担任某公司的铅管热气材料推销员，他一直想把布鲁克林一位铅管承包商的生意给做下来。这位铅管承包商业务非常繁忙，而且他的信用也出奇的好，但爱姆塞刚一开始就碰了一鼻子灰。

这位铅管承包商是一个没什么文化的人，他喜欢使别人处于窘迫的境地。他坐在他办公桌的后面，嘴里斜叼着一支粗大的雪茄，每次当爱姆塞开门进去的时候，他就会立刻大声怒吼："我今天什么也不要！别耽误你我的时间了！走开吧！"

后来，有一天，爱姆塞试了一个新的方法——使他既可以大做生意，又能够交到朋友，还可以得到许多高额订单的方法。当时，爱姆塞的公司正准备在位于长岛皇后村的地方开设一家新分店。那位铅管承包商对这一带非常熟悉，并且做了很多生意。所以，当爱姆塞再次拜访铅管承包商时，就说："先生，我今天来并不是要向你推销什么东西的。我只是想请你帮我个忙，如果你愿意的话。你能为我抽出一分钟的时间吗？"

"哼——好吧，"铅管承包商用手摆弄了一下他的雪茄，说道，"你有什么话，就快说吧。""我们公司正想在皇后新社区开一家分店，"爱姆塞说，"你对那地方的了解与住在那里的人一样，因此我特意前来向你请教，不知这种想法是好还是不好？"

情况马上发生了转机。多年来，这位铅管承包商对所有的推销员总是怒吼连连，以赶走他们而获得重要人物的感觉。然而现在，竟然有一位推销员前来向他求教。是的，一位大公司的推销员亲自来向他征求他们应该怎样做的意见。

"坐下吧。"他说，并拉过来一张椅子。接下来有一个多小时，他向爱姆塞热情地谈了他在皇后新社区铅管市场的特殊地位和人所不及的优点。他不但赞成那个分公司的地点，还竭尽全力为爱姆塞在购买房屋、存储货物、开展业务等方面作了一个完整的计划——这位铅管承包商由此获得了一种重要人物的感觉。从这件事情谈起，他又将话题转移到了个人生活问题上。他开始变得和善了，并把他家庭的困难及家庭纠纷告诉了爱姆塞。

"那天晚上当我离开的时候，"爱姆塞说，"不但在我的口袋里装进了第一次得到的一大批铅管材料的订单，并且为我的业务建立了一个坚固的友谊基础。现在，我常和这位从前对我怒吼咆哮的人一起打高尔夫球。他的这种态度上的巨大改变，是由我请他给我帮忙，使他获得了自重感而得到的。"

让我们再来看看戴克先生的另一封信，看看他是如何巧妙地运用这种"请帮我一个忙"的心理学知识的。

在几年前，戴克去函给商人、包工头和建筑师，请他们提供资料，却总是得不到他们的回信，他对此非常着急。

那时他寄给这些建筑师和工程师的信函，得到的回复很少能够达到1%。因此，他认为2%的回复率就已经很好了，而3%的回复率就非常好了。至于10%的回复率呢？啊！那简直就可以称之为奇迹了。

但下面的这封信，得到了将近50%的回复——比奇迹还要好上5倍。多么令人满意的结果！有的回信竟长达两三页！信里充满了友好的建议及合作的态度。

这里是原信。你一定要注意其中所运用的心理学——甚至有些地方词句的用法——这些几乎都和本书前面引述的那封完全相同。

当你读这封信时，要尽力分析收信人从字里行间所获得的感觉，找出为什么会发生比奇迹还要好5倍的原因。

梅维尔公司

东40街22号

纽约市

某先生

某街617号

纽约某地

亲爱的某先生：

我目前面临一个困难，不知您愿不愿意帮助我解决？

一年以前，我一再建议我们公司说，建筑师们最需要的东西之一，就是一本列举本公司所有建筑材料的目录，并说明这些材料在建造或改装房屋时的各种用途。

于是，我们就出版了这本随信附上的目录——这是此类出版物的第一本。

但是目前我们现有的材料已经减少。我向我们的经理提起这事，他说他并不反对再印一次目录，但是我必须提供令他满意的资料，证明印成的目录，确实发挥了功用才行。

因此，现在我不得已麻烦先生，必须向您请求帮助，请您及全国各地其他49位建筑师来为我们这件事担任裁判。

为尽可能使您感到方便，我已经在这信的背面写了几个简单的问题。如果您愿意写上答案，或另行提出宝贵意见，然后装入我随信附上的已经贴好邮票的信封中，我将感激不尽，视为您对我个人的一项恩助。

当然，这件事您不是非做不可，您也不需要承担任何责任。只是这本目录是否应该停印，或根据您的经验与建议而修改重印，均须您的裁定。

无论如何，我都很感激您的合作。谢谢！

推销经理戴克谨上

需要注意的一点就是，根据我的经验，有些人读了这封信，会循规蹈矩地照搬这种心理方式。他们这样做只是为了鼓起对方的自尊心，并不是出自真诚的欣赏，因而沦于阿谀之词或违心之论。显然，他们的这种方法是不会有作用的。

要记住，我们每个人都渴求别人的欣赏与承认，为了达到这个目的，差不多什么都可以做。但是，这种赞美一定要出于真诚。没有人会喜欢违心之论或阿谀逢迎之词。

让我再重复一遍：这本书里面所提倡的各种原则，要想收到实效，只有发自内心地去加以实践和运用才行。我并不是在教给你骗人的伎俩，我只是在讲一种新的生活方式。

CHAPTER 6

使你的家庭和睦的七种方法

满分的婚姻

1933年6月，艾麦特·克鲁西发表了一篇叫作《为什么婚姻会出现问题》的文章。下面是从这篇文章中选摘的一些问题，它们都很有回答的价值。如果你对每个问题的回答是肯定的话，你能得到10分的满分。

针对丈夫的问题：

1　你还在“追求”你的妻子吗？比如送花，给她过生日，过结婚纪念日，或者给她意外的惊喜和殷勤等。

2　在别人面前，你会注意不批评她吗？

3　你会给她随意用的零用钱吗？

4　在她遇到女性特有的问题的日期时，你会拿出时间和精力帮她度过吗？

5　你的一半的娱乐时间，是和妻子一块儿过的吗？

6　在赞扬她的长处之外，你会聪明地避免把你妻子的做饭本领及管理家庭的能力和你母亲或别人的妻子相比较吗？

7　对你妻子的精神生活，如她参加的社团活动，她看的书，她对当地政府、政策的看法等等，你会有兴趣吗？

8　当她和其他男人跳舞，或接受他们的照顾时，你能保证不说吃醋的话吗？

9　你会经常在合适的时机，对她表示你的赞赏吗？

10　当她为你做一些缝缝补补、洗洗涮涮之类的琐碎事情时，你会对她表示感谢吗?

针对太太的问题:

1　你会让丈夫在处理他自己的工作方面有完全的自由吗? 比如尽量不去议论和他交往的人，他选的秘书，给他一定的自由时间等。

2　你是否使家庭更有情趣?

3　你是否在做饭时，经常注意调节搭配?

4　你是否对你丈夫的事业有一定的了解，并能和他作良性的探讨?

5　你是否能勇敢地、愉快地面对家庭财政出现的危机，而且不会抓住他的错误不放，或用不满的态度把他和成功的人作比较?

6　你是否尽力地和他的母亲或其他亲戚很好地相处?

7　你在买衣服时，是否考虑他对颜色和样式喜不喜欢?

8　你是否会为了家庭和睦，而不那么固执己见?

9　你是否培养对丈夫的爱好的兴趣，能和他一起玩得很高兴?

10　你是否注意社会上新的信息，以便能和丈夫有趣地交流?

一、婚姻的坟墓往往是自己亲手挖掘

> **特别提示：**《波士顿邮报》上，曾报道出这样一节：“许多做妻子的，连续不断，一次又一次在泥地挖掘，而完成了她们一座婚姻的坟墓。”

法国皇帝拿破仑三世和世界上最美丽的女人依琴尼·迪芭女伯爵相爱，接着，他们结婚了。他的那些大臣纷纷议论说，迪芭不过是西班牙一个无足轻重的伯爵的女儿。可是拿破仑回答说：那又怎样？

是的，她的年轻貌美、优雅迷人都使拿破仑感到幸福。拿破仑在一次情绪激烈的言论中，向全国宣布说：“我已挑选了一位我所钟爱的女人做我的妻子，我不想娶一个我不了解的女人。”

拿破仑和他的新夫人拥有健康、权力、声望、美貌、爱情，具备一切美满婚姻所具备的条件，散发着让世人羡慕的绚丽光焰。可是，没过多久，这光焰就逐渐冷却下来了！拿破仑可以使迪芭小姐贵为皇后，可是他火热的爱情和国王的权威，却无法制止她对他无理地喋喋不休。

由于长期受到嫉妒和恐惧的折磨，迪芭变得傲慢起来，对拿破仑的命令置之不理，甚至不许拿破仑有任何秘密。她闯进拿破仑正在处理国家大事的办公室，扰乱拿破仑与大臣们正在讨论中的重要会议。她不允许他单独一个人，总怕拿破仑会跟其他的女人相好。

她常会跟她的姐姐抱怨他，喋喋不休地诉苦、哭泣！她会突然闯进他的书房，暴跳如雷、脏话连篇……拿破仑贵为国王，却找不到一间小屋子能使他宁静片刻。

依琴尼·迪芭小姐的那些吵闹获得了什么结果呢？让我们看看莱茵·哈特的名著《拿破仑与依琴尼·迪芭，一幕帝国的悲喜剧》一书上是怎么写的吧：“以后，拿破仑经常在夜晚从宫殿一扇小门溜出，用软帽遮住面部，让一个亲信侍从陪他去约会一个美丽的女人。他们也许会在巴黎城内散步，或是观赏平时国王所不易见到的那些夜生活。”

拿破仑之所以这样做，就是依琴尼·迪芭小姐造成的。事实上，她贵为一国之母，她的美丽倾国倾城，却不能让自己的爱情有喘息之力。依琴尼曾放声哭诉说：“我所最怕的事终于降临了。”这一切都是她咎由自取。这个可怜的女人，被她的嫉妒和喋喋不休的吵闹葬送了。在婚姻和爱情中，吵闹是最可怕而致命的伤害。

俄国大文豪托尔斯泰的夫人明白这一点的时候已经太晚了。她在临死前向她女儿忏悔：“你的父亲是被我害死的。”她的女儿听了这话失声痛哭。

她们清楚地知道，正是因为她们的母亲长期不断的抱怨和批评摧残了父亲的生命。

托尔斯泰伯爵及其夫人理应享受优越的环境而快乐。托尔斯泰著名的《战争与和平》和《安娜·卡列妮娜》在世界文学史上永远闪烁着光芒。他非常有名望，他的崇拜者甚至终日跟随他，将他所说的每句话都速记下来。甚至连“我想我要就寝”这样的话也一字不漏地记下。除名誉外，托尔斯泰与他的夫人还有财产、有地位、有孩子，没有别的婚姻比这更美满了。起初，他们饱尝幸福的甜蜜，以至他们一同跪下，祈祷万能的上帝继续赐予他们所有的快乐。

以后，一件惊人的事情发生了，托尔斯泰渐渐地变成为一个完全不同的人。他对他所著的伟大著作觉得羞辱。从那时起，他专心著作小册子，宣传和平、停止战争与消灭贫穷。这位曾承认在青年时犯过各种可想象的罪恶——甚至谋杀——的人，要真实遵从耶稣的教训。他将所有地产给了别人，过着贫苦的生活。他种田、伐木、堆草。他自己做鞋，自己打扫房间，用木碗吃饭，并尽力爱他的仇敌。

托尔斯泰的人生是一个悲剧，而悲剧的原因，是他的婚姻。他的妻子喜欢奢华，但他追求简朴；她渴求名誉与社会称赞，但这对他毫无意义；她企求金钱与财产，但他视财富及财产是一种罪恶。多年的时间里，她常常责怪叫骂，因为托尔斯泰坚持要放弃他的书籍出版权，不收任何版税；而她要那些书能产生金钱。当他反对她，她就发狂地躺在地上打滚，并拿一瓶鸦片放在嘴边，声称要自杀，还恫吓要跳井。

在他们的人生中，有一件事是历史上最悲惨的一幕。在他们结婚的最初日子里，他们非常快乐；但 48 年以后，他不能忍受与她见面。有时晚上这位年老伤心的妻子跪在他的膝前，求他朗读几十年前他在日记中所写的关于她艳美的爱情之语。当读到那些他们已永远失去的美丽快乐的时光时，他俩都痛哭了。生活的现实与他们好久以前一并所做的爱情之梦是何等相异。

最后，82 岁的托尔斯泰不能再忍受他家庭中的不幸了，他在 1910 年 10 月的一个雪夜中，从他妻子那里逃了出去——在寒冷黑暗中漫无目的地走着。

11 天后，在一个火车站里，托尔斯泰死于肺炎。他临死都不让他妻子来见他。

是唠叨造成了这个悲剧。

或许有人认为，托尔斯泰夫人的唠叨是可以理解，甚至值得同情的。可她又从唠叨中得到了什么？她因此得到了她想要的了吗？没有，她的唠叨只造成了她也不想看到的悲剧。她在事后痛苦地埋怨自己是神经病，可已经于事无补了。

林肯也受了一辈子婚姻的罪，甚至比他被刺杀这件事还要厉害。刺客的枪一响，林肯就去了，他不会再痛苦。可 20 多年来，林肯无时无刻不在受婚姻的折磨，这都来源于他妻子暴戾的脾气。

他的法律同仁哈顿，形容林肯23年来的生活是“处在不幸而痛苦的婚姻中”。几乎有四分之一世纪的时间，林肯夫人都是喋喋不休，毁了林肯的一生。

她总是在抱怨和批评她的丈夫，对她丈夫做的事，她认为没有一件是正确的。她抱怨丈夫走路没有风度，动作不斯文，甚至模仿丈夫的模样来取笑他。

她不喜欢他的两只大耳朵，嫌弃他的鼻子不挺直，说他的嘴唇如何难看，长着大手大脚和小脑袋。

林肯和他的妻子在教养和志趣上毫无共同之处，他们时常激怒对方，互相敌视。

已故上议员比弗瑞滋对林肯生平颇有研究。他这样写着：林肯夫人尖锐刺耳的声音，整条街都听得到，邻居们都听得见她的怒吼。

有这样一个例子：林肯夫妇结婚后不久，和欧莉夫人住在一起——她是春田镇上一个医生的寡妇。或许为了贴补家里一份收入，不得不让人住在家里。

有一天早晨，林肯夫妇正在吃早餐，林肯不知怎么得罪了妻子，她愤怒地端起一杯热咖啡，朝丈夫的脸上泼去，当时很多房客都在场。

林肯一句话没说，忍气吞声地坐在那里。这时欧莉夫人过来，用一块毛巾擦去林肯脸上和衣衫上的咖啡。

人们无法想象林肯夫人的嫉妒，简直就是凶狠。最后她精神失常了。

是否那些喋喋不休的吵闹和辱骂就能改变林肯呢？从另一方面讲，是的。那确实改变了林肯对她的态度，那使他后悔跟她结婚，而且使他尽量避免跟她见面。

春田镇有11位律师，他们不能都挤在一个地方谋生。所以他们常骑着马，去外地的法庭上找点工作。

其他律师都希望能回家跟家人度周末，可是林肯却不是，他就怕回家。春季三个月，秋季三个月，他都愿意待在别处，而不回家。

这就是林肯夫人、依琴尼皇后和托尔斯泰夫人和丈夫吵闹的结局，她们所做的一切是让婚姻和生命以悲剧收场。

海姆伯格在纽约家事法庭工作 11 年，审理过数千件的“遗弃”案件。他在这方面有独到的见解，他说：“男人离开家庭的一个主要原因，是因为妻子无休止的吵闹。”《波士顿邮报》曾说过：“许多做妻子的都在无形中连续不断，一次又一次自掘婚姻的坟墓。”

你要保持你家庭的美满、快乐，**第一项原则**是：

切莫喋喋不休。

二、 幸福从自己开始

> **特别提示：**婚姻的成功，那不只是寻找一个适当的人，而是让自己学会做一个适当的人。

英国大政治家狄斯瑞利说：“我一生犯过不少错误，可是我绝对不会因为爱情而结婚。”

他果然是这样做的，35 岁前他没有结婚。后来，他向一个年长他 15 岁的有钱的寡妇求婚。

那是爱情吗？肯定不是。她知道他是为了金钱而不是爱情而娶她，所以那老寡妇只要求了一件事，她要对他的品行考察一年。一年后，她和他结了婚。

这是一个听起来乏味的事，就像做了一笔交易。可人们想象不到的是，狄斯瑞利的这桩婚姻，却被人称颂为最美满的婚姻之一。

狄斯瑞利娶的那个有钱的寡妇，既不年轻，又不漂亮，跟他毫不匹配。

她说出的话往往会犯文学和历史上的大错，常常被人们嘲笑。她永远弄不清楚，是先有希腊，还是先有罗马。她的穿着打扮古怪得离谱，对于屋子的布置更是一窍不通！

而她在对待婚姻上，却是一位伟大的天才——她深知对待一个男人的艺术。

她从不让自己的思想跟丈夫的意见相对抗。每当狄斯瑞利跟那些聪慧善谈的贵夫人辩论一下午而精疲力竭地回到家里时，她总让他安静休息。他们相敬如宾，他们的家庭温暖幸福。

与他这个年长的太太相处，是狄斯瑞利一生最愉快的时候。她是他的贤内助，他的亲信、他的顾问。每天晚上，他从众议院匆匆地回家来，告诉她白天的所见所闻。对于他想努力去做的事，她绝不相信他是会失败的。

玛丽安这个50岁再婚的寡妇认为，她的财富能使他的生活更安逸些。反过来说，她是他心中的一个女英雄。狄斯瑞利在她去世后，才封授伯爵。可是当他还是平民时，他陈请维多利亚女皇封授玛丽安为贵族。所以在1868年，玛丽安被封为“毕根菲尔特”子爵。

无论她在众人面前如何献丑，他从来不批评她，他从不当面对她任意指责。如果有人嘲笑她时，他立即挺身而出为她辩护。

玛丽安并不完美，可是在她后30年的岁月中，她乐此不疲地谈论她的丈夫！她称赞他，钦佩他！这样做的结果是狄斯瑞利自己说的：“结婚30年来我从没厌倦过她。”

可是，也许有些人会认为玛丽安是愚蠢的。

狄斯瑞利认为玛丽安是他一生中他引以为荣的最重要的人。结果呢？玛丽安常告诉她的朋友们说：“感谢慈爱的上帝赐予我一生的快乐。”

他们之间有一句笑话。狄斯瑞利曾这样说：“你知道，我可是为了你的钱才和你结婚的！”玛丽安笑着回答：“是的，但如果你再一次向我求婚时，却是因为爱我，是吗？”

狄斯瑞利对此供认不讳。

玛丽安并不完美，可是狄斯瑞利够聪明地让她保持本色。

贾姆曾这样说过：“与人交往应该学的第一件事，就是不干涉人们自己原有那种获取快乐的方法……”

伍特在他所著的一部有关家庭方面的书上这样写道：“婚姻的成功，不只是寻找一个适当的人，而是自己该如何做一个适当的人。”

你要你家庭有个美满、快乐的生活，**第二项原则**是：

别尝试改造你的伴侣。

三、过分指责是婚姻的毒药

> **特别提示：**其实 50% 以上的婚姻都是失败的；为什么许多甜蜜的美梦，会在结婚以后全部触礁呢？只有一个原因，那就是因为那些令人心碎的批评。

狄斯瑞利政治生涯的死对头，从 1868 年到 1894 年当过 4 次英国首相的格莱斯顿，也有一个幸福的婚姻。

在格莱斯顿夫妇 59 年的共同生活中，总是有满满的爱情。他们之间甘苦与共，却又不乏浪漫。

在外面，格莱斯顿或许会锋芒毕露，可一回到家，他却从不指责。例如，他早上来到楼下的厅里，准备吃饭了，却发现别人都还没有起床。于是，他就大声地唱起歌来，这样的歌声肯定会被人们听到，他们就明白这个大忙人要吃早饭了。他把外交家极有风度的一面，拿到家里来，不对家务进行指责。

俄罗斯女皇叶卡特琳娜二世在家务问题上，也是如此。叶卡特琳娜统治着庞大的俄罗斯帝国，拥有至尊的权力。在政治上，她非常残暴。打仗、杀头都是她常干的事。可如果她的厨师把肉做焦了，她却不生气，只是笑一笑，然后吃掉它。这是她值得让人学习的一面。

陶乐丝·狄克斯说，无用却伤人的指责，是导致大部分婚姻不幸的罪魁祸首之一。

所以，确保家庭幸福的**第三项原则**是：

别指责。

那么孩子犯了错误是不是也不要指责批评呢？让我们先看一篇文再说。有家报纸在15年前登过一篇名为《一位父亲的回声》的文章。它写得真诚而又感人，后来被转载了很多次。听其作者劳奈德说，不单全美几百家报刊抢着转载它，而且广播和电视也多次把它播出。更让人吃惊的是，大学和中学的刊物也纷纷转载。这篇文章怎么就这么受欢迎呢？下面是该文章的摘要。

听着，孩子，我有一些话想要对你说。此时你睡得正熟，一只小手掌压在脸颊下，你的额头微湿，蜷曲的金发贴在上面。我偷偷溜进你的房间，因为刚才在书房看报的时候，内心不断地受到斥责，终于带着愧疚的心情来到你的床前。

我的面前浮现了许多事，孩子。我常常对你发脾气。早上你穿好衣服准备上学，胡乱用毛巾在脸上碰一下，我责备你；你没有把鞋子擦干净，我责备你；看到你把东西乱扔，我更生气地对你吼叫。

早餐的时候也一样，我常骂你打翻东西、吃饭不细嚼慢咽、把两肘放在桌上、奶油涂得太厚等等。等到你离开餐桌去玩，我也准备出门，你转过身，挥着小手喊："再见，爸爸！"我仍皱着眉头回答："肩膀挺正！"

到了傍晚，情况还是一样。我走在路上，偷偷观察你，看见你跪在地上玩玻璃弹珠，脚上的长袜都磨破了。我不顾你的颜面，当着别的孩子的面叫你回家。并对你吼道，长袜子是很贵的，你要穿就得爱惜一点！想想看，孩子，这话居然出自为人之父的口里！

记得吗？就是刚才，我在书房里看报，你怯生生地走过来，眼里带着惊惶的神色，站在门口踌躇不前。我从报端上望过去，不耐烦地叫道：

“你要什么？”

你不说一句话，只是快步跑过来，双手搂住我的脖子亲吻。你小手臂的力量显示出一份爱，那是上帝种在你心田里的，任何漠视都不能使它凋萎。你吻过我就走了，吧嗒吧嗒地跑上楼。

孩子，就是那时候，报纸从我手中滑落，我突然觉得害怕。我怎么养成了一个坏习惯啊！挑错、呵斥的习惯——这就是我对待一个小男孩的方法！孩子，不是我不爱你，只是我对你期望过高，不自觉地用自己年龄的标准去衡量你了。

其实，你的本性里有许多真善美。你小小的心灵就像刚从山头升起的阳光一样无限，这一点可以从你天真自然、不顾一切跑过来亲吻、道晚安的动作看出来。孩子，今晚其余的一切都不重要了，我在黑暗中跪到你床边，深觉愧疚！

这是一种无力的赎罪。我知道你未必懂得我所说的这一切。但是，从明天起，我会认真地做一个真正的父亲！要和你结为好朋友，你痛苦的时候同你一起痛苦，欢乐的时候同你一起欢笑。我会每天告诉自己：“他只不过是个男孩——一个小男孩！”

我实在不该把你当成大人，孩子，像我现在看到的你，疲倦地蜷缩在床上，完全还是婴孩的模样。记得昨天你还躺在妈妈怀里，头靠在妈妈肩上，我要求的实在太多太多了。

四、爱情保鲜的秘密

> “**特别提示：**如果一个做妻子的，想要从丈夫身上获得快乐、欢愉，她可以从他的欣赏和热爱中寻找到。如果，那种欣赏和热爱是真诚的，那也是他的快乐所在。”

洛杉矶家庭关系研究所主任鲍本诺说：“多数男子寻求自己的伴侣时，他们不是像在寻找高级职员，而是寻求一个对自己具有诱惑并情愿奉承他们的虚荣心，使他们感到优越的人。”如果一位女办公室主任应邀吃一次午餐，但她总是将大学时代的那些哲学思潮作为谈话的内容，甚至坚持自付餐费，那最后的结果只能是，自此以后独自午餐了。

“反过来说，即使一个未进过大学的打字员，应邀吃午餐的时候，她能温情地注视着她的男伴，仰慕地说：再给我讲些有关你的事。最后的结果可能是，他会告诉别人：她不是十分美丽，但我从未遇见过比她更会说话的人。”

男性对于女性追求美观及装束得体的努力应表示欣赏。所有的男人都忘了，如果他们曾有过觉察的话，将知道女性是如何注重自己的衣着的。例如，如果一男子同一女子在街上遇见另一男子同一女子时，这女子很少看那男子，她会不时地留意看另一女子穿的衣服怎样。

我的祖母在98岁时去世。她去世前不久，我们给她看一张她自己在三十多年前所摄的相片。她的老花眼已看不清相片，但她问的唯一问题是："那时我穿着什么衣服？"

试想一想！一位在她生命最后12个月的老太太，虽然年事已高，卧床不起，记忆力衰弱得几乎不能辨认她自己的女儿了，还注意自己三十多年前穿的什么衣服！她问这问题时，我在她床边，这事在我脑海中留下了一个永不磨灭的印象。

对很多男人来讲，他们也许想不起自己5年前穿的什么衣服、什么衬衫，他们也丝毫没有心思去记住它们，但女人则不同。法国上等社会的男子都要接受训练，对女人的衣帽表示赞赏，而且一晚不止一次。5000万的法国人不会都错的！

莫斯科与圣彼得堡的那些养尊处优的贵族曾有很好的礼貌。上层人有一风俗，当他们享受过丰美的菜肴时，坚持将厨师召入餐厅，接受他们的恭贺。

为什么不同样体恤一下你的妻子？下次她烧鸡烧得很嫩，你就这样告诉她，让她知道你欣赏她的手艺——你不是只在吃草。或像格恩常说的："好好地捧一捧这位小妇人。"因为她们都喜欢被人这样。

当你正要作出这样的表示时，不要怕她知道，她对你的快乐是如何重要。狄斯瑞利这位英国伟大的政治家，正如我们所知，他就不羞于使世界都知道他对他的"小妇人沾光多少"。有一天，当我浏览一册杂志时，看见这么一段话，那是从埃第康德的访问中得来的："我沾光于我夫人的多于世上其他任何人。我在儿童时代，她是我最好的朋友，她帮助我勇往直前。在我们结婚以后，她节省每一镑钱，然后进行再投资，她为我储存了一个家当。我们有五个可爱的孩子。她一直为我建造一个美丽的家庭，如果我有成就应归功于她。"

在好莱坞，婚姻似乎是一件冒险的事，甚至伦敦的劳慈保险公司也不愿打赌。在少数快乐婚姻中，巴克斯德是一个。巴克斯德夫人以前叫勃莱逊，她放弃灿烂的舞台事业而结婚了，但她事业上的牺牲并没有使她失去他们的快乐。"她失掉了来自舞台成功的鼓掌称赞，"巴克斯德说，"但我已尽力使她完全感觉到了我的鼓掌称赞。如果一个女子完全要在她丈夫那里求得快乐，她必须在他的欣赏与真诚中得到。如果那欣赏与真诚是实际的，那他的快乐也就得到了答案。”

现在你应该明白了，如果你要保持家庭生活快乐，**第四项重要的原则**是：

给予对方真诚的欣赏。

五、只献给女人的小美好

> **特别提示：**女人对生日，或是什么纪念日，会很重视！那是女人心理上一个神秘的谜！如果你在乎你的妻子，那么你一定要重视这些特别的细节。

自古以来，鲜花被认为是爱情的语言，它们不费你许多钱——特别是在盛开的季节。但想想，丈夫带一束水仙花回家的很少，你或许以为它们都是贵如兰花，稀如鼠菊，盛开于阿尔卑斯山云霄的绝壁之上。为什么等到你夫人进了医院才送她几朵花？为什么不明晚就给她带回几朵玫瑰花？不信你试一试，看看结果如何。

百老汇的忙人高恩都习以为常地给他母亲每天打两次电话，直到她去世。你以为他每次都有一些新奇的新闻讲给她听吗？不，其实没有。这种小小的关注只是给人传递一种信息：你想念她，你要使她欢喜；她的快乐及幸福，对你极宝贵并且极密切。

女人对生日及纪念日很重视——究竟为什么？这永远是一种女性的神秘。很多男人可以糊涂一生，不记得许多日期，但有几个不可不记：妻子的生日、结婚的年份及日子。如果记不起来，切不可忘掉最后一个！

其实，在很多婚姻破裂的事件中，并非所有的家庭都是因为一些重大的事件而过不下去，相反，大多数人往往是由于一些小小的事情。芝加哥一位叫作塞巴斯的法官曾接触过4万宗婚姻案子，并调解过2000对夫妇，他说："细琐的事情是多数婚姻不幸的根源。一件简单的事，如妻子在丈夫早晨去工作的时候向丈夫招手说再会，就能避免许多离婚。"

勃朗宁与夫人的生活恐怕是记载中最可歌可咏的了，他从未忙得忘了对夫人用小小的恭维及注意来保持爱情的活力。他对生病的妻子极为体恤，她有一次写信给她的妹妹说："现在我自然而然地开始奇怪，到底我是否可成为一种现实的天使了。"

太多的男人轻视这些细小的、天天注意小事的价值。如麦道克斯在一篇文章中说："美国的家庭真需要些新的习惯。例如，在床上吃早餐是一种温和的放荡行为，许多女人想放肆地在床上吃早餐，正像私人俱乐部对男人的诱惑一样。"

终究，婚姻就是一串琐事。忽视这一事实，将造成家庭生活的灾难。在伦诺，法庭每星期有6天要审理批准离婚的案件，几乎每10分钟一宗。你以为那些婚姻有多少是在真正悲剧的礁石上击破的？极少，我可担保。如果你能终日坐在那里听那些不快乐的夫妻的陈述，就知道爱情是"毁于小小的事"。

现在，用你的剪刀将下面这段话剪下，贴在你帽子里或镜子上，以使你每天早晨修面时都可以看见：

我从这里只经过一次，所以，我所能做的任何好事，或我能对任何人表示的任何仁慈，让我现在就做吧。让我不要拖延，不要忽略，因为我将不会再从这里经过了。

所以，如果你要保持家庭生活快乐，**第五项原则**是：

注重那些看似小事的事情。

六、像尊重朋友一样尊重你的家人

> **特别提示：**那是一桩令人惊诧的事，可是完全是事实——对我们说出那些刻薄、侮辱、伤感情的话的人，差不多都是我们自己的家人。

丹姆洛契和勃雷的女儿结婚（勃雷是美国一位著名的演说家，曾经参加总统竞选）。数年前，他们在安德鲁·卡内基在苏格兰的家里相识，之后就一直幸福地生活着。

是什么使他们生活幸福呢？

丹姆洛契夫人曾这样说：“我们必须审慎小心地选择伴侣，其次要注重婚后的礼节……年轻的妻子对待自己的丈夫可以像对待贵客一样彬彬有礼。任何丈夫都惧怕有个泼妇妻子。”

爱情的果实会被粗鲁和无礼摧毁。可是一个普遍的现象是，我们对待客人总是比对待家人有礼。

我们绝不粗鲁地打断一位客人的谈话：“老天！你又在说那些老掉牙的故事了！”我们绝不会在没有经过别人允许的情况下就拆阅别人的信件。同时，我们也不会窥探别人的隐私。可是，我们却有这样的行为，对待自己最亲密的人，对他们的任何小错误吹毛求疵。

狄克司曾这样说："这真让人惊叹，却完全是事实……对我们说出那些刻薄、侮辱、伤感情的话的人，几乎都是我们自己的家人。"

瑞斯诺说："礼貌是内心的某种特质，它可以让人忽略破旧的园门，而对园内的好花抱有雅志。"

礼貌在婚姻中的重要性，就像汽车离不开汽油一样。

贺尔姆用体贴关怀的态度对待家里的人。他即使遇到烦恼的事，也一定把自己的忧烦藏起，而不形于色，让家里的人知道。

贺尔姆能做到这一点，可是一般人呢？一般人工作失误，被领导或上司批评了，就巴不得赶回家，把从办公室里受的气发泄到家人身上。

荷兰人有一种风俗，脱了鞋子再进屋。我们可以向荷兰人学习，就是把一天不顺心的事，都扔到门外，然后再进门。

贾姆士曾经写过一篇名为《人类的某种愚蠢》的文章。他在里面这样说：

"本文要阐述的问题是关于人类的盲目愚蠢，每当遇到跟我们自己感受不同的其他生灵或人时，我们总会烦恼不已。"

每个人都多少有点盲目的愚蠢！很多男士从不跟顾客或朋友厉声说话，却可以肆无忌惮地向他们的太太发威。

如果考虑到个人幸福，他们应该知道，婚姻远比他们的事业更重要。一个婚姻幸福的人，比一个孤独的天才幸福得多。苏俄小说家托琴尼夫备受人们的敬仰，可是他曾说过："我宁愿舍弃我所有的才华和成名之作……如果在某个地方，有一个女人，她关心着我是否可以早点回家吃晚饭。"

获得幸福婚姻的机会到底有多少呢？狄克斯女士曾表示，她认为是失败占多数。可是鲍宾诺的意见与之相左，他说："一个人获取婚姻成功的机会比其他任何事业的成功要多……一个男人经营店铺而失败的机会约为百分之七十，可是结婚的夫妇有百分之七十是幸福的。"

关于婚姻的问题，狄克斯女士曾这样定论：

她说："与婚姻比较，人的出生不过是短暂的瞬间。至于死亡，更是微不足道了。女人始终不明白：为什么男人不把家庭也当作事业，使这项业务日益进取，使之幸福甜美。"

虽然有一些男人认为娶到一个满意的妻子，拥有一个美满的家庭，比获得千百万财富还重要。可更多的男人不会认真思考和诚心努力去获取一生美好的婚姻。他们把一生最重要的事情，让机会来决定。他们认为婚姻幸福与否只是运气！

女人们永远不明白，为什么那些男士在她们身上不运用一点外交手腕？当然，如果他们对她们不用欺压的手段，而使用了若干的温柔，对他们来说，那是有益的。

每个男人都知道，他可以随意差遣他太太做每一件事，却不考虑这样做的目的……他知道如果夸奖太太几句，说她很能干，她会兴奋地把这件事做得比原来好很多倍。如果做丈夫的对太太去年做的那套衣服津津乐道，她决不会想着今年再订制一套巴黎新式的时装。

每个男人都知道，留在妻子眼睛上的香吻能让她们深深陶醉，只要在她的唇上给予热情的亲吻，就会让她哑如牡蛎沉醉。

而且每一个做妻子的都知道她丈夫对这一切毫不怀疑，因为她已经为他准备好了一个完整的图表，要他照着去做。可是，她却又不知道，是应该热爱他，还是应该讨厌他。因为他宁可跟妻子大吵一架，然后再用新衣、新车、珠宝等财物哄劝她，也不愿意奉承她一点。他不愿意满足她那小小的渴望。

如果要保持你家庭的美满、快乐，**第六项规则**是：

要有礼貌。

七、 你是否是一个“婚姻的文盲”？

> 特别提示：性是人人所公认的在我们生活中一个最重要的问题，男女间幸福的破裂，有很大一部分也是由性的问题上而起的。

社会卫生所总干事戴维斯博士有一次曾引导1000位已婚的妇女真实地回答了一系列切身的问题，结果十分惊人——一般的美国成年人在性生活方面都不大快乐。看过她收到的这1000位已婚妇女的答案以后，戴维斯博士毫不犹豫地发表了她的意见：国内离婚的一个主要原因，就是生理的不适合。

汉密尔顿博士的调查证实了这一发现。汉密尔顿博士费了4年工夫，研究了100名男子及100名女子的婚姻。他个别地问了这些男女差不多400个关于他们婚姻生活的问题，并透彻地讨论他们的问题——非常透彻，以至整个的调查历时4年。这项工作被认为在社会上极重要，所以有许多著名慈善家提供资助。你要知道这项调查的结果，可读汉密尔顿博士与马克哥文所写的《婚姻的症结是什么》。

那么，婚姻的症结是什么呢？“只有偏激而又很不谨慎的精神病医生，”汉密尔顿博士说，“才会否认，多数婚姻的冲突是由于性生活的不和谐而产生的。无论如何，由于别种困难所引起的冲突，如果性的关系的本身是满意的，许多时候可以化解。”

洛杉矶家庭关系研究所的主任鲍本诺博士，考察过数千例婚姻，他是美国关于家庭生活的一位最著名的专家。按鲍本诺博士的说法，婚姻的失败，常由 4 种原因所致：

性生活的不和谐；

关于消闲的意见不同；

经济困难；

心理的，身体的，或情绪的反常现象。

注意，性生活居第一；而且很奇怪的，经济困难只居第三。所有婚姻的专家，都同意性的配合是绝对的必需。例如，数年前，辛辛那提家庭关系法庭的赫尔曼法官——一位曾听过数千家庭悲剧的人——宣称：“离婚者中 90% 是由于性生活的问题。”

“性，”著名心理学家沃森说，“众所公认的是生活中最重要的问题。无疑的，那是造成男女快乐破裂原因的东西。”我听过许多行医的医士在我的班中演讲，说的差不多是一样的话。那么，在 20 世纪，有众多的书及教育，但因对这种重要天然本能的无知，却导致婚姻破裂，生活毁灭，岂不可怜？

白德费尔特牧师做了监理会牧师 18 年以后，放弃了他的传教事业，去担任纽约市家庭辅导服务处主任，他为青年们举行婚礼恐怕比任何人都多，他说：“根据我早年做牧师的经验，我发觉到，虽然有恋爱及善意，许多到结婚台前来的男女仍是婚姻的文盲。”

婚姻的文盲！

白德费尔博士说：“性虽然只是婚后生活中让人愉快的一件事，但是必须要把这件事做得很恰当，否则其他一切都无从谈起。”

可是，要怎么做才是恰当的呢？

还是让白德费尔来解释：“感情的缄默，必须代之以实事求是的沟通讨论，和对结婚生活的超然态度。要很好地做到这一点，可以借鉴于某些学理精确、旨趣高尚的书……除了我自己所著的那部关于讲述结婚和性的书外，还有其他类似这样的书。”

在所有这些书中，有三部我认为值得普通人共赏，那就是哈顿所著的《结婚的性技术》、爱克纳的《结婚性生活》和拉德的《结婚的性因素》。

我们为什么不可以从书上获取这些知识呢？

如果你想拥有幸福美满的家庭，那**第七项原则**是：

阅读一本有关婚姻中性生活方面的好书。

几年前，哥伦比亚大学和美国社会卫生协会曾联合聘请知名学者就大学生的性生活和婚姻问题进行探讨。鲍宾诺博士在那次研讨会上指出：

“离婚的比例正在下降，原因是很多人现在阅读了许多有关结婚和性生活方面的好书。”

这使我深切体会到，在谈“如何使婚姻幸福美满”这一篇里，我必须介绍几部有价值的关于“性”方面的好书，这会使本篇论述更加完美。要用严肃的态度求取性生活知识，就像我们阅读一部世界名著那样。怀着这种态度和这样的心情，你才会有所收获。

HOW TO STOP WORRYING AND START LIVING

附录

人性的优点

第一篇　如何抗拒忧虑

一、改变人生的一句话

在 1871 年的春天，一个年轻人忧心忡忡。他是蒙特瑞综合医院的学生，此时，他对自己的生活充满困惑：“怎样才能顺利通过考试？毕业后该做些什么？去何处开展自己的事业？如何谋生？”

在极度迷茫中，他拿起一本书，看到了 24 个字，正是这 24 个字使他——一个年轻的医科学生，后来成为著名的医学家。他不仅创建了举世闻名的约翰·霍普金斯医学院，还得到了大英帝国医学界的最高荣誉——牛津大学医学院的讲座教授。另外，英王还授予他爵士的封号。他去世后，记述他一生经历的书长达 1466 页，他就是威廉·奥斯勒爵士。

可以说，他在 1871 年春天看到的 24 个字，对他的前途产生了巨大的影响，并使他度过了无忧无虑的一生。这 24 个字就是汤姆斯·卡莱里写的：“最关键的是，做目前最清楚的事情，而不是观望远处模糊的。”

42 年后，一个温暖的春夜，威廉·奥斯勒爵士在开满郁金香的耶鲁大学校园中，给学生们作了一次讲演。他说：“像我这样一个人，曾经是 4 所大学的教授，还出版过一本极受欢迎的书，看上去似乎具有一个‘特殊的头脑’。但事实上，我的一些好朋友都说，我的头脑非常普通。”

那么，威廉·奥斯勒爵士成功的秘诀是什么呢？

他认为：“是因为我生活在一个完全独立的今天。”

“一个完全独立的今天”，这句话是什么意思？

他说：“在来这里演讲的几个月前，我乘坐一艘巨大的海轮横渡大西洋。我发现，只要船长在驾驶舱里按下一个按钮，机器经过一阵运转后，船的几个部分就立刻分隔开，成为几个防水的隔舱。而你们每一个人，头脑都要比船精密得多，所走的路程也远得多。因此我想奉劝各位，你们应该像那条大海轮一样，学会控制自己的生活，只有生活在一个完全独立的今天，才能确保航行中的安全。因为在驾驶舱中，每个分隔开的船舱都有用处，按下一个按钮，铁门就会隔断过去——就是那些已经度过的昨天，然后再按下一个按钮，铁门会隔断尚未出现的未来。现在，你就非常保险了，因为你拥有全部的今天。你们应该学会埋葬过去，只有傻子才会被它引向死亡之路，同时要将未来紧紧关在门外，就像对待过去那样，过去的负担加上未来的负担，必定会成为今天的最大障碍。‘未来’永远只存在于今天，人类获得拯救的日子就是现在，一个总是为未来忧心忡忡的人，只会浪费精力。因此，好好关注一下自己生活中的每个侧面，养成一个良好的习惯，将前后的船舱通通隔断吧！你们应该生活在完全独立的今天里。”

那么，奥斯勒博士是否主张人们不必为明天费心做准备呢？不，当然不是。

他继续鼓励耶鲁大学的学生们：“集中你所有的智慧和热诚，将今天的工作尽量做得完美。用这种方法迎接未来，无疑是最好的。在一天开始之前，你们应该吟诵这句祝词：‘在这一天，我们将得到今天的面包。’”

记住，在这句话中，仅仅要求今天的面包，并没有抱怨：“昨天的面包真酸。”也没有说：“噢，天哪，最近的气候非常干燥，我们可能会遭遇旱灾，到了秋天还有面包吃吗？万一我失业，又从何处弄到面包呢？”

这句祝词告诉我们，只能要求今天的面包，而且我们能吃的也仅仅是今天的面包。

很久以前，有个穷困潦倒的哲学家四处流浪。一天，他来到一个贫瘠的乡村，这里的老百姓生活非常艰苦。当人们走上山顶，聚集在他身边时，他说："不要为明天担心，因为明天自有明天的烦恼，今天的难处留在今天就够了。"

这句话虽然只有短短的30个字，却是有史以来引用次数最多的名言，它经历了好几个世纪，一代一代地流传下来，这句话正是耶稣说的"不要为明天忧虑"。

但是，很多人都不相信这句话，他们把其视为东方的神秘之物，或当成一种多余的忠告。他们说："我一定要为明天计划，做好一切准备，为家庭买保险，努力存钱。这样，将来老了就不用担心。"

一点不假，所有的一切都必须做。但实际上，这句话被译为英文是在三百多年前的詹姆斯王朝，那时"忧虑"一词的含义与现在完全不同，它还包括了焦急的意思。在新译《圣经》中，这句话翻译的意思更为准确："别为明天着急。"

是的，可以考虑明天，仔细地计划、做准备，但不要着急。

战斗中的军事领袖必须为下一步谋划，不过，他们绝不能带有丝毫焦虑。厄耐斯特·金恩曾是指挥美国海军的海军上将，他说："我所能做的，就是为最优秀的人员提供最好的装备，然后给他们布置一些看上去极其卓越的任务，仅此而已。如果一条船开始下沉，我无力阻挡；如果一条船沉了，我也不可能将其打捞上来，与其为昨天发生的问题后悔，不如将时间用在如何解决明天的问题上。更何况，如果我一直为过去的事操心，肯定支撑不了多久。"

不管是面对战争，还是平日的生活，好主意和坏主意的区别在于：好主意能对前因后果反复琢磨，并产生合乎逻辑、具有建设性的计划；而坏主意只能让人紧张，甚至精神崩溃。

亚瑟·苏兹柏格先生是著名的《纽约时报》的发行人，最近，我非常荣幸地拜访了他。

在谈话中，苏兹柏格先生告诉我："当第二次世界大战的战火迅速蔓延到欧洲时，我非常震惊，每日都为自己的前途忧虑，最后搞得我彻夜难眠。虽然我对绘画一无所知，但经常半夜三更地从床上爬起来，找出画布和颜料，准备画一张自画像，为了消除自己的忧虑，我一直坚持画着。一天，我读到一首赞美诗，诗中说：

指引我，仁慈的灯光……
让你常在我脚旁，
我并不想看到远方的风景，
只要一步就好了。

“就这样，我终于消除了忧虑，平静下来。从此，我将最后7个字作为自己的座右铭：只要一步就好了。”

大概就在这个时候，有个当兵的年轻人也同样学到了这一课，他的名字叫作泰德·班哲明诺，住在马里兰的巴铁摩尔城——他曾经忧虑得几乎完全丧失了斗志。

泰德·班哲明诺写道：“在1945年的4月，我忧愁得患了一种医生称之为‘结肠痉挛’的病，这种病使人极为痛苦，若是战争不在那时候结束的话，我想我整个人都会垮了。

“我当时整个人筋疲力尽。我在第94步兵师担任士官，工作是建立和维持一份在作战中死伤和失踪者的人名记录，还要帮助发掘那些在战争激烈的时候被打死的、被草草掩埋在坟墓里的士兵，我得收集那些人的私人物品，要确切地把那些东西送回重视这些私人物品的家人或是近亲手中。我担心我是否能撑得过去，我担心是否还能活着回去把我的独生子抱在怀里——我从来没有见过的16个月的儿子。我既担心又疲劳，足足瘦了34磅，而且担忧得几乎发疯。我眼看自己的两只手变得皮包骨。我一想到自己瘦弱不堪地回家，就非常害怕。我崩溃了，哭得像个孩子，浑身发抖……有一段时间，也就是德军最后大反攻开始不久，我常常哭泣，使得我几乎放弃还能再成为正常人的希望。

“最后我住进了医院，一位军医给了我一些忠告，令我的生活彻底改变了，在为我做完一次彻底的全身检查之后，他告诉我，我的问题纯粹是精神上的。‘泰德，’他说，‘我希望你把你的生活想象成一个沙漏，你知道在沙漏的上一半，有成千上万粒的沙子，它们都慢慢地且均匀地流过中间那条窄缝。除了弄坏沙漏，你跟我都没办法让两粒以上的沙子同时通过那条窄缝。你和我和每一个人，都像这个沙漏。每天早上开始的时候，有很多的工作，让我们觉得我们一定得在那一天里完成。可是我们只能每次做一件事，让它们慢慢而平均地通过这一天，像沙粒通过窄缝一样，否则就一定会损害到我们自己的身体或精神了。’

“从值得纪念的那一天起，当那位军官把这段话告诉我之后，我就一直奉行着这种哲学。‘一次只流过一粒沙……一次只做一件事。’这个忠告挽救了我的身心，对我目前在手艺印刷公司的公共关系及广告部中的工作，也起了很大的帮助作用。我发现，在生意场上也有像在战场上的问题，一次要做完好几件事情却没有充足的时间。比如我们的材料不够了，我们有新的表格要处理，还要安排新的资料、地址的变更、分公司的增开和关闭等等。我不再紧张不安，因为我记得那个军医告诉过我的话：‘一次只流过一粒沙子，一次只做一件工作。’我一再对自己重复这两句话。我的工作比以前更有效率，做起来也不会再有那种在战场上几乎使我崩溃的、迷惑和混乱的感觉。”

在目前的生活方式中，最可怕的一件事情就是，我们的医院里大概有一半以上的床位都是保留给神经或者精神上有问题的人的。他们都是被累积起来的昨天和令人担心的今天加起来的重担所压垮的病人。而那些病人中，大多数只要能奉行耶稣的话——不要为明天忧虑，或者是威廉·奥斯勒爵士的话——生活在一个完全独立的今天里，他们就都能走在街上，过上快乐而幸福的生活了。

你和我，在目前这一瞬间，都站在两个永恒的交会之点——已经永远永远地过去，以及延伸到无穷无尽的未来——我们都不可能生活在这两个永恒之中，甚至连一秒钟也不行。如果想那样做的话，我们就会毁了自己的身体和精神。因此，我们就以能活在所能活的这一刻而感到满足吧。“从现在一直到我们上床，不论任务有多重，每个人都能支持到夜晚的来临，”罗勃·史蒂文生写道，“不论工作有多苦，每个人都能做他那一天的工作，每个人都能很甜美、很有耐心、很可爱、很纯洁地活到太阳下山，而这就是生命的真谛。”

不错，生命对我们所要求的也就是这些。然而住在密歇根州沙支那城的薛尔德太太，在学到“只要生活到上床为止”这一点之前，却感到极度颓丧和疲惫，甚至于想自杀。“1937 年我丈夫死了，”薛尔德太太把她的过去告诉我，“我觉得非常颓丧——而且几乎身无分文。我写信给我以前的老板利奥罗区先生，请他让我回去做我以前的工作。我从前靠推销《世界百科全书》过活。两年前我丈夫生病的时候，我把汽车卖了。现在我又勉强凑足了分期付款的钱，买了一辆旧车，重操旧业，出去卖书。

“我原想，再回去做事或许可以帮我解脱我的颓丧；可是要一个人驾车、一个人吃饭，几乎令我无法忍受。有些区域根本就做不出什么成绩来，虽然分期付款买车的数目不大，却很难付清。

“1938 年春天，我来到密苏里州的维沙里市。这里的学校很穷，路也不好走，我觉得成功离自己很远，生活毫无乐趣。每天早上我都不愿意起床，因为新的一天即将来临，而我不想去面对生活，对一切都感到担心害怕。担心没有钱分期付款，担心交不起房租，担心自己会饿肚子，担心身体会被拖垮，而我没有钱看病。面对这种生活，我又孤独又沮丧，甚至想自杀。但我没有自杀的唯一原因是，我担心姐姐会因此而悲痛万分，而且她没有钱给我付安葬费。

“后来，我看到一篇文章，里面有一句令人振奋的话：‘对一个聪明人来说，每一天都是新的开始。’我永远永远感激这句话，因为它使我克服了消沉，振作起来继续生活。我将它打印下来，贴在挡风玻璃上，只要我开车，就能随时随地看见它。我发现，好好生活一天并不困难，每天清晨，我都告诉自己：‘今天又是一个新的开始。’

“当我学会忘记过去、不考虑未来的时候，我成功地克服了曾经有过的孤寂和恐惧，整个人变得快活起来。至于我的事业，还算成功。现在，我对生命充满了热爱，而且，不管再遇到什么问题，我都不会害怕，因为我用不着担心将来，只要做到过好每一天。对一个聪明人来说，每一天都是一个新的开始。”

猜一猜这首诗是谁写的：

这个人很快乐，也只有他才能快乐；
因为他将今天称为自己的一天。
他在今天感到安全，并说：
不管明天多么糟糕，我已经过了今天。

这些话看上去颇具现代意味，不过，它们是古罗马诗人何瑞斯的作品，创作时间是耶稣诞生的 39 年前。

我觉得，人类最可悲的事情是，所有的人都拖拖拉拉，不肯积极投入生活，他们向往天边奇妙的玫瑰园，但从不欣赏今天开放在窗口的玫瑰花。我们怎么会变成这种傻子呢？可怜的傻子！

史蒂芬·里高克写道：“我们生命中的每个历程多么奇特，小孩子总说等我长大以后，可是，长大后又怎么样呢？大孩子常说等我成人以后，结果，等他长大成人，他又说等我结婚以后，结了婚又如何呢？他们的想法变成了等我退休以后，不过退休之后，当他回头看看自己经历的一切，似乎觉得吹过了一阵冷风，因为他在不知不觉中错过了所有，而这些，全部一去不复返了。我们总是无法尽快明白：生命就是生活中的每时每刻，就是现在。”

爱德华·伊文斯先生曾经住在底特律城，现在已经去世。他在明白生命就是生活中的每时每刻之前，几乎忧虑成疾，差点自杀。

爱德华的家庭非常贫苦，一开始，他卖报为生，接下来的工作是杂货店店员，但家里有 7 口人靠他吃饭，他只好换了一份工作——助理图书管理员，尽管工资少得可怜，他也不敢轻易辞职。就这样过了8年，他终于鼓起勇气，筹足50美元，开创自己的事业。想不到时来运转，一年后净赚了2万美元。但遗憾的是，没多久，他存钱的银行倒闭了，他的全部财产化为乌有，还欠下16000美元的债务。

他说："我无法承受这样的打击，整天食不甘味，夜不能眠。我得了一种奇怪的病，一天我走路时，突然昏倒，从此只能躺在床上，身上的肉都腐烂了，以至于躺着都觉得痛苦不堪。医生说，我大约只有两个星期可活了。这个消息让我大为震惊，没办法，只好写下遗嘱，准备等死。到了这种地步，任何担心都是多余的了，于是我放松下来，休息了几个星期。尽管依然睡不好——每天睡眠不到两小时，但精神十分安稳，那些令我疲倦的忧虑慢慢消失，胃口也好了起来。又过了几个星期，我甚至能拄着拐杖走路了。一个半月后，我重新找到一份推销挡板的工作。虽然以前的年薪高达2万美元，但现在这份每周30美元的工作让我很高兴，对过去不再后悔，对将来也不害怕，我将全部的时间和精力都放在目前的推销工作上。"

抱着这种思想，爱德华·伊文斯的事业迅速发展。没过几年，他成为伊文斯工业公司的董事长，从那以后，他公司的股票长期雄霸纽约市场。当你抵达格陵兰时，飞机一般都会降落在伊文斯机场——人们为了纪念他，特意用他的名字而命名。如果他始终没学会"生活在完全独立的今天"，绝不可能如此成功。

你或许还记得，白雪公主的故事中有一句话："这里的规矩是，昨天可以吃果酱，明天也可以吃果酱，但今天不准吃果酱。"

生活中的大多数人也是这样，为了昨天和明天的果酱发愁，却不肯将今天的果酱厚厚地涂满现在的面包。

法国的蒙田是一位伟大的哲学家，但他也犯过类似的错误，他说："我的生活中充满了可怕的不幸，但这些不幸大部分从未发生。"

我们的生活也是这样。

但丁说："好好想一想，这一天永远不会回来了。生命的速度飞快得令人难以置信，它匆匆溜走，因此，只有今天才是最值得珍视的唯一。”

劳费尔·汤玛斯也有这种想法。前不久，我到他的农场度周末，看见他在墙上挂了个镜框，里面写着一句诗：“这是耶和华定下的日子，在这一天，我们要高兴，我们要欢喜。”

我的另一位朋友约翰·罗斯金在他的书桌上放了一块石头，石头上只刻有两个字——“今天”。我的书桌上虽然没有放什么石头，也没有把警言挂在墙上，不过我的镜子上倒贴了一首诗，在我每天早上刮胡子的时候都能看见它——这也是威廉·奥斯勒爵士放在他桌子上的那首诗——这首诗的作者是一位很有名的印度戏剧家——哈里达沙。在此，不妨把它贡献给读者。

二、向黎明致敬

注目黎明！
因为它就是生命，
生命中的生命。
在它短暂的时间里，
蕴涵着你的所有幻想与现实：
成长的福佑，
行动的荣耀，
还有成功的辉煌。
昨天恰如一场梦，
明天如同一个幻影，
但生活在美好的今天，
却能使每一个昨天成为一个快乐的梦，
使每一个明天都充满了希望的幻景。

好好看着这一刻吧，
这就是你应该对黎明的敬礼。

所以，你对于忧虑所应该知道的第一件事就是，如果你不希望它干扰你的生活，就要学习威廉·奥斯勒爵士——“用铁门把过去和未来隔断，生活在完全独立的今天。”

现在，请你问自己以下几个问题，然后写出各个问题的答案：

（1）我是否忽略了现在，而只担心未来？或者只追求所谓的“遥远奇妙的玫瑰园”？

（2）我是否经常为过去已经发生的事情而后悔，并因那些已经过去、已经做过的事情使现在更难受？

（3）我清晨起床的时候，是否形成了明确的意识——“我要抓住今天”，尽量利用这24小时？

（4）如果我真的做到威廉·奥斯勒爵士所说的“活在完全独立的今天”，是否能使我从生命中得到更多的东西？

（5）我应该从什么时候开始这么做，是下个星期、明天，还是今天？

三、消除忧虑的万能公式

你是否想得到一种快速而有效的消除忧虑的灵丹妙药——那种在你不必再往下看之前，就能马上应用的方法？

那么让我告诉你威利斯·卡瑞尔所发明的这个办法吧！卡瑞尔是一个很聪明的工程师，他开创了空调制造业，现在是位于纽约州塞瑞库斯市的世界闻名的卡瑞尔公司负责人。这是我所知道的消除忧虑的最好办法，是我和卡瑞尔先生在纽约的工程师俱乐部吃午饭时亲自从他那里学到的。卡瑞尔先生向我讲述道：

“年轻的时候，我在纽约州巴法罗城的巴法罗铸造公司工作。我必须到密苏里州水晶城的匹兹堡玻璃公司——一座花费好几百万美元建造的工厂去安装一架瓦斯清洁机，以清除瓦斯燃烧的杂质，使瓦斯燃烧时不会伤到引擎。这种瓦斯清洁方法是一种新的尝试，以前只试过一次，并且当时的情况很不相同。我到密苏里州水晶城工作的时候，很多事先没有想到的困难都发生了。经过一番调整之后，机器可以使用了，可是效果并不像我们所保证的那样。

“我对自己的失败非常吃惊，觉得好像是有人在我头上重重地打了一拳。我的胃和整个肚子都开始扭痛起来。有好一阵子，我担忧得简直无法入睡。

“最后，出于一种常识，我想忧虑并不够解决问题，于是便想出一个不需要忧虑就可以解决问题的办法，结果非常有效。我这个抵抗忧虑的办法已经使用三十多年了。这个办法非常简单，任何人都可以使用。这一方法共有三个步骤：

“第一步，首先毫不害怕而诚恳地分析整个情况，然后找出万一失败后可能发生的最坏情况是什么。没有人会把我关起来，或者把我枪毙，这一点说得很准。不错，很可能我会丢掉工作，也可能我的老板会把整个机器拆掉，使投下去的20000美元泡汤。

“第二步，找出可能发生的最坏情况之后，让自己在必要的时候能够接受它。我对自己说，这次失败，在我的记录上会是一个很大的污点，我可能会因此而丢掉工作。但即使真是如此，我还是可以另外找到一份差事。事情可能比这更糟。至于我的那些老板——他们也知道我们现在是在试验一种清除瓦斯的新方法，如果这种实验要花他们20000美元，他们还付得起。他们可以把这个账算在研究经费上，因为这只是一种实验。

“发现可能发生的最坏情况，并让自己能够接受之后，有一件非常重要的事情发生了。我马上轻松下来，感受到几天以来所没有经历过的一份平静。

“第三步，从这以后，我就平静地把我的时间和精力，拿来试着改善我在心理上已经接受的那种最坏情况。

“我努力找出一些办法，减少我们目前面临的20000美元损失。我做了几次实验，最后发现，如果我们再多花5000美元，加装一些设备，我们的问题就可以解决了。我们照这个办法去做，公司不但不会损失20000美元，反而可以赚15000美元。

“如果当时我一直担心下去的话，恐怕再也不可能做到这一点。因为忧虑的最大坏处就是摧毁我集中精神的能力。一旦忧虑产生，我们的思想就会到处乱转，从而丧失做出决定的能力。然而，当我们强迫自己面对最坏的情况，并且在精神上先接受它之后，我们就能够衡量所有可能的情形，使我们处在一个可以集中精力解决问题的地位。

“我刚才所说的这件事，发生在很多年以前，因为这种做法非常好，我就一直使用。结果呢，我的生活里几乎不再有烦恼了。”

为什么威利斯·卡瑞尔的奇妙公式有这么大的价值，并且如此实用呢？从心理学上来讲，它能够把我们从那个巨大的灰色云层里拉下来，让我们不再因为忧虑而盲目探索。它可以使我们的双脚稳稳地站在地面上，而我们也都知道自己的确站在地面上。如果脚下没有坚实的土地，又怎么能希望把事情想通呢？

应用心理学之父威廉·詹姆斯教授已经去世几十年了，可是如果他今天还活着，听到这个解决最坏情况的公式的话，一定也会大加赞同。他曾经告诉他的学生说：

“要愿意承担这种情况……能接受既成事实，就是克服随之而来的任何不幸的第一个步骤。”

这一说法一点也不错。接受既成事实，在心理上就能让你发挥出新的能力。当我们接受了最坏的情况之后，就不会再损失什么，这也就是说，一切都可以寻找回来。“在面对最坏的情况之后，”威利斯·卡瑞尔告诉我们说，“我马上就轻松下来，感到一种好几天来没有经历过的平静。然后，我就能思想了。”

他的说法很有道理，对不对？可是现实中还有成千上万的人因为愤怒而毁掉自己的生活。因为他们拒绝接受最坏的情况，不肯由此做出改进，不愿意在灾难之中尽可能救出点东西。他们不但不重新构筑自己的财富，还“与经验进行了一次冷酷而激烈的斗争”——终于变成我们称之为忧郁症的那种颓丧情绪的牺牲者。

你是否愿意看看其他人怎样利用威利斯·卡瑞尔的奇妙公式来解决问题呢？好！下面就是一个例子。这是以前我班上的学生——目前是纽约的一位石油商——所做过的事情：

“我被勒索了，我不相信会有这种事情——我不相信这种事情会发生在电影以外的现实生活里——可是我真的是被勒索了。事情的经过是这样的：

“我主管的那个石油公司有好几辆运油的卡车和很多司机。在那段时期，物价管理委员会的条例管制得很严，我们所能送给每一个顾客的油量也都有限制。我起先不知道事情的真相，可是好像有些运货员减少了我们固定顾客的油量，然后再把偷下来的卖给一些他们的顾客。

“有一天，有位自称是政府调查员的人来看我，跟我索要红包。他说他拥有我们运货员舞弊的证据。他威胁说，如果我不答应的话，他要把证据转给地方检察官。这时候，我才发现公司有这种不法的买卖。

“当然，我知道我没有什么好担心的——至少跟我个人无关。只是我也知道法律规定，公司应该为自己员工的行为负责。还有，我知道万一案子打到法院去，上了报，这种坏名声就会毁了公司的生意。我对自己的事业非常骄傲——那是我父亲在 24 年前打下的基础。

“我担心得生病了，三天三夜吃不下睡不着。我一直在那件事情里面打转。我是该付那笔钱——5000 美元——还是该跟那个人说，你爱怎么干就怎么干吧！我一直下不了决心，每天都做噩梦。

“后来，在礼拜天的晚上，我碰巧拿起一本叫作《如何不再忧虑》的小册子，这是我去听卡耐基公开演说时所拿到的。我开始阅读，读到威利斯·卡瑞尔的故事，里面教我：‘面对最坏的情况。’于是我问自己：‘如果我不肯付钱，那些勒索

者把证据交给地方检察官的话，可能发生的最坏的情况是什么呢？'

“答案是：‘毁了我的生意——最坏就是如此。我不会被关起来。所可能发生的，只是我会被这件事毁了。'

“于是我对自己说：‘好了，生意即使毁了，但我在心理上可以接受这点，接下去又会怎样呢？'

“嗯，我的生意毁了之后，也许得去另外找份工作。这也不坏，我对石油知道得很多——有几家大公司可能会乐意雇用我……我开始觉得好过多了。三天三夜以来，我的那份忧虑开始消散了一点。我的情绪稳定下来……而意外地，我居然能够开始思想了。

“我头脑清醒地看出第三步——改善最坏的情况。就在我想到解决方法的时候，一个全新的局面展露在我的面前：如果我把整个情况告诉我的律师，他可能会找到一条我一直没有想到的路子。我知道这乍听起来很笨，因为我起先一直没有想到这一点——当然是因为我起先一直没有好好考虑，只是一直在担心的缘故。我马上打定主意，第二天清早就去见我的律师——接着我上了床，睡得安安稳稳。

“事情的结果如何呢？第二天早上，我的律师叫我去见地方检察官，把整个情形告诉他。我果然照他的话做了。当我说出原委之后，出乎意外地听到地方检察官说，这种勒索的案子已经连续好几个月了，那个自称是‘政府官员’的人，实际上是警方的通缉犯。当我为了无法决定是否该把5000美元交给那个职业罪犯而担心了三天三夜之后，听到他这番话，真是松了一大口气。

“这次的经验使我上了一堂永难忘怀的课。现在，每当面临使我忧虑的难题时，我就把威利斯·卡瑞尔的奇妙公式派上用场。”

如果你认为运用威利斯·卡瑞尔公式也有烦恼，那请听下面这则故事吧！

这则故事是艾尔·汉里在1948年11月17日于波士顿斯泰勒大饭店亲口告诉我的：

“二十几年前，我因为常常发愁，得了胃溃疡。有一天晚上，我的胃出血了，被送到芝加哥西北大学医学院附属医院里。我的体重从175磅下降到90磅。病情严重到医生警告我连头都不许抬。三个医生中，有一个是非常有名的胃溃疡专家。他们说我的病是‘已经无药可救了’。我只能吃苏打粉，每小时吃一大匙半流质的东西，每天早上和晚上都要护士拿一条橡皮管插进我的胃里，把里面的东西洗出来。

“这种情形熬了好几个月……最后，我对自己说，‘你睡吧，汉里，如果你除了等死之外没有什么别的指望了，不如好好利用你剩下的一点时间。你一直想在你死以前环游世界，所以如果你还想这样做的话，只有现在就去做了。’

“当我对那几位医生说，我要去环游世界，我自己会一天洗两次胃的时候，他们都大吃一惊。不可能的，他们从来都没听说过这种事。他们警告我说，如果我开始环游世界，我就只有葬在海里了，‘不，我不会的。’我回答说，‘我已经答应过我的亲友，我要葬在内罗毕州我们老家的墓园里，所以我打算把我的棺材随身带着。’

“我去买了一具棺材，把它运上船，然后委托轮船公司安排好，万一我去世的话，就把我的尸体放在冷冻舱里，一直等我回到老家。就这样，我开始踏上了旅程。

“我从洛杉矶登上亚当斯总统号轮船向东航行的时候，就觉得好多了，渐渐地不再吃药，也不再洗胃。不久之后，任何食物都能吃了——甚至包括许多奇怪的当地食品和调味品。这些都是别人说我吃了一定会送命的。几个礼拜过去之后，我甚至可以抽长长的黑雪茄，喝几杯老酒。多年来我从来没有这样享受过。我们在印度洋上碰到季风，在太平洋上碰到台风。这种事情就只因为害怕，也会让我躺进棺材里的，可是我却从这次冒险中得到很大的乐趣。

“我在船上和他们玩游戏、唱歌、交新朋友，晚上聊到半夜。我们到了中国和印度之后，我发现我回去之后要料理的私事，跟在东方所见到的贫穷与饥饿比起来，简直像是天堂跟地狱之比。我中止了所有无聊的担忧，觉得非常舒服。回到美国之后，我的体重增加了 90 磅，几乎忘记了我曾患过胃溃疡。我这一生中从没觉得这么舒服。我回去做事，此后一天也没再病过。”

艾尔·汉里告诉我，他发现自己下意识地应用了威利斯·卡瑞尔的征服忧虑的办法。

“首先，我问自己：‘可能发生的最坏情况是什么？’答案是：死亡。

“第二，我让自己准备好接受死亡，我不得不如此，因为别无其他的选择，几个医生都说我没有希望了。

“第三，我想办法改善这种情况。办法是，‘尽量享受我所剩下的这一点时间’……如果我上船之后还继续忧虑下去，毫无疑问，我一定会躺在我自备的棺材里完成这次旅行了。可是我放松下来，忘了所有的忧虑。而这种心理平静，使我产生了新的体力，救了我的性命。”

所以，第三项原则是：如果你有担忧的问题，就应用威利斯·卡瑞尔的奇妙公式，做到下面三件事情：

（1）问你自己：“可能发生的最坏的情况是什么？”

（2）如果你必须接受的话，就准备接受它。

（3）然后镇定地想办法改善最坏的情况。

四、忧虑是健康的大敌

很多年以前的一个晚上，一个邻居来按我的门铃，要我和家人去种牛痘，预防天花。他是整个纽约市几千名志愿去按门铃的人之一。很多吓坏了的人都排了好几个小时的队接种牛痘。在所有的医院、消防队、派出所和大工厂里都设有接种站。大约有 2000 名医生和护士夜以继日地替大家种痘。怎么会这么热闹呢？因为纽约市有 8 个人得了天花——其中 2 人死了——800 万纽约市民中死了 2 人。

我在纽约市已经住了37年，可是还没有一个人来按我的门铃，并警告我预防精神上的忧郁症——这种病症，在过去37年里所造成的损害，至少比天花要大1万倍。

从来没有人来按门铃警告我：目前生活在这个世界上的人中，每10个人就有1个会精神崩溃，而大部分都是因为忧虑和感情冲突而引起的。所以我现在写本章，就等于来按你的门铃向你发出警告。

曾经获得诺贝尔医学奖的亚历克西斯·卡莱尔博士说：

“不知道抗拒忧虑的商人都会短命而死。”

其实不止商人，家庭主妇、兽医和泥水匠……都是如此。

几年前，我在度假的时候，跟戈伯尔博士一起坐车经过得克萨斯州和新墨西哥州。戈伯尔博士是圣塔菲铁路的医务负责人，他的正式头衔是海湾—科罗拉多和圣塔菲联合医院的主治医师。当我们谈到忧虑对人的影响时，他说：

“在医生接触的病人中，有70%的人只要能够消除他们的恐惧和忧虑，病就会自然好起来。不要误以为他们都是生了病，他们的病都像你有一颗蛀牙一样实在，有时候还严重100倍。我说的这种病就像神经性的消化不良，某些胃溃疡、心脏病、失眠症，一些头痛症和麻痹症等等。

“这些病都是真病，我这些话也不是乱说的，因为我自己就得过12年的胃溃疡。

“恐惧使你忧虑，忧虑使你紧张，并影响到你胃部的神经，使胃里的胃液由正常变为不正常。因此就容易产生胃溃疡。”

约瑟夫·蒙塔格博士曾写过一本《神经性胃病》的书，他也说过同样的话：“胃溃疡的产生，不是因为你吃了什么而导致的，而是因为你忧愁些什么。”

梅奥诊所的阿尔凡莱兹博士说：“胃溃疡通常根据你情绪紧张的高低而发作或消失。”

他的这种说法在对梅奥诊所的15000名胃病患者进行研究后得到了证实。每5个人中，有4个并不是因为生理原因而得胃病。恐惧、忧虑、憎恨、极端自私，以及无法适应现实生活，才是他们得胃病和胃溃疡的原因……胃溃疡可以让你丧命。

我最近和梅奥诊所的哈罗德·哈贝恩博士通过几次信。他在全美工业界医师协会的年会上读过一篇论文，说他研究了176位平均年龄在44.3岁的工商界负责人。他报道说：大约有超过1/3的人因为生活过度紧张而引起下列三种病症之一——心脏病、消化系统溃疡和高血压。想想看，在我们工商界的负责人中，有1/3的人都患有心脏病、溃疡和高血压，而他们都还不到45岁，成功的代价是多么高啊！而他们甚至都不是在争取成功，一个身患胃溃疡和心脏病的人能算是成功之人吗？就算他能赢得全世界，却损失了自己的健康，对他个人来说，又有什么好处？即使他拥有全世界，每次也只能睡在一张床上，每天也只能吃三顿饭。就是一个挖水沟的人，也能做到这一点，而且还可能比一个很有权力的公司负责人睡得更安稳，吃得更香。我情愿做一个在阿拉巴马州租田耕种的农夫，在膝盖上放一把五弦琴，也不愿意在自己不到45岁的时候，就为了管理一个铁路公司，或者是一家香烟公司而毁了自己的健康。

“说到香烟，我突然想起一个最知名的香烟制造商。最近，他在加拿大森林中度假，本想轻松一下，但心脏病突然发作，死了。或许，他牺牲了好几年的健康，来换取所谓的成功，在61岁时终于拥有几百万美元，但一下就死了。在我眼里，他的成功远远不及我的父亲——他是密苏里州的农夫，身无分文，却活了89岁。”

最后，著名的梅奥兄弟宣布：“一半以上的病人患有神经病，当我们用最现代的强力显微镜给他们做检查时，却发现，他们的神经多半都非常健康。他们神经上的毛病并非因为身体出现了反常，而是因为悲观、烦躁、焦虑、恐惧、颓丧等情绪。”

柏拉图曾说过：“医生的最大错误在于，他们只治疗身体，对精神却毫无办法。而事实上，精神和肉体是一体的，不能单独处理。”

但是，2300年之后，医药科学界才明白这个道理。现在，一门崭新的医学——

心理生理医学出现了，它可以同时治疗精神和肉体。虽然医学已经消除了那些由细菌引起的可怕疾病——它们曾将数不清的人带进坟墓，比如天花、霍乱等等，但医生仍然无法治疗那些并非细菌感染，而是由于情绪上所引起的病症。

令人担心的是，这种情绪性疾病正日益加重，而且传播速度快得惊人。据医生们推断：至今健在的美国人中，每 20 个人中就有一个在某段时期患过精神病。二次世界大战爆发时，有很多年轻人应召入伍，但每 6 个人中就有一个患有精神失常，不能服役。

造成精神失常的原因到底是什么？至今无人清楚所有的答案，但在大多数情况下，都是由恐惧和忧虑造成的。烦躁不安的人多半不能适应生活，他们会逐渐与周围的环境断绝关系，缩回自己的幻想世界，希望借此能解决所有的烦恼。

在爱德华·波多尔斯基博士的《除忧去病》一书中，有几章提醒着人们：

忧虑可能影响心脏
忧虑会导致高血压
忧虑和风湿
为了你的胃，不要忧虑
忧虑会让人感冒
忧虑对甲状腺的影响
忧虑与糖尿病患者

卡尔·明梅尔博士的《自找麻烦》是另一本关于忧虑的好书，它没有告诉你避免忧虑的规则，但指出了一些可怕的事实，让你明白，人们是如何用忧虑、烦躁、恼怒、懊悔等情绪来折腾自己的。

即便是最坚强的人，忧虑也能让他生病。美国南北战争即将结束的最后几天，格兰特将军发现了这一点。

当时，格兰特已经围攻了瑞奇蒙长达9个月，李将军率领的部队被打败了，他们饥饿不堪，衣衫不整。有一次，好几个兵团的人开了小差，剩下的人在帐篷内祈祷、哭叫。眼看战争即将结束，李将军的手下几乎崩溃了，他们放火烧了瑞奇蒙的棉花、烟草仓库和兵工厂，在烈焰升腾的黑夜中，他们弃城而逃。

格兰特率领部队乘胜追击，从各个方向截击对手。由于剧烈的头痛，格兰特的眼睛已经半瞎了，他无法跟上队伍，只好停在一家农户前。

后来，他在自己的回忆录中写道："我在那里过了一夜，我把双脚泡在加了芥末的冷水里，并在手腕和后颈上贴着芥末药膏，希望第二天能够复原。"

结果，第二天早上，他当真复原了，但让他痊愈的不是芥末膏药，而是一个骑兵，他带回了李将军的投降书。

格兰特说："当那个军官带着信来到我面前时，我的头本来疼得厉害，但我看了信之后，马上就好了。"

很明显，忧虑、紧张和不安导致了格兰特生病。一旦看到胜利，自信恢复，他的病立刻就好了。

70年后，罗斯福总统的财政部长亨利·摩尔索发现忧虑会导致他头昏眼花。他在日记里写道，为了提高小麦的价格，罗斯福总统下令在一天之内买进440万蒲式耳的小麦，使他感到非常忧虑。他说："在这件事情没有结果之前，我头昏眼花。回到家里，我吃完晚饭以后只睡了不到两个小时。"

假如我们想看看忧虑对人会产生什么样的影响，大可不必到图书馆或医院求证。只要从我们现在正坐着的家里朝窗外看，也许就能够看到在另一条街的一栋房子里，有一个人因为忧虑而精神崩溃；另外一栋房子里，有一个人因为忧虑而得了糖尿病——由于股票下跌，他的血和尿里的糖分就会升高。

法国著名的哲学家蒙田当选为家乡的市长时，他对市民们说："我愿意用我的双手来处理好你们的事情，可是我不想把它们带到我的肝里和肺里。"

但我的一位邻居却非要将股票市场搞到他的血液里，结果差点要了他的老命。

如果我们想记住忧虑对人会产生什么影响，大可不必去看我们邻居的房子，只要看看我们现在正坐着的这个房间，这栋房子以前的主人就是因为忧虑过度而进了坟墓。忧虑会使你患风湿症或关节炎而不得不坐进轮椅。康奈尔大学医学院的罗素·西基尔博士是世界著名的治疗关节炎的权威人士，他列举了4种最容易得关节炎的情况：

（1）婚姻破裂。

（2）财务上的不幸和困难。

（3）寂寞和忧虑。

（4）长期的愤怒。

当然，以上几种情绪状况，并非是导致关节炎的唯一原因。但产生关节炎的最“常见的原因”，却正是西基尔博士所列举的这几点。

举个例子来说吧，我的一个朋友在经济不景气的时候，遭受了很大的损失。结果，煤气公司切断了他的煤气，银行没收了他抵押贷款的房子，他太太也突然患了关节炎——虽然经过治疗并加强了营养，他太太的关节炎却直到他们的经济条件改善之后才得以痊愈。

忧虑甚至会使你有蛀牙。威廉·麦克戈尼格博士曾在全美牙医协会的一次演讲中说：“由于焦虑、恐惧等因素产生的不愉快情绪，可能会影响到一个人身体内部的钙质平衡，从而使牙齿容易被蛀。”麦克戈尼格博士还提到，他的一个病人原本有一口非常棒的牙齿，但后来他的夫人得了某种急病，他开始担心起来。就在她住院的那3个星期之内，他突然有了9颗蛀牙——这些全都是由焦虑导致的。

你是否看见过一个人的甲状腺反应过度？我曾经看过。我可以告诉你，他们会发抖、战栗，看起来就像是吓得半死的样子——而事实上也差不多就是这样的情形。甲状腺的功能是调节生理平衡，一旦反常之后，人的心跳就会加速，整个身体就会亢奋得像一个打开了所有风门的大火炉，如果不动手术或治疗的话，就很可能会送命，很可能“把他自己烧干”。

不久以前，我和一个患了这种病的朋友一同去费城。我们要去拜访一位专治这种病达38年之久的著名专家布拉姆博士。在他候诊室的墙面上，挂着一块大木板，上面写了他给病人的忠告。我把它抄在了一个信封的背面：

轻松和享受
最使你轻松愉快的是，
健康的信仰、睡眠、音乐和欢笑。
要相信神，
要学着睡得安稳，
喜欢好的音乐，
从滑稽的一面来看生活，
那么健康和快乐将都是你的。

他问我朋友的第一个问题就是："你情绪上有什么问题导致你出现这样的情况？"他警告我的朋友说，假如他继续这样忧虑下去，就很有可能会染上其他并发症、心脏病、胃溃疡，或糖尿病等等。这位名医说："所有这些病症，都互相有关联，它们甚至是很近的亲戚。"这话一点都不错，它们都是近亲——都是由忧虑所产生的疾病。

我去访问女明星曼乐·奥伯恩的时候，她告诉我她绝对不会忧虑，因为忧虑会毁了她在银幕上的重要资产——她美丽的容貌。

她告诉我说："当我刚开始想要涉足影坛的时候，我既担心又害怕。因为我刚从印度回来，在伦敦一个人都不认识，却想在那里找到一份工作。我去找了几家制片厂，可是没有一个人肯用我。我仅有的一点点钱也逐渐用光了，后来整整两个星期，我只能靠一点饼干和白开水过活。因此那时候我不仅忧虑，还非常饥饿，我对自己说：'也许你是个傻瓜，也许你永远也进不了电影界。归根结底，你毫

无经验，也从来没有演过戏。除了一张漂亮的脸蛋之外，你还有些什么呢？'

"我照了照镜子。就在我望着镜子的时候，突然发现忧虑对我容貌的恶劣影响。我看见了因为忧虑而产生的皱纹，看见了我焦虑的表情。于是我对自己说：'你必须立即停止忧虑，不能再忧虑下去。你能给别人的只有你的容貌，而忧虑会毁了它的。'"

再也没有任何东西会比忧虑更容易使一个女人老得更快而摧毁了她的容貌。忧虑会使我们的表情难看，会使我们牙关紧咬，会使我们的脸上出现皱纹，会使我们一天到晚愁眉苦脸，会使我们头发变白，甚至会使我们头发脱落，忧虑还会使你脸上的皮肤长斑点、溃烂或粉刺。

现在心脏病是美国的头号杀手。在第二次世界大战期间，大约有 30 多万人死于战场，可是在同一时间，心脏病却导致了 200 万人死亡，而其中有 100 万人的心脏病是由于忧虑和过度紧张的生活引起的。也正因为心脏病，尤利西斯·科瑞尔博士才说："不知道如何抗拒忧虑的商人，所付出的必将是短寿的代价。"

中国人和美国南部的黑人很少患这种因忧虑而引起的心脏病，因为他们遇事沉着。死于心脏病的医生要超过农夫 20 倍，因为医生过着非常紧张的生活，所以才会出现这样的结果。

威廉·詹姆斯说："上帝可能原谅我们所犯的罪过，可是我们的神经系统却不会。"

这是一件令人吃惊而难以相信的事实：每年因自杀而死的人，比各种常见传染病致死的人还要多。

为什么呢？答案大多都是"因为忧虑"。

古时候，残忍的将军总是喜欢折磨俘虏。他们命人将俘虏的手脚捆绑起来，放在一个不断滴水的袋子下面，水一直滴着、滴着，日以继夜，从不停歇，到最后，俘虏们就会觉得，这些水滴声如同槌子敲击的声音，他们忍受不了这种折磨，多半都会精神失常。西班牙宗教法庭和纳粹集中营都用过这个办法。

忧虑也像这些不断滴下来的水，它可以让人精神失常，甚至自杀。

小时候，我经常听牧师形容地狱中的烈火，并被他吓得半死。但牧师从来没有说过，忧虑带来的生理痛苦也如同地狱烈火一样。

如果你长期忧虑，总有一天，你会患上最痛苦的病症——狭心症。要是发作起来，天哪，你一定会痛得尖叫。与你的尖叫相比，但丁的《地狱篇》不过是个“儿童玩具园”。到了那个时候，恐怕你就会告诉自己：“哦，我的上帝！如果我能好起来，永远都不会为任何事忧虑了，永远不会。”

你热爱生命吗？希望健康长寿吗？下面这个方法是你能做到的。

在此，我要引用亚利希斯·柯瑞尔博士的话：“在混乱的现代都市中，只有那些保持内心平静的人，才不会变成神经病。”

你能否做到这一点呢？如果你是个正常人，答案应该是肯定的。

事实上，我们大多数人比自己想象的更坚强，我们有很多从未发现的、潜在的巨大力量。梭罗的不朽名著《狱卒》中曾说：“一个人如果下定决心提高自己的生活能力，这是件令人振奋的事，我不知道，还有什么比它更让人高兴……假使他能充满信心地向理想努力，下决心追求想要的生活，一定能收获意外的成功。”

我相信，很多读者都具备欧嘉·佳薇的那种意志力。

欧嘉·佳薇住在爱达荷州，即便是面对最悲惨的情况，她依然发现，自己能够克服忧虑。

她说：“8年多以前，医生宣称我很快就会离开人世，死于那种很慢、很痛苦的癌症，而且国内最有名的梅奥兄弟也证实了这个结果。当时，我觉得走投无路，死亡马上就会迎面扑来。我还年轻，不想这么死掉，在万般无奈之下，我给医生打了个电话，向他倾诉内心的绝望。他有些不耐烦地说：‘欧嘉，你是怎么回事？难道一点斗志都没有吗？如果你继续哭下去，毫无疑问，你肯定会死的。不错，你遇上了最坏的情况，但你要面对现实，振作起来想点办法。’

“他的话让我颤抖不已，我紧紧抓住胳膊，指甲深深陷入皮肤。就在这一瞬间，我发誓，再也不要忧虑，不要哭泣，如果我还有什么想法，那就是我一定要活下去！在无法用镭照射的情况下，我只能接受 X 光照射，每天 10 分半钟，连续照 13 天。但医生每天给我治疗 14 分半钟，并照了 49 天。尽管骨头在消瘦的身体上如同荒山上的岩石，虽然两腿如同铅块一样沉重，但我从不忧虑，也不哭泣，始终面带微笑。不错，我勉强自己微笑。

“我不是傻瓜，以为微笑可以治疗癌症，但我相信，乐观的精神状态有助于抵抗疾病。总之，我创造了治愈癌症的奇迹。这些年来，我从未如此健康，可以说，这完全归功于医生说的那句富有挑战性的话：‘面对现实，振作起来想点办法。’”

这一章即将结束，在这里，我要重复一遍亚利希斯·柯瑞尔博士的话：“如果一个商人不知道如何消除忧虑，他的寿命肯定不长。”

我希望阅读这本书的每个读者都能牢记它，柯瑞尔博士说的人是不是你呢？很有可能是的。

第二篇　人为什么会忧虑

一、揭开忧虑之谜

前面曾提到的维奇·卡贝尔战胜忧虑的万能公式，是否能解决你所有的忧虑呢？不，当然不能。

那么当你面对忧虑时，应该怎么办呢？答案是——我们一定要学会下面三个分析问题的基本步骤，并用它们来解决各种不同的困难。

这三个步骤是：

第一步：要看清事实。

第二步：具体地分析事实。

第三步：得出结论，作出决定，然后依照决定理智地实施行动计划。

这是亚里士多德所教的方法，他也使用过。我们如果想解决那些逼迫我们、使我们日夜像生活在地狱里一样的问题，我们就必须运用这几个步骤。

我们先来看看第一步：弄清事实。弄清事实为什么如此重要呢？因为如果我们不能把事实弄清楚，就不能很明智地解决问题。没有这些事实，我们就只能在混乱中摸索。这一方法是我研究出来的吗？不，这是已故的哥伦比亚大学教育学院院长赫伯特·郝基斯说的。他曾经帮助过20多万个学生解决忧虑的问题。他说，世界上的忧虑，一大半是因为人们没有足够的知识来作决定而产生的。他告诉我：

“混乱是产生忧虑的主要原因。比方说，如果我有一个必须在下周二以前解决的问题，那么在下周二之前，我根本不会去试着作什么决定。在这段时间里，我只集中全力去搜集有关这个问题的所有事实。我不会发愁，我不会为这个问题而难过，我不会失眠，只是全心全力去搜集所有的事实。等星期二到来之时，如果我已经弄清了所有的事实，一般说起来，问题本身就会迎刃而解了。”

我问郝基斯院长，这是否说他可以完全排除忧虑。“是的，”他说，“我想我可以老实说，我现在的生活完全没有忧虑。我发现，如果一个人能够把他所有的时间都花在以一种十分超然、客观的态度去找寻事实的话，他的忧虑就会在知识的光芒下消失得无影无踪。”

可是我们大多数人怎么做呢？如果我们去考虑事实——爱迪生曾郑重其事地说：“一个人为了避免花工夫去思想，常常无所不用其极。”——如果我们真的去考虑事实，我们通常也只会像猎狗那样，去追寻那些我们已经想到的，而忽略其他的一切。我们只需要那些能够适合于行动的事实——符合我们的如意算盘，符合我们原有偏见的事实。

正如安德烈·马罗斯所说：“一切和我们个人欲望相符合的，看来都是真理，其他的，就会使我们感到愤怒。”

难怪我们会觉得，要得到问题的答案是如此困难，如果我们一直假定二加二等于五，那不是连做一个二年级的算术题目都会有问题吗？可事实上，世界上就有很多很多的人硬是坚持说二加二等于五——或者是等于五百——弄得自己跟别人的日子都很不好过。

关于这一点，我们能怎么办呢？我们得把感情排除于思想之外，就像郝基斯院长所说的，以一种“超然、客观”的态度去弄清事实。

要在我们忧虑的时候那样做不是一件简单的事。当我们忧虑的时候，往往情绪激动。不过，我找到了两个办法，有助于我们像旁观者一样很清晰地、客观地看清所有事实：

（1）在搜集各种事实的时候，我假设不是在为自己搜集这些资料，而是在为别人，这样可以保持冷静而超然的态度，也可以帮助自己控制情绪。

（2）在试着搜集造成忧虑的各种事实时，有时候可以假设自己是对方的律师，换句话说，我也要搜集对自己不利的事实——那些有损于我的希望和我不愿意面对的事实。

然后我把两方面的所有事实都写下来——我通常发现，真理就在这两个极端之间。

这就是我要说明的要点：如果不先看清事实的话，你、我、爱因斯坦，甚至美国最高法庭，也无法对任何问题作出很明智的决定。爱迪生很清楚这一点，他死后留下了 2500 本笔记簿，里面记满了有关他面临的各种问题的事实。

所以，解决我们问题的第一个办法是：弄清事实。让我们仿效郝基斯院长的方法吧！在没有以客观态度搜集到所有的事实之前，不要去想如何解决问题。

不过，即使把全世界所有的事实都搜集起来，如果不加以分析和诠释，对我们也丝毫没有好处。

根据我个人的经验，先把所有的事实写下来，再做分析，事情会容易得多。事实上，仅仅在纸上记下很多事实，把我们的问题明明白白地写出来，就可能有助于我们得出一个很合理的决定。正如查尔斯·凯特林所说的："只要能把问题讲清楚，问题就已经解决了一半。"

让我用事实来告诉你这种做法的效果吧，中国有句古话："百闻不如一见。"我要告诉你一个人怎样把我们刚刚所说的那些真正付诸行动。

就拿盖伦·利奇费尔德的事情来说——我认识他好几年了，他是一个远东地区非常成功的美国商人。1942 年，日军侵入上海，利奇费尔德正在中国，下面就是他在我家做客的时候给我讲述的故事：

"日军轰炸珍珠港后不久，他们占领了上海。我当时是上海亚洲人寿保险公司的经理，他们派来一个所谓的'军方清算员'——实际上他是个海军将领——

命令我协助他清算我们的财产。这种事，我一点办法也没有，要么就跟他们合作，要么就算了，而所谓算了，也就是死路一条。

“我只好遵命行事，因为我无路可走。不过，有一笔大约75万美金的保险费，我没有填在那张要交出去的清单上。我之所以没有把这笔保险费填进去，是因为这笔钱属于我们的香港公司，跟上海公司的资产无关。不过，我还是怕万一日本人发现了这件事，可能会对我非常不利。他们果然很快就发现了。

“当他们发现的时候，我不在办公室。不过我的会计主任在场。他告诉我说，那个军官大发脾气，拍桌子骂人，说我是个强盗，是个叛徒，说我侮辱了日本皇军。我知道这是什么意思，我知道我会被他们关进宪兵队去。

“宪兵队，就是日本秘密警察的行刑室。我有几个朋友就宁愿自杀，也不愿被送到那个地方去。我还有些朋友，在那里被审问了十天，受尽了酷刑之后，死在那个地方。现在我自己也可能要进宪兵队了。

“当时我怎么办呢？我在礼拜天下午听到这个消息，我想我应该吓得要命。如果我没有可以解决问题的方法，我一定会吓坏了。多年来，每次我担心的时候，总坐在我的打字机前，打下两个问题，以及问题的答案：

(1) 我担心的是什么？

(2) 我能怎么办呢？

“我以往都不把答案写下来，而在心里回答这两个问题。不过多年前我就不那样做了。我发现同时把问题和答案都写下来，能够使我的思路更清楚。所以，在那个星期天的下午，我直接回到上海基督教青年会我住的房间，取出我的打字机。我打下：

(1) 我担心的是什么？

我怕明天早上会被关进宪兵队里。然后我打下第二个问题：

(2) 我能怎么办呢？

“我花了几个钟点去想这个问题，写下了四种我可能采取的行动，以及每一种行动可能带来的后果。

“我可以尝试着去跟那位日本海军将领解释。可是他不会说英文，若是我找个翻译来跟他解释，很可能会让他火起来，那我可能就是死路一条了。因为他是个很残酷的人，我宁愿被关在宪兵队里，也不愿去跟他谈。

“我可以逃走。这点是不可能的，他们一直在监视着我，我从基督教青年会搬出搬进都需要登记，如果打算逃走的话，很可能被他们抓住而枪毙掉。

“我可以留在我的房间里，不再去上班。但如果我这样做的话，那个日本海军将领就会起疑心，也许会派兵来抓我，根本不给我说话的机会，而把我关进宪兵队里。

“礼拜一早上，我可以照常到公司去上班。如果我这样做的话，很可能那个日本海军将领正在忙着，而忘掉我那件事情。即使他想到了，也可能已经冷静下来，不会来找我的麻烦。要是这样的话，我就没问题了。甚至即使他还来烦我，我仍然还有个机会去向他解释，所以应该像平常一样，在礼拜一早上到办公室去，好像根本没出什么事，可以给我两个逃避宪兵队的机会。

“等我把所有事情都想过，决定采取第四个计划——像平常一样，礼拜一早上去上班——之后，我觉得大大地松了一口气。

“第二天早上我走进办公室的时候，那个日本海军将领坐在那里，嘴里叼着根香烟，像平常一样地看了我一眼，什么话也没说。六个礼拜以后——谢天谢地，他被调回东京去了，我的忧虑就此告终。

“就像我前面所说过的，我之所以能捡回一条命，大概就是因为在那个礼拜天下午我坐下来写出各种不同的情况，和每一个步骤所可能带来的后果，然后很镇定地作出决定。如果我没有那样做的话，我可能会很混乱，或者是迟疑不决，而在紧要关头走错一步。要是我没有分析我的问题，作出决定，那整个礼拜天下午，我就会急得心乱如麻，当天晚上我也肯定睡不着觉，礼拜一早上上班的时候，一定会满面惊慌和愁容。光是这一点，就可能引起那个日本海军将领的疑心，而使他采取行动。

“以后，一次又一次的经验证明，渐渐作出决定的确有莫大的价值。我们都是因为不能达成既定目的，不能控制自己，老是在一个令人难过的小圈子里打转，才会精神崩溃和生活难过。我发现，一旦很清楚、很确定地出一种决定之后，50%的忧虑就会消失，在我按照决定去做之后另外还可以消失40%。”

也就是说，采取以下四个步骤，就能消除掉90%的忧虑：

(1) 清楚地写下你担心的是什么。

(2) 写下你可以怎么办。

(3) 决定该怎么办。

(4) 按照决定去做。

盖伦·利奇费尔德十分诚恳地说：“我的成功完全得益于这种分析忧虑、正视忧虑的办法。”

这种办法为什么如此有效呢？因为它直接有效地达到了问题的核心。

最重要、最不可缺少的就是第三步，决定该怎么做，除非我们能马上采取行动，否则看清事实和分析真相都失去了作用，纯粹是一种体力浪费。

威廉·詹姆斯说：“一旦作出决定，就要迅速付诸行动，不必理会责任问题，也不要关心结果。”

在这句话中，“关心”无疑是“焦虑”的同义词。詹姆斯的意思非常明确，一旦你以事实为基础，做出了谨慎的判断，就要立即实行，不要停下来重新思考，以免怀疑自己，进而产生担心和犹豫。

怀特·菲利浦是俄克拉荷马州最成功的石油商人。一次，我问他：“怎么才能将决心付诸行动？”

他说：“我发现，如果超过了某种程度，我们还在不停地思考，肯定会引发忧虑，而且思绪混乱。当调查和仔细思考毫无益处时，就是下定决心付诸行动的时候。”

那么，你为什么不采用盖伦·利奇费尔德的方法解除自身的忧虑呢？

第一个问题：你在担心什么？

第二个问题：有什么解决办法？

第三个问题：该如何选择？

第四个问题：何时开始做？

二、将忧虑减半

如果你是一个商人，也许你现在正在对自己说：“这个话题简直是荒谬至极，我干这一行已经十几年了，如果说有谁知道这个答案的话，当然非我莫属了。居然有人想要告诉我如何让生意上的忧虑减半，这可真是荒谬透顶。”

这话一点也不错。如果我在几年前看到这样的标题，也会有同样的感觉。这个题目好像能帮你解决很多事情，但这种空头话根本一文不值。

让我们开诚布公地谈谈吧！也许我的确不能帮你减少生意上一半的忧虑，因为从我前面分析的结果来看，除了你自己之外，没有人能做得到这一点。可是我能做到一点，就是可以让你看看别人是怎么做的，剩下的就要看你自己的了。

前面我曾经提过，闻名世界的尤利西斯·科瑞尔博士认为：“不知道如何抗拒忧虑的商人，所付出的将是短寿的代价。”既然忧虑如此严重，那么如果我能帮你减轻忧虑，哪怕只有 10% 的忧虑，你是不是会感到满意呢？会的！很好，我下面就要告诉你一位商人是如何消除忧虑的，而且节约了以前用来开会、解决生意上问题的 70% 的时间。

当然，我不会告诉你那些你无法查证的故事。这个故事的主人公叫李昂，多年来他一直担任西蒙出版公司的高层主管，现在是纽约州纽约市洛克菲勒中心袖珍图书公司的董事长。

下面就是李昂的经验：

“15 年来，我几乎每天都要花一半的时间用来开会和讨论问题。讨论我们应该这样还是那样，还是什么都不管。我们这时会非常紧张，会在椅子上坐立不安，或在办公室里走来走去，彼此辩论，不停地绕圈子。到了晚上，我会弄得筋疲力尽。我原以为我这辈子大概也就只能这样了。而且我干这一行已经有 15 年了，我并不觉得应该有更好的办法。如果有人告诉我，我可以减去 3/4 的会议时间，可以消除 3/4 的神经紧张，那么我会认为他是在痴人说梦。可是，我现在确实能够拟出一个恰好能做到这一点的计划。这个方法我已经用了 8 年，对我的办事效率、我的健康和我的快乐来说，都带来了意想不到的好处。

“这听起来好像是在变魔术——可是正如所有的魔术一样，一旦你弄清楚是怎么做的，就非常简单了。

“我的秘诀就是：

“第一，我立即停止 15 年来会议中一直使用的程序——那些令人恼火的同事总是先报告一遍问题的细节，然后问：‘该如何解决？’

“第二，我定下一个新规矩：任何一个想讨论问题的人，必须先准备一份书面报告，上面要回答四个问题：

“一、到底出了什么问题？（以前我们经常用一两个小时开会、讨论问题，但很少有人真正明白：问题究竟出在哪里。）

“二、问题的起因在哪儿？（我吃惊地发现，即使浪费了很多时间，依然找不出问题的基本情况。）

“三、有哪些解决办法？（以前，总是一个人提出建议，然后其他人和他辩论，结果常常跑题，直到开完会也没想出几种办法。）

“四、你觉得哪种办法最好？（过去开会总是反复琢磨一种情况，从未考虑过其他可行的方法。）

“现在，同事们很少再来问我：‘该怎么办？’因为他们发现，只要认真地回答以上四个问题，最合适的方案就会自动跳出来，就像面包从烤箱中跳出来一样。即使一定要讨论，所花的时间也仅仅是从前的三分之一，因为整个过程条理清楚，而且合乎逻辑，最后总能找到明智的做法。”

法兰克·毕吉尔是美国保险业的巨子，他也运用同样的方法消除了忧虑，并增加了不少收入。

他说：“我刚刚进入推销保险这个行业时，对工作充满热情。但后来发生了一点小事，我突然沮丧起来，看不起自己的职业，甚至想辞职。但是，在一个星期六的早晨，我冷静地坐下来，想找出忧虑的来源。

“我首先问自己：‘到底出了什么问题？’我拜访了很多人，但成绩并不理想。最初，我和顾客们聊得非常投机，但每当最后快成交时，他们就会说：‘我再考虑一下，以后再说吧！’结果我又要另外安排时间去找他，这种结果令我沮丧。

“接着我又问自己：‘有什么解决办法？’在得出答案之前，我当然要好好研究一下过去的成绩。我拿出 12 个月前的记事本，看了看上面的数字。我吃惊地发现，卖出的那些保险有 70% 是第一次见面就成交的，有 23% 是第二次见面成交的，只有 7% 的成交量出现在第三、第四、第五次见面。也就是说，我把几乎一半的工作时间浪费在 7% 的业务上。

“那么，第三个问题是：答案是什么？毫无疑问，我应该马上停止二次以上的拜访，将多余的时间用于寻找新顾客。结果简直出乎意料，我在很短的时间内就将每次赚 2.70 美元的成绩提高到 4.27 美元。”

如今，法兰克·毕吉尔每年的保险业务都超过 100 万美元。想想看，他几乎要放弃这份职业，承认自己的失败，可结果呢，他通过分析问题，最终走上了成功之路。

下面，我再列出这几个问题，看你能否用上它们：

（1）发生了什么问题？

（2）问题的原因到底在哪里？

（3）有哪些解决办法？

（4）你觉得哪种办法最合适？

第三篇　改变忧虑的习惯

一、驱逐思想中的忧虑

我班上有个叫马利安·道格拉斯的学生，他对我说："我家曾遭受过两次不幸。第一次，我特别钟爱的5岁的女儿死了，我和妻子几乎崩溃，我们都以为自己无法承受这个打击。10个月后，我们又有了一个女儿，但更不幸的是，她仅仅活了5天。打击接二连三地出现，面对这种情况，我食不下咽，根本睡不着。我尝试着吃安眠药和旅行，但都毫无用处。我完全丧失了信心，一把大钳子似乎夹住了我的身体，而且愈夹愈紧。

"没想到的是，我4岁的儿子教给了我们解决问题的办法，感谢上帝！一天下午，我和往常一样，呆坐在那里难过。这时，儿子跑过来问我：'爸爸，你能否给我造条船？'老实说，我一点儿兴趣也没有，但小家伙很缠人，我只好依着他开始造那条玩具船。这项工作大约花了3个小时，完成之后我才发现，在这段时间里，我第一次感到放松，这是许久以来从未有过的。

"我终于大梦初醒，几个月来，我第一次集中精神去思考。我想通了，如果你忙着从事一些费脑筋的工作，几乎就不会再忧虑了。现在，造船完全挤掉了我的所有忧虑，所以我决定，让自己不断地忙碌。第二天晚上，我检查了所有房间，将该做的事列出一张单子，其中有很多小东西需要修理，比如把手、门锁、楼梯、窗帘、书架以及漏水的龙头等等。短短两个星期，我找出了 242 件该做的事。

“从此，我的生活中被很多具有启发性的活动占据了。每星期有两个晚上，我要到纽约市参加成人教育班，还要参加小镇上的活动。现在，我是校董事会主席，协助红十字会或其他机构募捐，忙得简直没时间忧虑。”

“没时间忧虑”，这句话是丘吉尔说的。当年，战事紧张时，他每天都要工作 18 个小时，于是有人问他：“你是否为自己担了这么重的责任而忧虑？”

他说：“我忙得没有时间去忧虑。”

查尔斯·柯特林发明了汽车自动点火器，他也碰到过类似的情形。柯特林先生一直担任赫赫有名的通用公司的副总裁，但当年，他极其穷困潦倒，只能在谷仓内堆稻草的地方做实验，所有的开销都依靠妻子教钢琴的 1500 美元。

我问他妻子：“在那段时间，你是否很忧虑？”

她说：“是的，我担心得夜不能寐。但柯特林先生毫不担心，他整天埋头干活，估计没时间忧虑。”

巴斯特是一名伟大的科学家，他曾说：“人们能在图书馆和实验室找到平静，在这里，每个人都埋头工作，不会为事情忧虑。做研究工作的人很少会出现精神崩溃，因为他们非常忙，没时间享受这种奢侈。”

为什么“让自己忙着”这么简单的一件事情，就能够把忧虑从你的思想中赶出去呢？因为有这么一个定理，这条定理就是：不论个人多么聪明，都无法在同一时间内思考一件以上的事情——这是心理学所发现的基本定理之一。让我们来做一个实验吧：假定你现在坐在椅子上，闭上双眼，试着在同一个时间去想自由女神，以及你明天早上打算做什么事情。

这时候，你会发现，你只能轮流想其中的一件事，而无法同时想这两件事情，对不对？就你的情感来说，也是如此。例如，我们不可能充满热情地想去做一些令人兴奋的事情，同时又因为忧虑而拖延下来。一种感觉会把另一种感觉赶出去——也就是这么简单的发现，使得军方一些心理治疗专家能够在战时创造出医学奇迹。

当有些人因为在战场上受到打击的经历而退下来的时候，他们都患上了一种“心理上的精神衰弱症”。军方的医生，大都采取“让他们忙着”的治疗方法。

除了睡觉的时间之外，每时每刻都让这些在精神上受到打击的人充满活力，例如钓鱼、打猎、打球、打高尔夫球、拍照片、种花，以及跳舞等等，根本不让他们有时间去回想那些可怕的经历。

“职业性的治疗”是近代心理医生所用的新名词，也就是把工作当作治病的药。这并不是新的办法，在耶稣诞生500年以前，古希腊的医生就已经使用这种方法了。

在富兰克林那个时代，费城教友会的教徒也使用过这种方法。1774年，有一个人去参观教友会办的疗养院，看见那些精神病人正忙着纺纱织布时，他大为震惊。他认为那些可怜而不幸的人正在被剥削。后来教友会的人向他解释说，他们发现那些病人只有在工作的时候病情才真正有所好转，因为工作能安定他们的神经。

任何一个心理治疗医生都能够告诉你。工作——不停地忙着，是治疗精神病的最好药剂。著名诗人亨利·朗费罗先生在他年轻的妻子去世之后，也发现了这个道理。

有一天，他太太点了一支蜡烛，来熔一些信封的火漆，结果衣服烧了起来。朗费罗听见她的叫喊声，就赶过去抢救，可是她还是因为烧伤而死去。有一段时间，朗费罗没有办法忘掉这次可怕的经历，几乎发疯。幸好他三个幼小的孩子需要照料。虽然他很悲伤，但还是要父兼母职。他带他们出去散步，讲故事给他们听，和他们一同玩游戏，还把他们父子间的亲情永存在《孩子们的时间》一诗里。他还翻译了但丁的《神曲》。这些工作加在一起，使他忙得完全忘记了自己，也重新得到思想的平静。就像丁尼生在最好的朋友亚瑟·哈兰死的时候曾经说过的那样：“我一定要让我自己沉浸在工作里，否则我就会在绝望中苦恼。”

对大部分人来说，在做日常的工作忙得团团转的时候，“沉浸在工作里”大概不会有多大问题。可是在下班以后——就在我们能自由自在享受我们的悠闲和快乐的时候——忧虑的魔鬼就会来攻击我们。这时候我们常常会想，我们的生活里有什么样的成就，我们有没有上轨道，老板今天说的那句话是不是“有什么特别的意思”，或者我们的头是不是秃了。

我们不忙的时候，脑筋常常会变成真空。每一个学物理的学生都知道“自然中没有真空的状态”。打破一个白炽灯的灯泡，空气就会进去，充满了理论上说来是真空的那一块空间。

脑筋空出来，也会有东西进去补充，是什么呢？通常都是你的感觉。为什么？因为忧虑、恐惧、憎恨、嫉妒和羡慕等等情绪，都是由我们的思想所控制的，这种种情绪都非常猛烈，会把我们思想中所有的平静的、快乐的思想和情绪都赶出去。

詹姆士·马歇尔是哥伦比亚师范学院的教育学教授。他在这方面说得很清楚：“忧虑最能伤害到你的时候，不是在你有行动的时候，而是在一天的工作做完了之后。那时候，你的想象力会混乱起来，使你想起各种荒诞不经的可能，把每一个小错误都加以夸大。在这种时候，”他继续说道，“你的思想就像一部没有载货的车子，乱冲乱撞，撞毁一切，甚至自己也变成碎片。消除忧虑的最好办法，就是要让你自己忙着，去做一些有用的事情。”

不见得只有一个大学教授才能懂得这个道理，才能付诸实行。战时，我碰到一个住在芝加哥的家庭主妇，她告诉我她如何发现“消除忧虑的好办法，就是让自己忙着，去做一些有用的事情”。当时我正在从纽约回密苏里农庄的路上，在餐车上碰到这位太太和她的先生。

这对夫妇告诉我，他们的儿子在珍珠港事件的第二天加入陆军。那个女人当时因担忧她的独子，而几乎使她的健康受损。他在什么地方？他是不是安全呢？还是正在打仗？他会不会受伤、死亡？

我问她，后来她是怎么克服她的忧虑的。她回答说：“我让自己忙着。”她告诉我，最初她把女佣辞退了，希望能靠自己做家事来让自己忙着，可是这没有多少用处。“问题是，”她说，“我做起家事来几乎是机械化的，完全不用思想，所以当我铺床和洗碟子的时候，还是一直担忧着。我发现，我需要一些新的工作才能使我在一天的每一个小时，身心两方面都能感到忙碌，于是我到一家大百货公司里去当售货员。”

“这下成了，”她说，“我马上发现自己好像掉进了一个行动的大旋涡里：顾客挤在我的四周，问我关于价钱、尺码、颜色等等问题。没有一秒钟能让我想到除了手边工作以外的问题。到了晚上，我也只能想，怎样才可以让我那双痛脚休息一下。等我吃完晚饭之后，我爬上床，马上就睡着了，既没有时间也没有体力再去忧虑。”

她所发现的这一点，正如约翰·考伯尔·波斯在他那本《忘记不快的艺术》里所说的：“一种舒适的安全感，一种内在的宁静，一种因快乐而反应迟钝的感觉，都能使人类在专心工作时精神镇静。”

而能做到这一点是多么有福气。世界最有名的女冒险家奥莎·约翰逊最近告诉我，她如何从忧虑与悲伤中得到解脱。你也许读过她的自传《与冒险结缘》。如果真有哪个女人能跟冒险结缘的话，也就只有她了。马丁·约翰逊在她 16 岁那一年娶了她，把她从堪萨斯州查那提镇的街上一把抱起，到婆罗洲的原始森林里才把她放下。25 年来，这一对来自堪萨斯州的夫妇旅行全世界，拍摄在亚洲和非洲逐渐绝迹的野生动物的影片。9 年前他们回到美国，到处作旅行演讲，放映他们那些有名的电影。他们在丹佛城搭飞机飞往西岸时飞机撞了山，马丁·约翰逊当场死亡，医生们都说奥莎永远也不能再下床了。可是他们对奥莎·约翰逊的认识并不够深，3 个月之后，她就坐着轮椅，在一大群人的面前发表演说。事实上，那段时间里她发表过一百多次演讲，都是坐着轮椅去的。当我问她为什么这样做的时候，她回答说：“我之所以这样做，是让我没有时间去悲伤和忧愁。”

奥莎·约翰逊发现了比她早一世纪的丁尼生在诗句里所说的同一个真理：“我必须让自己沉浸在工作里，否则我就会挣扎在绝望中。”

海军上将拜德之所以也能发现这一点，是因为他在覆盖着冰雪的南极的小茅屋里单独住了 5 个月——在那冰天雪地里，藏着大自然最古老的秘密——在冰雪覆盖下，是一片没有人知道的、比美国和欧洲加起来都大的大陆。拜德上将独自度过的 5 个月里，方圆 100 英里内没有任何一种生物存在。天气奇冷，当风吹过他耳边的时候，他能感觉他的呼吸冻住，结得像水晶一般。在他那本名叫《孤寂》

的书里，拜德上将叙述了在既难过又可怕的黑暗里所过的那5个月的生活。他一定得不停地忙着才不至于发疯。

“在夜晚，”他说，“当我把灯吹熄之前，我养成了分配第二天工作的习惯。就是说，为我自己安排下一步该做什么。比方说，一个钟点去检查逃生用的隧道，半个钟点去挖横坑，一个钟点去弄清楚那些装置燃料的容器，一个钟点在藏飞行物的隧道的墙上挖出放书的地方来，再花两个钟点去修拖人的雪橇……”

“能把时间分开来，”他说，“是一件非常好的事情，使我有一种可以主宰自我的感觉……”他又说，“要是没有这些的话，那日子就过得没有目的。而没有目的的话，这些日子就会像平常一样，最后弄得崩解分裂。”

要是我们为什么事情担心的话，让我们记住，我们可以把工作当作很好的古老治疗法！

哈佛大学医学院教授、已故的理查德·柯波特博士说：“我很高兴看到工作可以治愈很多病人。他们所感染的，是由于过分迟疑、踌躇和恐惧等等所带来的病症。工作所带给我们的勇气，就像爱默生永垂不朽的自信一样。”

要是你和我不能一直忙着——如果我们闲坐在那里发愁——我们会产生一大堆达尔文称之为“胡思乱想”的东西，而这些“胡思乱想”就像传说中的妖精，会掏空我们的思想，摧毁我们的行动力和意志力。

我认得纽约的一个生意人，他用忙碌来赶走那些“胡思乱想”，使他没有时间去烦恼和发愁。他的名字叫曲伯尔·朗曼，也是我成人教育班的学生。他征服忧虑的经过非常有意思，也非常特殊，所以下课之后我请他和我一起去吃夜宵。我们在一间餐馆里面一直坐到半夜，谈到了那些经验。下面就是他告诉我的故事：

“18年前，我因为忧虑过度而得了失眠症。当时我非常紧张，脾气暴躁，而且非常不安。我想我就要精神崩溃了。

“我这样发愁是有原因的。我当时是纽约市西面百老汇大街皇冠水果制品公司的财务经理。我们投资了50万美金，把草莓包装在一加仑装的罐子里。20年来，我们一直把这种一加仑装的草莓卖给制造冰激凌的厂商。突然我们的销售量大跌，因为那些大的冰激凌制造厂商，像国家奶品公司等等，产量急剧增加，而为了节省开支和时间，他们都买 36 加仑一桶的桶装草莓。

“我们不仅没办法卖出价值 50 万美金的草莓，而且根据合约规定，在接下来的一年之内，我们还要再买价值 100 万美金的草莓。我们已经向银行借了 30 万美金，既还不上钱，也无法再续借这笔借款，难怪我要担忧了。

“我赶到加利福尼亚州华生维里我们的工厂里，想要让我们的总经理相信情况有所改变，我们可能面临毁灭的命运。他不肯相信，把这些问题的全部责任都归罪在纽约的公司身上——那些可怜的业务人员。

“在经过几天的要求之后，我终于说服他不再这样包装草莓，而把新的供应品放在旧金山新鲜草莓市场上卖。这样做差不多可以解决我们大部分的困难，照理说我应该不再忧虑了，可是我还是做不到这一点。忧虑是一种习惯，而我已经染上这种习惯了。

“我回到纽约之后，开始为每一件事情担忧，在意大利买的樱桃，在夏威夷买的凤梨等等。我非常紧张不安，睡不着觉，就像我刚刚说过的，简直就快要精神崩溃了。

“在绝望中，我换了一种新的生活方式，结果治好了我的失眠症，也使我不再忧虑。我让自己忙碌着，忙到我必须付出所有的精力和时间，以至没有时间去忧虑。以前我一天工作 7 个小时，现在我开始一天工作 15 到 16 个小时。我每天清晨 8 点钟就到办公室，一直干到半夜，我接下新的工作，负起新的责任，等我半夜回到家的时候，总是筋疲力尽地倒在床上，不要几秒钟就睡着了。

“这样过了差不多有三个月，等我改掉忧虑的习惯，又回到每天工作 7 到 8 小时的正常情形。这事情发生在 18 年前，从那以后我就没有再失眠和忧虑过。”

萧伯纳说得很对，他把这些总结起来说：“让人愁苦的秘密就是，有空闲来想想自己到底快不快乐。”所以不必去想它，在手掌心里吐口唾沫，让自己忙起来，你的血液就会开始循环，你的思想就会开始变得敏锐——让自己一直忙着，这是世界上最便宜的一种药，也是最好的一种。

因此，如果你想改掉你忧虑的习惯，第一项原则是：

让自己一直不停地忙着。

二、不要为小事而气馁

我要告诉你一个最具戏剧性的故事，它的主人公叫罗勃·摩尔。

“1945年3月，我正乘坐一艘潜水艇，进入中南半岛276英尺深的海底。在这里，我学到了人生中最重要的一课。

“当时，我们的雷达侦察出一支日军舰队，包括一艘驱逐护航舰、一艘油轮和一艘布雷舰。它们正风驰电掣般冲过来，我们发射了3枚鱼雷，但都没有打中它。突然，布雷舰笔直向我们开过来，因为日本飞机用无线电探测到我们的位置。我们迅速潜入海底，以免被它发现，同时关闭了所有冷却系统和发电机，做好应付深水炸弹的准备。

“仅仅过了3分钟，我就觉得天崩地裂，身边落下6枚深水炸弹，把我们逼到海底276英尺的地方。即便如此，潜艇周围依然不停地发生爆炸，如果炸弹距离潜水艇少于17英尺，潜艇就会被炸出一个洞。当时，我们奉命躺在床上，目的是保持镇定。我吓得呼吸都停止了，我暗想，这下死定了。虽然潜水艇里的温度有100华氏多度，但我害怕得全身发抖，冷汗不停地冒出来。

“整整过了15个小时，攻击才停止，很明显，那艘布雷船用光了所有的炸弹才离开。对我来说，这15个小时相当于1500万年，曾经的生活一一浮现在眼前。我想起自己干过的坏事，曾经担心的一些无聊小事，比如担心没钱买房子、买车，没钱给妻子买漂亮衣服。下班回到家，经常为了一点芝麻小事和妻子吵架。我还为自己额头上的一个疤发愁，那是一次车祸后留下来的。

“当深水炸弹威胁到自己的生命时，我才明白，多年前令人发愁的事那么荒谬、那么渺小。我发誓：如果还有机会看到太阳和月亮，自己永远不再忧虑。可以说，这15个小时让我学到的东西，远远超出了大学4年学到的知识。”

我们通常都能很勇敢地面对生活里那些大的危机，却会被那些小事搞得垂头丧气、焦头烂额。撒母耳·白布西在他的日记里谈到他看见哈里·维尼爵士在伦敦被砍头的事：在维尼爵士走上断头台的时候，他并没有要求别人饶他的性命，而是要求刽子手不要砍中他脖子上那块有痛伤的地方。

这也正是拜德上将在又冷又黑的南极洲的夜晚所发现的另外一点——他手下那些人常常为一些小事情而难过，但对于大事却没有足够的关心。例如他们能够毫无怨言地面对危险而艰苦的工作，在零下80华氏度的寒冷中工作。“可是，”拜德上将说，“我却知道他们之间有好几个同在一间办公室的人彼此不讲话，因为他们怀疑对方乱放东西，占了他们自己的地方。我还知道队上有一个讲究所谓空腹进食、细嚼慢咽的家伙，每口食物一定要嚼过28次才吞下去；而另外有一个人，一定要在大厅里找一个看不见这家伙的位子坐着，才可以把饭吃下去。”

“在南极的营地里，”拜德上将说，“任何类似的小事情都可能把训练有素的人逼疯。”其实，拜德上将还可以加上一句话：“小事”如果发生在夫妻生活里，也会把人逼疯，甚至还会造成“世界上半数的伤心之事”。

这话也是权威人士说的。芝加哥的约瑟夫·沙巴士法官在仲裁过4万多件婚姻案件之后说道：“婚姻生活之所以不美满，最基本的原因通常都是一些小事情。”而纽约郡的地方检察官法兰克·荷根也说：“我们的刑事案件里，有一半以上都是因为一些很小的事情：在酒吧里逞英雄，为一些小事情争吵而侮辱了人，措辞不当，行为粗鲁——就是这些小事情，结果引起伤害和谋杀。真正天性残忍的人很少，一些犯了大错的人，都是由于自尊心受到小小的损害。一些微不足道的屈辱或虚荣心无法得到满足，结果造成世界上半数的伤心事。”

据说罗斯福夫人刚结婚的时候，“每天都在担心”，因为她的新厨子手艺很差很差。“可是，如果事情发生在现在，”罗斯福夫人说，“我就会耸耸肩，把这事给忘了。”这才是一个成年人的做法。就连凯瑟琳——这位最专制的俄国女皇，在厨子把饭做坏了的时候，她也通常只是一笑了之。

有一次，我们到芝加哥一个朋友家里吃饭。分菜的时候，他出了一些小错。当时我并没有注意到，即使我注意到了，我也不会在乎的。可是他的太太看见了，马上当着我们的面跳起来指责他。“约翰，”她大声叫道，“看看你在搞什么！难道你就永远也学不会怎样分菜吗？”

随后她对我们说：“他总是出错，根本就不肯用心。”也许他的确没有好好地做，可是我实在佩服他能够跟他太太相处20年之久。坦白地说，我情愿只吃两个抹上芥末的热狗——只要能吃得很舒服——而不愿一边听她唠唠叨叨，一边吃着山珍海味。

在那件事情之后不久，我夫人和我请了几位朋友到家里来吃晚饭。就在他们快来的时候，我夫人发现有三条餐巾和桌布的颜色不相配。

“我冲到厨房里，”她后来告诉我说，“结果发现另外三条餐巾送出去洗了。客人这时已经到了门口，我没有时间再换了，我急得差点哭了出来。我当时只想：‘为什么我会犯这么愚蠢的错误，毁了整个晚上？’然后我又想到：‘为什么要让它毁了我呢？’于是，我走进去吃晚饭，决定好好地享受一下。而我果然做到了，我情愿让我的朋友们认为我是一个比较懒散的家庭主妇，”她告诉我说，“也不想让他们认为我是一个神经兮兮、脾气暴躁的女人。而且据我所知，根本没有人注意到那些餐巾的问题。”

大家都知道一条法律名言：“法律不会去管那些小事情。”人也不该为这些小事而忧虑，如果他希望求得心理安宁的话。

在大多数时间里，要想克服由小事情所引起的困扰，只需把着眼点和重点转移一下就可以了——那就是让你有一个新的、能使你开心一点儿的看法。

我的朋友荷马·克罗伊是个作家，他说：“我过去在写作的时候，特别讨厌公寓里热水器的响声，几乎被它吵得快要发疯。有一次，我和朋友们出去露营，燃烧的木柴发出噼噼啪啪的响声，我觉得这些声音很好听。这时，我突然想到，这些声音和热水器的响声没什么区别，为什么我会厚此薄彼呢？所以回来后，我告诫自己：热水器的声音和木头的爆裂声差不多，我完全可以不理会它们，蒙头大睡。结果，最初几天我还能听到这些声音，但很快就完全忘了。生活中的很多忧虑也是如此，由于我们不喜欢一些小事，结果把自己弄得很沮丧。其实，我们都夸大了小事的重要性。”

狄士雷里说：“生命太短促，不要关注恼人的小事。”

安德列·摩瑞斯在杂志《本周》中说：“这些话曾经帮助我克服了很多痛苦。我们常常被那些本该不屑一顾的小事弄得心烦意乱。人生只有短短的几十年，时间一去不复返，但我们会用很多时间担心一些小事，而这些事情，一年之内就会忘掉。所以，我们应该将时间用于值得做的行动上，比如伟大的思想、真正的感情。做我们该做的事情吧！生命太短促，不要理会烦人的小事。”

吉布林是个名人，他和自己的舅舅打了一场维尔蒙历史上最有名的官司。

吉布林的妻子是维尔蒙人，他们在布拉陀布修建了一所漂亮房子，准备安度余生。吉布林的舅舅叫比提·巴里斯特，两人是好朋友，经常在一起工作和娱乐。

后来，吉布林从舅舅手里买了一块地，事先说好：每个季度，巴里斯特都可以从地里割草。

一天，巴里斯特发现吉布林在里面开了一个花园，他非常生气，不禁怒骂起来。吉布林也反唇相讥，两人吵得天翻地覆，把维尔蒙的绿山都蒙上了一层乌云。

几天后，吉布林骑着自行车出去游玩，被巴里斯特的马车撞倒在地。此时，吉布林完全忘了自己曾说过的“众人皆醉，你应独醒”，他把巴里斯特告上法庭。接下来，是一场轰轰烈烈的官司。最后，吉布林携着妻儿永远离开了美国，而这一切不过是为了一车干草。

哈瑞·爱默生·富斯狄克讲过一个故事：“科罗拉多州长山上躺着一棵大树，据自然学家的考证，它有400多年的历史，在漫长的岁月中，它曾被闪电击中14次，至于狂风暴雨，几乎数都数不清。对于这些侵袭，它都能战胜。但最后，一些小甲虫使它永远倒在地上，它们从根部开始咬，逐渐蔓延到内部，于是大树伤了元气，因为这些攻击虽然很小，却始终持续不断。就这样，一个森林里的巨人，岁月不能让它枯萎，闪电不能让它倒下，狂风暴雨不能让它动摇，却因为一些用手指头就能捏死的小甲虫而倒下了。”

难道我们不像这棵身经百战的大树吗？我们也曾经历无数的狂风暴雨和闪电，而且最终都挺过来了，却任凭忧虑的小甲虫咬噬自己——用手指就能捏死的小甲虫。

几年前，我和一些朋友约上查尔斯•西费德先生——他是怀俄明州公路局局长，打算去参观洛克菲勒在提顿国家公园中的房子。结果我拐错了一个弯，迟到了一个多小时。西费德先生早就到了，但他没有钥匙，只好在那个又热、蚊子又多的森林里等着。我们到的时候，蚊子已经多得让圣人发疯，而西费德先生正在吹笛子——他用白杨树枝做的。应该说，这个小笛子是个纪念品，纪念一个不被小事困扰的人。

如果你不希望忧虑毁了自己，就要改变这个习惯。因此，第二条原则是：

生命太短促，不要让自己为小事烦恼，它们本应该被丢开或忘记。

三、用概率战胜忧虑

我们担心自己被闪电击中，担心火车出轨。但是，只要认真想一想它的概率，就会发现少得可怜，这个结果可以让人笑死。

小时候，我心中充满忧虑。我担心自己会被活埋、被闪电击中、死后会进地狱；担心一个大男孩割下我的耳朵，就像他曾威胁的那样；担心女孩们在我脱帽致敬时会取笑；担心将来找不到妻子……

我常常花很多时间去思索这些惊天动地的事情，日子一天天过去，我发现，自己担心的那些事有百分之九十九都没有发生。现在我明白了，不管何时何地，我被闪电击中的概率都只有三十五万分之一。至于活埋，即便是发明木乃伊之前，它的概率也只有一千万分之一。

而8个人中有1个会死于癌症，所以，如果我一定要担心，也应该为自己可能患上癌症担心，而不是被活埋，或被闪电击中。

事实上，很多成年人的忧虑也同样荒谬。如果我们根据概率计算一下，然后确定自己值不值得担心，恐怕百分之九十的忧虑都会自然消除。

伦敦的罗艾德保险公司是世界上最有名的保险公司，它就是依靠人们担心一些根本不会发生的事情，而赚到了数不清的美元。虽然它被称为“保险”，也不过是在和人打赌——一种以概率为根据的赌博。它向你保证所有灾祸的发生，但灾祸的概率并不像人们想象的那么常见。这家大保险公司已经存在了200年，而且记录良好，除非人的本性会发生改变，否则它至少还能继续维持5000年。

如果我们计算一下概率，就会因为自己发现的事实而惊讶。比如我知道每隔5年就会发生一场战争，而且像盖茨堡战役那样激烈，我肯定会吓得半死，然后想尽办法增加人寿保险费用，写下遗嘱，并将财产变卖一空。我会说：“或许我无法逃脱这场战争，所以最好是随心所欲地活着。”但是，在50～55岁，每1000个人的死亡人数和盖茨堡战役中的阵亡人数相等。

一年夏天，我来到加拿大落基山区，在湖边认识了何伯特·沙林吉夫妇。沙林吉夫人非常平静沉着，她给我的印象是从来不会忧虑。

一天晚上，我问她：“你是否被忧虑困扰过？”

“困扰？”她说，“没那么简单，我的生活几乎被忧虑摧毁。在我学会克服忧虑之前，我在自作自受的苦海中度过了整整11年。那时候，我脾气暴躁，情绪非常紧张，买东西的时候担心房子被烧、佣人逃跑，或者孩子们被汽车撞死了……

“这些忧虑将我折磨得浑身直冒冷汗，最后不得不冲出商店跑回家，看看一切是否安好。在这种情况下，我的第一次婚姻结束了。

“我的第二任丈夫是个律师——一个很平静、事事都能够加以分析的人，从来没有为任何事情忧虑过。每次我神情紧张或焦虑的时候，他就会对我说：‘不要慌，让我们好好地想一想……你真正担心的到底是什么呢？让我们看一看事情发生的概率，看看这种事情是不是有可能会发生。’举个例子来说，我还记得有一次，我们在新墨西哥州。我们从阿尔伯库基开车到卡尔斯巴德洞窟去，途中经过一条土路，半路上碰到了一场很可怕的暴风雨。汽车一直下滑着，没办法控制，我想我们一定会滑到路边的沟里去，可是我先生一直不停地对我说：‘我现在开得很慢，不会出什么事的。即使汽车滑进了沟里，根据平均概率，我们也不会受伤。’他的镇定和信心使我平静下来。

“有一年夏天，我们到加拿大的落基山区的图坎山谷去露营。有天晚上，我们的营帐扎在海拔 7000 英尺高的地方，突然遇到暴风雨，好像要把我们的帐篷撕成碎片。帐篷是用绳子绑在一个木制的平台上的，外面的帐篷在风里抖着，摇着，发出尖厉的声音。我每一分钟都在想：我们的帐篷会被吹垮了，吹到天上去。我当时真吓坏了，可是我先生不停地说着：‘我说，亲爱的，我们有好几个印第安向导，这些人对一切都知道得很清楚。他们在这些山地里扎营都有 60 年了，这个营帐在这里也过了很多年，到现在还没有被吹掉。根据发生的概率看来，今天晚上也不会被吹掉。而即使被吹掉的话，我们也可以躲到另外一个营帐里去，所以不要紧张。’……我放松了心情，而且后半夜睡得非常熟。

“几年以前，小儿麻痹症横扫加利福尼亚州我们所住的那一带。要是在以前，我一定会惊慌失措，可是我先生叫我保持镇定，我们尽可能采取了所有的预防方法：不让小孩子出入公共场所，暂时不去上学，不去看电影。在和卫生署联络过之后，我们发现，到目前为止，即使是在加利福尼亚州所发生过的最严重的一次小儿麻痹症流行时，整个加利福尼亚州也只有 1835 个孩子染上了这种病。而平常，一般的数目只在 200 到 300 之间。虽然这些数字听起来还是很惨，可是到底让我们感觉到：根据发生的概率看起来，某一个孩子感染的机会实在是很小。”

“根据平均概率，这种事情不会发生。”这句话就消除了我 90% 的忧虑，使我过去20年来的生活都过得令人有点意想不到的美好而平静。当我回顾过去的几十年时，我发现，大部分的忧虑也都是因此而来的。吉姆·格兰特是纽约富兰克林市格兰特批发公司的老板。每次要从佛罗里达州买10车到15车的橘子等水果。他告诉我，他的经验也是如此。

“以前我常常想到很多无聊的问题，比方说，万一火车失事怎么办？万一我的水果滚得满地都是怎么办？万一车子正好经过一座桥，而桥突然垮了怎么办？当然这些水果都是经过保险的，可我还是怕万一没有按时把水果送到就可能失掉市场。我甚至担心自己因忧虑过度而得上胃溃疡，因此去找医生检查。医生告诉我说，我没有别的毛病，只是太过于紧张了。

“这时候我才明白，我开始问自己一些问题。我对自己说，‘注意，吉姆·格兰特，这么多年来你送过多少车的水果？’答案是：‘大概有25000多车。’然后我问自己：‘这么多车次中有过几次车祸？’答案是：‘噢——大概有5次吧。’然后我对自己说，‘一共25000辆汽车，只有5次出事，你知道这意味着什么？出车祸的概率是五千分之一。换句话说，根据平均概率来看，以你过去的经验为基础，你的汽车出事的概率是5000：1，那你还有什么好担心的呢？’

“然后我对自己说：‘嗯，说不定桥会塌下来呢！’然后我问自己：‘在过去，你究竟有多少次是因为桥塌而损失了呢？’答案是：‘一次也没有。’然后我对自己说：‘那你为了一座根本从来也没有塌过的桥，为了五千分之一的汽车失事的概率居然让你愁得患上胃溃疡，不是太傻了吗？’当我这样来看这件事的时候，我觉得以前自己实在很傻。于是我就在那一刹那决定，以后让发生概率来替我担忧——从那以后，我就没有再为我的‘胃溃疡’烦恼过。”

当艾尔·史密斯在纽约当州长的时候，我常听到他对攻击他的政敌说：“让我们看看纪录……让我们看看纪录。”然后他就接着把很多事实讲出来。下一次你若再为可能会发生什么事情而忧虑，让我们学一学这位聪明的老艾尔·史密斯，让我们查一查以前的纪录，看看我们这样忧虑到底有没有什么道理。这也正是当年弗雷德里克·马尔施泰特害怕他自己躺在坟里的时候所做的事情。下面就是他在纽约成人教育班上所说的故事：

“1944年6月初，我躺在奥玛哈海滩附近的一个战壕里。当时我正在999信号服务公司服役，而我们刚刚抵达诺曼底。我看了一眼地上那个长方形的战壕，就对我自己说：‘这看起来就像一座坟墓。’当我躺下来准备睡在里面的时候，觉得那更像是一座坟墓，便忍不住对自己说：‘也许这是我的坟墓呢！’到了晚上11点钟的时候，德军的轰炸机飞了过来，炸弹纷纷往下落，我吓得人都僵住了。前三天我简直没有办法睡得着。到了第四还是第五天夜里，我几乎精神崩溃。我知道如果我不赶紧想办法的话，我整个人就会发疯。所以我提醒自己说：已经过了五个夜晚了，而我还活得好好的，而且我们这一组的人也都活得很好，只有两个受了点轻伤。而他们之所以受伤，并不是因为被德军的炸弹炸到了，而是被我们自己的高射炮的碎片打中的。我决定做一些有意义的事情来停止我的忧虑，所以我在战壕中造了一个厚厚的木头屋顶以保护我不至于被碎弹片击中。我算了一下炸弹扩展开来所能到达的最远地方，并告诉自己：‘只有炸弹直接命中，我才可能被炸死在这个又深又窄的战壕里。’于是我算出直接命中的比率，恐怕还不到万分之一。这样子想了两三夜之后，我平静了下来，后来就连敌机袭击的时候，我也睡得非常安稳。”

美国海军也常用概率统计的数字来鼓舞士兵的士气。一个以前当海军的人告诉我，当他和他船上的伙伴被派到一艘油船上的时候，大家都吓坏了。这艘油轮运的都是高辛烷汽油，因此他们都相信，要是这条油轮被鱼雷击中，就会爆炸，并把每个人送上西天。

可是美国海军有他们的办法。海军总部发布了一些十分精确的统计数字，指出被鱼雷击中的100艘油轮里，有60艘并没有沉到海里去，而真正沉下去的40艘里，只有5艘是在不到5分钟的时间内沉的。那就是说，有足够的时间让你跳下船——也就是说，死在船上的概率非常之小。这样对士气有没有帮助呢？“知道了这些概率数字之后，我的忧虑一扫而光。”住在明尼苏达州圣保罗市的克莱德·

马斯——也就是讲这个故事的人说："船上的人都觉得好多了，我们知道我们有的是机会，根据概率数字来看，我们可能不会死在这里。"

要在忧虑摧毁你以前，先改掉忧虑的习惯，下面是第三项原则：

让我们看看以前的纪录，并算出一个平均概率，然后问问自己：我现在担心发生的事情，发生的概率有多大？

四、适应不可避免的事实

当我还是一个小孩的时候，有一天，我和几个朋友一起在密苏里州西北部的一间荒废的老木屋的阁楼上玩。当我从阁楼上爬下来的时候，先在窗栏上站了一会儿，然后往下跳。我左手的食指上戴着一个戒指。当我跳下去的时候，那个戒指钩住了一根钉子，把我整根手指拉脱了下来。

我尖声地叫着，吓坏了，还以为自己死定了，可是在我的手好了之后，我就再也没有为这个烦恼过。再烦恼又有什么用呢？我接受了这个不可避免的事实。

现在，我几乎根本就不会去想，我的左手只有四个手指头。

几年前，我碰到一个在纽约市中心一家办公大楼里开货梯的人。我注意到他的左手齐腕砍断了。我问他少了那只手会不会觉得难过，他说："噢，不会，我根本就不会想到它。只有在要穿针的时候，才会想起这件事情来。"

令人惊讶的是，在不得不如此的情况下，我们差不多都能很快接受任何一种情形，以使自己适应，或者整个忘了它。

我常常想起在荷兰首都阿姆斯特丹的一座15世纪的老教堂，它的废墟上留有一行字：

事情既然如此，就不会另有他样。

在漫长的岁月中，你我一定会碰到一些令人不快的情况，它们既是这样，就不可能是那样。我们也可以有所选择。我们可以把它们当作一种不可避免的情况加以接受，并且适应它，或者我们可以用忧虑来毁了我们的生活，甚至最后可能会弄得精神崩溃。

下面是我最喜欢的心理学家、哲学家威廉·詹姆斯所提出的忠告：

> 要乐于接受必然发生的情况，接受所发生的事实，是克服随之而来的任何不幸的第一步。

住在俄勒冈州波特兰的伊丽莎白·康奈利，却经过很多困难才学到这一点。下面是一封她最近写给我的信：

> 在美国庆祝陆军在北非获胜的那一天，我接到国防部送来的一封电报，我的侄儿——我最爱的一个人——在战场上失踪了。过了不久，又来了一封电报，说他已经死了。
>
> 我悲伤得无以复加。在那件事发生以前，我一直觉得生命对我多么美好，我有一份自己喜欢的工作，努力带大了这个侄儿。在我看来，他代表了年轻人美好的一切。我觉得我以前的努力，现在都有很好的收获……然后却收到了这些电报，我的整个世界都粉碎了，觉得再也没有什么值得我活下去。我开始忽视自己的工作，忽视朋友，我抛开了一切，既冷淡又怨恨。为什么我最疼爱的侄儿会离我而去？为什么一个这么好的孩子——还没有真正开始他的生活——就死在战场上？我没有办法接受这个事实。我悲痛欲绝，决定放弃工作，离开我的家乡，把自己藏在眼泪和悔恨之中。
>
> 就在我清理桌子、准备辞职的时候，突然看到一封我已经忘了的信——一封从我这个已经死了的侄儿那里寄来的信。是几年前我母亲去世的时候，

他写给我的一封信。“当然我们都会想念她的，”那封信上说，“尤其是你。不过我知道你会撑过去的，以你个人对人生的看法，就能让你撑得过去。我永远也不会忘记那些你教我的美丽的真理：不论活在哪里，不论我们分离得有多么远，我永远都会记得你教我要微笑，要像一个男子汉承受所发生的一切。”

我把那封信读了一遍又一遍，觉得他似乎就在我身边，正在向我说话。他好像在对我说：“你为什么不照你教给我的办法去做呢？撑下去，不论发生什么事情，把你个人的悲伤藏在微笑底下，继续过下去。”

于是，我重新回去开始工作。我不再对人冷淡无礼。我一再对我自己说：“事情到了这个地步，我没有能力去改变它，不过我能够像他所希望的那样继续活下去。”我把所有的思想和精力都用在工作上，我写信给前方的士兵——给别人的儿子们。晚上，我参加成人教育班——要找出新的兴趣，结交新的朋友。我几乎不敢相信发生在我身上的种种变化。我不再为已经永远过去的那些事悲伤，我现在每天的生活都充满了快乐——就像我的侄儿要我做到的那样。

伊丽莎白·康奈利学到了我们所有人迟早要学到的东西，那就是必须接受和适应那些不可避免的事。这不是很容易学会的一课。就连那些在位的皇帝也要常常提醒自己这样去做。已故的乔治五世在他白金汉宫的墙壁上挂着下面的这几句话：

教我不要为月亮哭泣，也不要因错事后悔。

同样的这个想法，叔本华是这样说的：

能够顺从，这是你在踏上人生旅途中最重要的一件事。

很显然，环境本身并不能使我们快乐或不快乐，我们对周遭环境的反应才能决定我们的感觉。

必要的时候，我们都能忍受得住灾难和悲剧，甚至战胜它们。我们也许以为自己办不到，但我们内在的力量却坚强得惊人，只要肯于加以利用，就能帮助我们克服一切。

已故的布斯•塔金顿总是这样说："人生加诸我身上的任何事情，我都能承受，但除了一样——失明，那是我永远也无法忍受的。"

但是这种不幸偏偏降临了，在他六十多岁的时候，他低头看地上的地毯，发觉他无法看清楚地毯的花纹。他去找了一个眼科专家，证实了那不幸的事实：他的视力在减退，有一只眼睛几乎全瞎了，另一只也好不了多少。他最担心的事情终于在他身上发生了。

塔金顿对这种"无法忍受"的灾难有什么反应呢？他是不是觉得"这下完了，我这一辈子到这里就完了"呢？没有，他自己也没有想到他还能觉得非常开心，甚至于还能运用他的幽默。以前，浮动的"黑斑"令他很难过，它们时时在他眼前游过，遮断他的视线；可是现在，当那些最大的黑斑从他眼前晃过的时候，他却会说："嘿，又是老黑斑爷爷来了，不知道今天这么好的天气，它要到哪里去。"

当塔金顿完全失明以后，他说："我发现我能承受视力的丧失，就像一个人能承受别的事情一样。哪怕是我五种感官全丧失了，我知道我还能够继续生存在我的思想里，因为我们只有在思想里才能够看，只有在思想里才能够生活，无论我们是否清楚这一点。"

塔金顿为了恢复视力，在一年之内接受了 12 次手术，为他动手术的是当地的眼科医生。他有没有害怕呢？没有，他知道这都是必要的，他知道他没有办法逃避，所以唯一能减轻他痛苦的办法就是勇敢地去接受它。他拒绝在医院里用私人病房，而住进大病房里，和其他的病人在一起。他试着去使大家开心，而在他必须接受好几次的手术时而且他很清楚地知道在他眼睛里动了些什么手术——他总是尽力让自己去想他是多么幸运。“多好啊，”他说，“多妙啊，现在医学已经有了这种技巧，能够为像人的眼睛这么纤细的东西动手术了。”

一般人如果经历 12 次以上的手术和长期黑暗中的生活，恐怕都会变成神经质了。可是塔金顿却说：“我可不愿意把这次经历拿去换一些更开心的事情。”这件事教会他如何接受灾难，使他了解到生命带给他的没有一样是他的能力所不及而不能忍受的；这件事也使他领悟了富尔顿所说的“失明并不令人难过，难过的是你不能忍受失明”这句话的道理。

相反，如果我们因此而退缩，或者是加以反抗，或者是为它难过，我们也不可能改变那些已经发生的不可避免的事实。但是我们可以改变自己，我知道，因为我就亲身试过。

有一次，我拒绝接受我所遇到的一件不可避免的事情，我做了一件傻事，想反抗它，结果我失眠了好几夜并且痛苦不堪。我开始让自己想起所有那些我不愿意想的事情，经过这样一年的自我虐待，我终于接受了这些不可能改变的事实。

我应该在几年前就朗诵惠特曼的诗句：“哦，要像树和动物一样面对黑暗、暴风、饥饿、欺骗、意外和挫折。”

我并不认为，面对任何挫折都要低声下气，那样就是一个宿命论者了。不管处于何种情况，只要还有一点儿挽回余地，我们就要不断地奋斗。但是，当常识告诉我们，事情不可避免，也不会出现任何转机时，那么最理智的做法就是，不要庸人自扰。

哥伦比亚大学的赫基斯院长已去世了很久，他曾经写过一首打油诗，并将其作为自己的座右铭：

天下疾病多，根本数不清；
有的可以治，有的没办法。
如果还有救，就该把药找；
如果治不好，干脆就忘掉。

我在写这本书时，曾采访过很多著名商人。他们给我留下了深刻的印象，其中印象最深的是，他们多半都能接受无法避免的局面，让自己的生活始终无忧无虑。如果他们不具备这种能力，很快就会被巨大的压力打垮。潘尼就是个很好的事例。

他创办了遍布全美的连锁店，他说：“就算我赔光了所有的钱，我也不担心，因为忧虑不能带给我任何东西，我只能尽量把工作做好，至于结果，就交给上帝了。”

亨利·福特说过一句类似的话：“如果我遇到处理不了的事情，我就让属下自己解决。”

凯乐先生则说：“如果我碰到非常棘手的事情，只要有办法解决，我就会尽力去做；如果没办法，我干脆就忘掉它。我从不为未来忧虑，因为没人知道未来会如何，影响它的因素太多，何必白白浪费时间呢？”

如果你认为凯乐是个哲学家，他一定会觉得不好意思，因为他认为自己不过是个出色的商人——他是克莱斯勒公司的总经理。不过，他这种理论和古罗马大哲学家伊匹托塔斯的差不多，后者告诫罗马人：“快乐之道没有别的，仅仅在于不为办不到的事情忧虑。”

莎拉·班哈特也是深谙此道的女子。50 年来，她始终是四大州歌剧院独占鳌头的皇后，世界观众深深地崇拜她。71 岁那年，她破产了，而且必须锯掉双腿。当医生波基教授把这个可怕的消息告诉莎拉时，他以为莎拉一定会暴跳如雷。但事实出乎他的意料，莎拉仅仅看了他一眼，然后平静地说：“如果没有其他选择，那就只好这样了。”

莎拉进入手术室前，她的儿子在一边痛哭流涕，她却挥着手说：“别走开，我马上就出来。”

一路上，她为医生、护士朗诵自己的台词，让他们放松，莎拉说：“他们的压力比我大得多。”

莎拉·班哈特恢复健康后，继续周游世界，让她的观众们疯狂了 7 年。

爱尔西·麦克密克在《读者文摘》的一篇文章里说："当我们不再反抗那些不可避免的事实之后，我们就可以节省精力，创造更丰富的生活。"

任何人都不会有足够的情感和精力来抗拒不可避免的事实，同时又创造新的生活。你只能在两者之间选其一：你可以在生活中发生的不可避免的暴风雨之下弯腰曲身，或者你可以抗拒它们而被摧毁。

我在密苏里州自己的农场上就看过这样的情景。当时，我在农场种了几十棵树，起先它们长得非常快，后来一阵冰雹下来，每一根细小的树枝上都堆满了一层厚重的冰。这些树枝在重压下并没有顺从地弯下来，却很骄傲地硬挺着，最后在沉重的压力下折断了——然后不得不被毁掉。它们不像北方的树木那样聪明。我曾在加拿大看到过长达好几百英里的常青树林，从来没有看见一棵柏树或是一株松树被冰或冰雹压垮。这些常青树知道怎么去顺从，怎么弯垂下它们的枝条，怎么适应那些不可避免的情况。

日本的柔道大师教他们的学生"要像杨柳一样柔顺，不要像橡树一样直挺"。

你知道汽车的轮胎为什么能在路上支持那么久，忍受得了那么多的颠簸吗？最初，有的人想要制造一种轮胎，能够抗拒路上的颠簸，结果轮胎不久就被颠成了碎块。后来他们做出一种轮胎，可以吸收路上所碰到的各种压力，这样的轮胎可以"接受一切"。如果我们在多难的人生旅途上，也能承受所有的挫折和颠簸的话，我们就能够活得更长久，并能享受更顺利的旅程。

如果我们不顺服，而是反抗生命中所遇到的各种挫折，那我们会碰到什么样的事情呢？答案非常简单：我们就会产生一连串内在的矛盾——忧虑、紧张，并且急躁而神经质。

如果我们再进一步，抛弃现实世界的各种不快，退缩到一个我们自己创造的梦幻世界中，那么我们就会精神错乱、心神不宁了。

在战时，成千上万心怀恐惧的士兵只有两种选择：他们要么接受那些不可避免的事实，要么在压力之下崩溃。让我们举个例子，下面这个故事是威廉·卡塞纽斯在纽约成人教育班上所说的一个得奖的故事：

“我在加入海岸防卫队后不久，就被派到大西洋边的一个单位。他们安排我监管炸药。想想看，我——一个卖小饼干的店员，居然成了管炸药的人！光是想到站在几千几万吨TNT顶上，就足以把一个卖饼干的店员连骨髓都吓得冻住了。我只接受了两天的训练，而我所学到的东西让我的内心更加充满了恐惧。我永远也忘不了我第一次执行任务时的情形。那天又黑又冷，还下着雾，我奉命到新泽西州贝永的卡文角执行任务。

“我奉命负责船上的第五号舱，并且和5个码头工人一起工作。他们身强力壮，可是对炸药却一无所知。他们正将重2000到4000磅的炸弹往船上装，每一个炸弹都包含一吨的TNT，足够把那条老船炸得粉碎。我们用两条铁索把炸弹吊到船上，我不停地对自己说，万一有一条铁索滑溜了，或是断了，噢，我的妈呀！我可真害怕极了。我浑身颤抖，嘴里发干，两个膝盖发软，心跳得很厉害。可是我不能跑开，因为那样就是逃亡，不但我会丢脸，我的父母也会丢脸，而且我可能因为逃亡而被枪毙。我不能跑，只能留下来。我一直看着那些码头工人毫不在乎地把炸弹搬来搬去，心想船随时都会被炸掉。在我担惊受怕、紧张了一个多小时之后，我终于开始运用我的普通常识。我跟自己好好地谈了谈，并说：‘你听着，就算你被炸死了，又怎么样？你反正也没有什么感觉了。这种死法倒痛快得很，总比死于癌症要好得多。不要做傻瓜，你不可能永远活着，这件工作不能不做，否则要被枪毙，所以你还不如做得开朗点。’

“我这样跟自己讲了几个小时，然后开始觉得轻松了些。最后，我克服了我的忧虑和恐惧，让我自己接受了那不可避免的情况。

“我永远也忘不了这段经历，现在每逢我要为一些不可能改变的事实忧虑的时候，我就耸下肩膀说：‘忘了吧。’”

好极了，让我们欢呼三声，再为这位卖饼干的店员多欢呼一声。

“对必然之事，且轻快地加以承受。”这几句话是在耶稣基督出生前399年说的。

但是在这个充满忧虑的世界，今天的人比以往更需要这几句话：“对必然之事，且轻快地加以承受。”

在忧虑摧毁你以前，先改掉忧虑的习惯，第四项原则是：

接受不可避免的事实。

五、让忧虑“到此为止”

你是否想知道如何在华尔街上赚钱？恐怕至少有100万以上的人想知道这一点。如果我知道这个问题的答案，这本书恐怕就要卖一万美元一本了。不过，这里却有一个很好的想法，而且很多成功的人都加以应用。讲这个故事的人叫查尔斯·罗伯茨，一位投资顾问。

“我刚从得克萨斯州来到纽约的时候，身上只有2万美元，是我朋友托付我到股票市场上来投资用的。我原以为，我对股票市场懂得很多，可是后来我赔得一分钱不剩。不错！在某些生意上我赚了几笔，可结果全都赔光了。

“要是我自己的钱都赔光了，我倒不会那么在乎！可是我觉得把我朋友们的钱赔光了，是一件很糟糕的事情，虽然他们都很有钱。在我们的投资得到这样一种不幸的结果之后，我实在很怕再见到他们，可是没有想到的是，他们不仅对这件事情看得很开，而且还乐观到不知所以的地步。

“我开始仔细研究自己犯过的错误，并下定决心在我再进股票市场以前，一定要先了解整个股票市场到底是怎么一回事。于是我找到一位最成功的预测专家波顿·卡瑟斯，跟他交上了朋友。我相信我能从他那里学到很多东西，因为他多年来一直是个非常成功的人，而我知道能有这样一番事业的人，不可能全靠机遇和运气。

“他先问了我几个问题，问我以前是怎么做的。然后告诉我一个股票交易中最重要的原则。他说：‘我在市场上所买的每一只股票，都有一个到此为止、不能再赔的最低标准。比方说，我买的是每股 50 元的股票，我马上规定不能再赔的最低标准是 45 元钱。’这也就是说，万一股票跌价，跌到比买进价低 5 元的时候，就立刻卖出去，这样就可以把损失只限定在 5 元钱。

“‘如果你当初买得很聪明的话，’这位大师继续说道，‘你的赚头可能平均在 10 元、25 元，甚至于 50 元。因此，在把你的损失限定在 5 元以后，即使你半数以上的判断错误，也能让你赚很多的钱。’

“我很快就能熟练运用这个方法，它给我的顾客挽回了几千万美元。后来我还发现，这个‘到此为止’的原则也适用于其他方面，在任何一件令人忧虑的事情上加一个限制，结果好得几乎出人意料。

“我有一个朋友，他很不守时，每次我们相约共进午餐，他总要迟到很久。后来我告诉他，以后等他的时间限制在 10 分钟内，如果他超过 10 分钟还不出现，那么到此为止，这次的约会就算告吹，即使他来了，也找不到我。”

听了查尔斯·罗勃兹的话，我真希望自己在多年前就学会这个方法，并用它来限制自己的脾气、耐心、欲望、悔恨，以及所有精神、情感上的压力，应该常常告诫自己：“这件事只值这么多担心，不能再增加了。”

我在三十多岁的时候，一门心思地想成为“哈代第二”，并以写小说作为终生职业。对此，我充满自信。我在欧洲待了两年，写出一部“杰作”《大风雪》。这个名字取得妙极了，因为所有出版社对它的态度都像大风雪，冷飕飕的，如同刚刚刮过得克萨斯州大平原。当经纪人告诉我，这部作品一钱不值，我并不具备写小说的天赋和才能。听了这话，我的心跳仿佛停止了，我发现，自己正站在生命的一个十字路口，必须做出重要的选择。

过了几个星期，我才突然从茫然中惊醒，虽然我当时还不知道“为忧虑定下一个到此为止的期限”，但我做的正是这件事。我把自己费尽心血写成的小说以及两年的时间，当成一个宝贵经验，然后到此为止，重新回到教授成人教育班的老本行，如果有时间，偶尔写一些非小说类的书或传记。

在100多年前的夜晚，梭罗拿着鹅毛笔，蘸着自己做的墨水在日记中写道："一件事情的代价——就是我称之为生活的总值，需要马上交换或最后付出。"

换一种说法就是，如果我们将生活作为代价，为某一件事付出太多，那我们就是个傻瓜。

这也正是吉尔伯和苏里文的悲哀：他们知道如何创作出快乐的歌词的曲子，却完全不知道如何寻找生活中的快乐。他们写过许多世人非常喜欢的轻歌剧，可是他们却没有办法控制他们的脾气。他们有一次竟然为了一块地毯的价钱而争吵了好多年：苏里文为他们剧院买了一块新地毯，可是当吉尔伯看到账单时，非常恼火。这件事后来甚至闹上了公堂，从此两个人到死都没有再交谈过。

苏里文为新歌剧写完曲子之后，就把它寄给吉尔伯；而吉尔伯填上歌词之后，再把它寄回给苏里文。有一次，他们不得不同时上台谢幕，于是他们站在舞台的两边，分别面朝着不同的方向鞠躬，这样才不至于看见对方。他们就不懂得在出现矛盾和不快的时候，划一个"到此为止"的最低限度，而林肯却做到了这一点。

在美国南北战争期间，有一次，林肯的几位朋友攻击他的一些敌人，林肯说："你们对私人恩怨的感受比我更多，也许我这种感觉太少吧！可是我向来以为这样很不值得。一个人实在没有必要把时间花在争吵上，要是哪个人不再攻击我，我也不会再记他的仇。"

我真希望我的伊迪丝姑妈也能有林肯这样宽以待人的胸襟。她和姑父法兰克住在一栋被抵押出去的农庄上。那里的土质很恶劣，灌溉条件也差，收成自然不好。他们的日子很艰难，每一个小钱都得省着用。可是伊迪丝姑妈却喜欢买一些窗帘和其他的小饰物来装饰家里，她曾向密苏里州马利维里的一家小杂货店赊购这些东西。姑父法兰克很担心他们的债务无法还清，而且他是个很注重个人信誉的人，不愿意欠债，因此他私下里告诉杂货店老板，不让他太太再赊账买他的东西。

当她听说这件事之后，大发脾气——那时离现在差不多有50年了，可是她还在发脾气。我曾经不止一次地听她说起这件事情。我最后一次见到她的时候，她已经快 80 岁了。我对她说："伊迪丝姑妈，法兰克姑父这种做法的确不对，可是你没有觉得，自从那件事发生之后，你差不多埋怨了半个世纪，这难道比他所做的任何事情都坏吗？"

伊迪丝姑妈对她这些不愉快的记忆所付出的代价，实在是太大了——她付出的是她自己内心的平静。

富兰克林小的时候，也犯了一次一生之中难以释怀的错误。当他 7 岁的时候，他喜欢上了一个哨子，于是他兴奋地跑进玩具店，把他所有的零钱放在柜台上，也不问问价钱就把那个哨子买了下来。"然后我回到家里，"70 年后他写信告诉他的朋友说，"吹着哨子在整个屋子里转着，对我买的这个哨子非常得意。"可是等到他的哥哥、姐姐发现他买哨子多付了钱之后，大家都来取笑他。而他正像他后来所说的："我懊恼地痛哭了一场。"

很多年之后，富兰克林成了一位世界知名的人物，做了美国驻法国的大使。他还记得因为他买哨子多付了钱，使他得到的痛苦多过哨子所给他的快乐。

富兰克林在这个教训里学到了一个非常简单的道理。"当我长大以后，"他说，"我见识到许多人类的行为，我认为我碰到很多人买哨子都付了太多的钱。简而言之，我认为，人类的苦难部分产生于他们对事物价值作了错误的估计，也就是他们认为买哨子多付了钱。"

吉尔伯和苏里文对他们的哨子多付了钱，我的姑妈伊迪丝也一样，我自己在很多情况下同样如此。还有不朽的托尔斯泰，也就是《战争与和平》和《安娜·卡列尼娜》这两部世界最伟大的小说的作者。根据《大英百科全书》的记载，在托尔斯泰生命最后的 20 年里，"可能是全世界最受人尊敬的人"。在他逝世前 20 年，崇拜他的人不断地去他家里，希望能见他一面，能听听他的声音，或者哪怕只摸一摸他的衣服边。他所说的每一句话都有人在本子上记下来，就像那是一句"圣谕"一样。可是在生活上，托尔斯泰在 70 岁的时候，还不及富兰克林在 7 岁的时候聪明，他简直一点脑筋也没有。我为什么要这么说呢？

下面就是我这么评价他的原因：托尔斯泰娶了一个他真心喜欢的女孩子。事实上，他们在一起的时候非常开心，所以他们常常跪下来向上帝祈祷，希望上帝能让他们继续过这种神仙伴侣的生活。然而，托尔斯泰娶的这个女孩子天性善妒，她常常把自己打扮成乡下姑娘，到处打探他的行动，甚至偷偷地溜进树林里去监视他。他们之间发生了许多非常可怕的争吵，她甚至嫉妒她自己的亲生女儿，曾经用枪把她女儿的照片打穿了一个洞。她会在地板上撒泼打滚，拿着一瓶鸦片，威胁说要自杀，以至于吓得她的孩子们缩在屋子的角落里，吓得尖声大叫。

那么托尔斯泰面对这样的情况又是怎么做的呢？如果他暴跳如雷，把家具打得粉碎的话，我倒不想怪他，因为他有理由这样去做。可是他所做的远远比这个要坏得多，他全部记在一本私人日记里！在那里面，他将一切都归咎于他的太太——这就是他的“哨子”。他想让他的下一代能够原谅他，于是把所有的错误都推到他太太身上。而他太太又是用什么办法来对付他这种做法的呢？这还用问吗？很明显，她当然是撕毁并烧掉了他的日记。她自己也写了一本日记，把错误都推在托尔斯泰身上。她甚至还动手写了一本小说，书名为《谁的错》。在这本小说里，她把托尔斯泰描写成一个家庭破坏者，而她自己则分明成了一名烈士。

在他们的“努力”下，这个唯一的家变成了托尔斯泰笔下的“疯人院”，两个无聊的人为自己的“哨子”付出了巨大而沉重的代价。在50年的时间里，他们的生活如同一个可怕的地狱。而这一切，仅仅因为没有一个有头脑的人说“不要再吵，到此为止”；仅仅因为两个人缺乏足够的判断力，认清应该立刻告一段落，因为这完全是在浪费生命。

不错，我认为，树立正确的价值观是获得内心平静的秘诀之一。

如果你不希望忧虑毁了自己，就要改变这个习惯。第五项原则是：

不管何时，当我们想拿钱买东西，或以生活作为代价时，应该先停下来问自己三个问题：

一、我现在忧虑的问题和自己有什么关联？

二、面对这件令人忧虑的事情，应该在哪里设置“到此为止”的限度，然后全部忘掉它?

三、我应该用多少钱买这个“哨子”？它的价值是否没有我所付出的那么高?

六、不要试图锯木屑

当你为那些已经发生的事情忧虑时，你仅仅是在锯木屑。

在我的院子里，有一些恐龙的足迹——它留在大石板和木头上。这是我从耶鲁大学皮氏博物馆里买到的，馆长来信告诉我：“这些足迹是恐龙在 1.8 亿年前留下的。”

就算是白痴，也从来不想去改变如此久远的足迹，但忧虑却能令人产生如此愚蠢的想法。事实上，就算是发生在 180 秒钟之前的事，我们也不可能回头改变它，我们唯一能做的，就是想办法改变它所造成的影响，而不能改变发生过的事实。

如果希望这个错误具有价值，最好的方法就是，冷静分析错误，从中汲取教训，然后忘掉这个错误。

几年前，我举办了一个大型成人教育补习班，在很多城市设立了分部，因此在维持费和广告费上投入了不少钱。当时我的课程很紧，没有时间和心情管理财务。另外，当时我很幼稚，不懂得寻找一个优秀的业务经理来帮我安排各项支出。

这样过了快一年，我突然发现，虽然我的收入增加了不少，却没有看见利润。本来，我应该马上做两件事：

第一，学习黑人科学家乔治·华盛顿·卡佛尔损失全部财产后的做法，将这笔损失完全从脑子里抹去，永远不再提起。

第二，仔细分析错误，吸取教训。

但我一样也没有做，反而忧虑起来。一连好几个月，我都恍恍惚惚的，吃不下睡不着，不仅没有从中学到东西，还犯下一个类似的小错误，真是应验了那句话——教 20 个人如何做，比自己去做要容易得多。

亚伦·山德士先生说："我永远记得我的老师——保罗·布兰德温博士给我们上过一堂最有价值的课。当时，我只有十多岁，却经常担心很多事，对自己犯下的错误总是自怨自艾。我总在想：如果我当初没有做这件事该有多好，如果我不说那句话就对了。

"一天早上，我们和平常一样走进科学实验室。我们发现，保罗·布兰德温老师的桌上放着一瓶牛奶，大家都想不通，这和科学实验课有什么关系。突然，老师一把将瓶子掀翻，牛奶洒落在水槽中，只听见老师大声说：'不要为打翻的牛奶哭泣。'接着，他让我们站在水槽边，说：'你们好好看看，牛奶已经漏光了。要永远记住：不管你如何担心、如何抱怨，也不可能将它捞回来。如果你们能先动点脑筋，加以防范，那么牛奶就不会被打翻，但现在已经太迟了。我们唯一能做的，只是忘掉它，然后考虑下一件事。'

"这次小小的表演，在我忘了我所学到的几何和拉丁文以后很久都还让我记得。事实上，这件事在实际生活中所教给我的，比我在高中读了那么多年所学到的任何东西都好。它教我只要可能的话，就不要打翻牛奶，万一牛奶打翻、全部漏光的时候，就要彻底把这件事情给忘掉。"

有些读者大概会觉得，花这么大力气来讲那么一句老话"不要为打翻了的牛奶而哭泣"，未免有点无聊。我知道这句话很普通，也可以算是很陈旧的老生常谈。可是像这样的老生常谈，却包含了多少年来所积聚的智慧，这是人类经验的结晶，是世世代代传下来的。如果你能读尽各个时代很多伟大学者所写的有关忧虑的书，你也不会看到比"船到桥头自然直"和"不要为打翻的牛奶而哭泣"更基本、更有用的老生常谈了。只要我们能应用这两句老话，不轻视它们，我们就根本用不到这本书了。然而，如果不加以应用，知识就不是力量。

本书的目的并不在告诉你什么新的东西，而是要提醒你那些你已经知道的事，鼓励你把已经学到的东西加以应用。

我一直很佩服已故的佛雷德·福勒·夏德，他有一种能把老的真理用又新又吸引人的方法说出来的天分。他是一家报社的编辑。有一次在大学毕业班讲演的时候，他问道："有多少人曾经锯过木头？请举手。"大部分的学生都曾经锯过。然后他又问道："有多少人曾经锯过木屑？"没有一个人举手。

"当然，你们不可能锯木屑，"夏德先生说道，"因为那些都是已经锯下来的。过去的事也是一样，当你开始为那些已经做完的和过去的事忧虑的时候，你不过是在锯一些木屑。"

棒球老将康尼·麦克 81 岁的时候，我问他有没有为输了的比赛忧虑过。

"噢，有的。我以前常这样，"康尼·麦克告诉我说，"可是多年以前我就不干这种傻事了。我发现这样做对我完全没有好处，磨完的麦子不能再磨，"他说，"水已经把它们冲到底下去了。"

不错，磨完的麦子不能再磨；锯木头剩下来的木屑，也不能再锯。可是你还能消除你脸上的皱纹和胃里的溃疡。在去年感恩节的时候，我和杰克·登普西一起吃晚饭。当我们吃火鸡和橘酱的时候，他告诉我他把重量级拳王的头衔输给滕尼的那一仗。当然，这对他的自尊是一个很大的打击。

"在拳赛当中，我突然发现我变成了一个老人……到第十回合终了，我还没有倒下去，可也只是没有倒下去而已。我的脸肿了起来，而且有很多处伤痕，两只眼睛几乎无法睁开……我看见裁判员举起吉恩·滕尼的手，宣布他获胜……我不再是世界拳王。我在雨中往回走，穿过人群回到自己的房间。在我走过的时候，有些人想来抓我的手，另外一些人眼睛里含着泪水。

"一年之后，我再跟滕尼比赛了一场，可是一点用也没有，我就这样永远完了。要完全不去愁这件事情实在很困难，可是我对自己说'我不打算生活在过去里，或是为打翻了的牛奶而哭泣，我要能承受这一次打击，不能让它把我打倒。'"

而这一点正是杰克·登普西所做到的事。怎么做呢？只是一再地向自己说："我不为过去而忧虑”吗？不是的！这样做只会再强迫他想到他过去的那些忧虑。他的做法是承受一切，忘掉他的失败，然后集中精力来为未来计划；他的做法是经营百老汇的登普西餐厅和大北方旅馆；他的做法是安排和宣传拳击赛，举行有关拳赛的各种展览会；他的做法是让自己忙着做一些富于建设性的事情，使他既没有时间也没有心思去为过去担忧。“在过去十年里，我的生活，”杰克·登普西说，“比我在做世界拳王的时候要好得多了。”

登普西先生告诉我，他没有读过多少书，可是，他却是不自觉地照着莎士比亚的话在做：

聪明的人永远不会坐在那里为他们的损失而悲伤，却会很高兴地想办法来弥补他们的创伤。

当我读历史和传记并观察一般人如何度过艰苦的环境时，我一直既觉得吃惊，又羡慕那些能够把他们的忧虑和不幸忘掉并继续过快乐生活的人。

我曾到辛辛监狱去看过，那里最让我吃惊的是，囚犯们看起来和平常人一样都是快乐的。我当即把我的看法告诉了刘易士·路易斯——当时辛辛监狱的监狱长。他告诉我，这些囚犯刚到辛辛监狱的时候，都心怀怨恨而且脾气暴躁，可是经过几个月之后，他们当中比较聪明一点的人都能忘掉他们的不幸，安定下来承受他们的监狱生活，并尽量过好。

路易斯监狱长告诉我，有一个辛辛监狱的犯人，一个在园子里工作的人——在监狱围墙里种菜种花的时候，还能一面唱歌。

所以，为什么要浪费眼泪呢？当然，犯了过错或疏忽大意都是我们的不对，可是这又怎么样呢？谁没有犯过错？就连闻名于世的拿破仑，在他所有重要的战役中也输过三分之一。也许我们的平均纪录并不会次于拿破仑，谁知道呢？何况即使调动所有国王的人马，也不能挽回过去的失误。

所以，让我们记住第六条原则：

不要试着去锯木屑。

第四篇　保持充沛的活力

一、保持每日多清醒一个小时

在这本谈如何防止忧虑的书里，我为什么要写如何防止疲劳的问题呢？道理非常简单，因为疲劳容易使人产生忧虑，或者至少使你比较容易忧虑。任何一个医学院的学生都会告诉你，疲劳会降低身体对一般感冒和疾病的抵抗力；而任何一位心理治疗家也会告诉你，疲劳同样会降低你对忧虑和恐惧等感觉的抵抗力，因此防止疲劳也就可以防止忧虑。

那么，我是否可以说“可以防止不快乐”呢？这话说得太温和了些。艾德蒙·雅各布森医生说得更清楚。雅各布森医生是芝加哥大学实验心理学实验室的主任，他写过两本关于如何放松紧张情绪的书——《消除紧张》和《放松紧张情绪》。他花了好多年的时间，主持研究放松紧张情绪的方法在医药上的用途。他认为任何一种精神和情绪上的紧张状态，“在完全放松之后就不可能再存在了”——这也就是说，如果你能放松紧张情绪，就不会再继续忧虑下去。

所以要防止疲劳和忧虑的第一条规则就是：经常休息，在你感到疲倦之前就休息。

这一点为什么如此重要呢？因为疲劳增加的速度快得惊人。美国陆军曾做过多次实验，证明即使是经过多年军事训练的坚强的年轻人，如果不带背包，若每小时休息 10 分钟的话，他们的行军速度就会加快，也更持久，因此陆军总是强行要求他们这样做。

你的心脏和美国陆军士兵的一样健康。从你的心脏每天流出来穿过你全身的血液，足够装满一节火车车厢；每 24 小时所供应的能量，也足够用铲子把 20 吨的煤铲上一个 3 英尺高的平台所需的能量。你的心脏能完成这么多令人难以相信的工作量，而且可以持续 50 ～ 70 年，甚至可以长达 90 年之久。你的心脏怎么可能承受得了呢？哈佛医院的华特·坎农博士解释说："绝大多数人都认为，人的心脏整天都在不停地跳动。事实上，在每一次收缩之后，它有完全静止的一段时间。当心脏以正常速度每分钟跳动 70 次的时候，一天 24 小时里，它的实际工作时间只有 9 个小时。也就是说，心脏每天休息了整整 15 个小时。"

在第二次世界大战期间，丘吉尔已经 67 岁了，却能够每天工作 16 小时，年复一年地指挥大英帝国作战，实在是一件很了不起的事情。他的秘诀在哪里？他每天早晨在床上工作到 11 点，看报告、口述命令、打电话，甚至在床上举行很重要的会议。吃过午饭以后，再上床去睡一个小时。到了晚上，在 8 点钟吃晚饭以前，他要再上床去睡两个小时。他并不是要消除疲劳，因为他根本不必去消除，他事先就防止了。因为他经常休息，所以可以很有精神地一直工作到半夜之后。

约翰·洛克菲勒也创造了两项惊人的纪录：他赚到了当时全世界为数最多的财富，也活到 98 岁。他是如何做到这两点的呢？最主要的原因当然是，他家里的人都很长寿；另外一个原因是，他每天中午在办公室里睡半个小时午觉。他会躺在办公室的大沙发上——而在睡午觉的时候，哪怕是美国总统打来的电话，他都不接。

在那本名叫《为什么要疲倦》的好书里，丹尼尔说："休息并不是绝对什么事都不做，休息就是修补。"在短短的一点休息时间里，就能有很强的修补能力，即使只打五分钟的瞌睡，也有助于防止疲劳。棒球名将康尼·麦克告诉我，每次出赛之前如果他不睡一个午觉的话，到第五局就会觉得筋疲力尽了。可是如果他睡午觉的话，哪怕只睡五分钟，也能够赛完全场，一点也不感到疲劳。

我曾问过埃莉诺·罗斯福夫人，当她在白宫当第一夫人的12年里，如何应付那么紧凑的安排。她对我说，每次接见一大群人或者是要发表一次演说之前，她通常都坐在一张椅子或是沙发上，闭起眼睛休息20分钟。

我最近到麦迪逊广场花园去拜访吉恩·奥特里，这位参加世界骑术大赛的骑术名将。我注意到他的休息室里放了一张行军床。“每天下午我都要在那里躺一躺，”吉恩·奥特里说，“在两场表演之间睡一个小时。当我在好莱坞拍电影的时候，”他继续说道，“我常常靠坐在一张很大的软椅子里，每天睡两次午觉，每次10分钟，这样可以使我精力充沛。”

爱迪生认为他无穷的精力和耐力，都来自他能随时想睡就睡的习惯。

当亨利·福特过80岁大寿之前不久，我去访问过他。我实在猜不透他为什么看起来那样有精神，那样健康。我问他秘诀是什么，他说：“能坐下的时候我绝不站着，能躺下的时候我绝不坐着。”

被称为“现代教育之父”的霍勒斯·曼在他年事稍长之后也是这样。当他担任安提奥克大学校长的时候，常常躺在一张长沙发上和学生谈话。

我曾建议好莱坞的一位电影导演试试这一类方法，他后来告诉我说，这种办法可以产生奇迹。我说的是杰克·切尔托克，他是好莱坞最有名的大导演之一。几年前他来看我的时候，他是MGM公司短片部的经理，他说他常常感到劳累和筋疲力尽。他什么办法都试过，喝矿泉水、吃维生素和别的补药，但对他一点帮助也没有。我建议他每天去“度假”。怎么做呢？就是当他在办公室里和手下开会的时候，躺下来放松自己。

两年后，我们又见面了。他说：“我的医生声称，奇迹出现了！真的，以前我和部下讨论片子时，总是情绪紧张地坐在椅子上。现在开会时，我就躺在办公室的沙发上，这种感觉令我觉得比20年前要好得多，不仅每天增加了两小时工作时间，而且几乎不觉得疲劳。”

那么，你如何运用这种方法呢？如果你是个打字员，就不能像爱迪生、山姆·高尔温那样，每天中午在办公室里休息；如果你从事着会计工作，也不可能躺在沙发上和上司讨论账目问题。但是，如果你生活在小城市，那么每天中午回家后，吃完午饭就可以休息10分钟。

这个方法正是马歇尔将军经常运用的。第二次世界大战期间，他觉得指挥美军部队太辛苦，所以中午必须休息。

如果你不可能在中午休息，那么在晚饭之前，至少要躺下来睡一小时，它的效果比吃饭前喝一杯酒要好得多，如果仔细计算一下，好处要超过几百倍。如果你能在下午五六点或七点左右睡一个小时，那么，你就可以为自己多增加一小时的清醒时间。原因在于，晚饭前睡的一个小时加上夜里休息的6个小时，比连续睡8个小时更好。

如果你是一个从事体力劳动的人，充足的休息时间可以让你做更多的活儿。弗里德里·泰罗曾是贝德汉钢铁公司的科学管理工程师，他通过工作过程中的观察发现，最后以事实证明了这一点。

他发现，工人每天都要将大约12吨半的生铁搬上货车，但在一般情况下，很多人在中午就已经筋疲力尽了。

泰罗通过计算产生疲劳的因素，做了一次科学研究。按照自己的计算，他认为：工人们每天的工作量不应该是12吨半生铁，而应该是47吨，不仅成绩超出了3倍，而且不应该产生疲劳，但这一点必须经过事实证明。

于是，泰罗从搬运工中挑选了一位施密特先生，让他按规定时间工作、休息。一个专业人员拿着表指挥他："现在搬起一块生铁，走……现在坐下休息……工作……休息。"

结果，其他人每天的工作量是12吨半，施密特却达到了47吨，而且在长达3年的时间里，他的工作能力从未退步，因为他在疲劳之前就已经休息。在每个小时里，他大约工作26分钟，剩下的全是休息时间，尽管休息时间超出了工作时间，但工作成绩却是别人的 4 倍!

让我再说一遍：按照美国陆军的办法，经常休息；按照心脏工作的方法，在疲劳前休息。这样，你每天就能增加一小时的清醒时间。

二、疲劳的原因

下面这个事实虽然令人吃惊，但非常重要：仅仅使用大脑不会让你疲倦。这句话听上去非常荒谬，但经过科学实验的证明，它无疑是正确的。

那么，使你感到疲劳的到底是什么呢？心理治疗家认为："疲劳多半是由精神和情感因素引起的。"

英国著名心理分析学家海德菲在《权力心理学》一书中说："人们产生的大部分疲劳都是心理影响的结果，事实上，纯粹由生理引起的疲劳少之又少。"

美国著名心理分析学家——布列尔卞斯说得更详细："一个坐着工作的人，如果身体健康状况良好，那么，他的疲劳感百分之百是因为心理因素，也就是情感因素造成的。"

那么，导致疲劳的因素有哪些呢？当然是不受赏识的感觉、忙乱、焦急、忧虑、烦闷等等感情因素，它们使人容易感冒，工作成绩降低。我们之所以会产生疲劳，是因为坏情绪让身体紧张。

大都会人寿保险公司特别在一本讨论疲劳的小册子上指出了这一点："困难的工作本身很少会造成充分休息之后不能消除的疲劳……只有忧虑、紧张和情绪不安才是产生疲劳的三大因素。通常我们认为是由于操心劳力所产生的疲劳，实际上都可以归咎于这三个原因……请记住，应该放松你那紧张的肌肉，放松你那正在工作的肌肉，把你的体力储备好，以应付更重大的责任。"

请你停下来，现在就停下来！自己检讨一下：在你念这几行字的时候，是不是还皱着眉头？你是否觉得在两眼之间有一种压力？你是否正轻松地坐在你的椅子上？还是耸起肩膀？你脸上的肌肉是否很紧张呢？除非你的全身犹如一个破旧的布娃娃一样放松，否则你现在就是在让你的神经和肌肉紧张，就是在给自己制造疲劳。

为什么我们在做脑力工作的时候，也会产生这种不必要的紧张呢？柯希怀先生说："我发现主要的原因……就是几乎所有的人都相信，越是困难的工作，就越要有一种压力感，否则做出来的成绩就不够好。"所以，我们集中精神的时候，就皱起眉头，耸起肩膀，让所有的肌肉都来"用力"。事实上，这样做对我们的思考根本没有丝毫的帮助。

碰到这种精神上的疲劳，该怎么办呢？记住，一定要放松！放松！再放松！要学会在工作时放松。

这容易做到吗？不，可能你得改掉你一生的习惯才能实现。可是花这种力气是值得的，因为这样可以使你的生活发生革命性的变化。威廉·詹姆斯在他的文章《论放松情绪》中说："过度紧张、坐立不安、着急，以及紧张、痛苦的表情……全都是坏习惯，不折不扣的坏习惯。"紧张是一种习惯，放松也是一种习惯，应该改变不良习惯，培养好习惯。

怎样才能做到放松呢？是先从思想开始，还是先从你的神经开始呢？两者都不是。你应该先放松放松你的肌肉。

让我告诉你该怎么做：先从你的眼睛开始。先把这一段读完。读完之后，把头向后靠，闭起你的眼睛来。然后默默地对你的眼睛说："放松，放松，不要紧张！不要皱眉头！放松，放松！"如此慢慢地重复一分钟……

你有没有注意到，经过几秒钟之后，你眼睛的肌肉就开始服从你的命令了？你是否觉得有一只无形的手把这些紧张的情绪都驱走了？噢，这虽然看起来令人难以置信，可是你在这一分钟里，却已经试过了放松情绪艺术的全部关键和秘诀。你可以用同样的办法放松你的脸部肌肉、你的头部、你的肩膀，以及你的整个身体。但是你全身最重要的器官，还是你的眼睛。芝加哥大学的爱德蒙德·雅各布森博士曾说过，如果你能完全放松你的眼部肌肉，你就可以忘记你所有的烦恼了。在消除神经紧张时，眼睛之所以这样重要，是因为它们消耗了全身散发出来能量的四分之一。这也就是为什么很多眼力很好的人常常感到“眼部紧张”，因为他们自己使眼部感到紧张。

擅长写长篇小说的女作家维基·鲍姆曾说，她小时候遇见过一位老人，教了她一生所学当中最重要的一课。有一次，她摔了一跤，跌破了膝盖，还扭伤了手腕。那个以前在马戏团当小丑的老人把她扶了起来，在帮她把身上的灰尘拍打干净的时候，老人说：“你之所以会摔伤，是因为你不知道怎样放松你自己。你应该假装你自己软得像一只袜子，像一只穿旧了的袜子。来，我来教你怎么做。”

老人就教维基·鲍姆和其他的孩子们怎样跑，怎样跳，怎样翻筋斗，还一直对他们说：“要把你自己想象成一只旧袜子，那样你就能放松了。”

在任何时候都要放松，在任何地方也应该放松，只是不要花太多的力气让自己放松。所谓放松，就是要消除所有的紧张和压力，只想到舒适和放松。刚开始的时候，先想怎样放松你眼部的肌肉和脸上的肌肉，不停地对自己说：“放松！放松！再放松！”要感觉到你的体力正由你的脸部肌肉穿行到你身体的中心。要让你自己像孩子一样，没有任何紧张的感觉。

这也是著名女高音歌唱家嘉莉·古琪采用过的办法。海伦·吉卜生告诉我，他常常看见嘉莉·古琪在表演之前先坐在一张椅子上，放松全身肌肉，而且下颏松得像脱了臼似的。这种方法非常不错——可以使她在登台表演的时候不至于感到太紧张，同时还可以防止疲劳。

下面五项建议可以教你学会怎样放松自己：

（1）看关于这方面的一些好书，如大卫·哈罗·芬克博士所写的《消除神经紧张》。我也建议你看一看由丹尼尔·乔斯林所写的《为什么会疲倦？》。

（2）随时放松自己，使你的身体软得像一只旧袜子。我工作的时候，常在书桌上放一只红褐色的旧袜子，提醒自己应该放松。如果你找不到一只旧袜子的话，找一只猫也可以。你有没有抱过在太阳底下打盹的猫呢？当你抱起它的时候，它的头就像打湿了的报纸一样靠过去。印度的瑜伽术也教你，如果你想放松，应该多去瞧瞧猫。要是你能像猫一样放松自己，大概就能避免这些问题了。

（3）尽量用舒服的姿势工作。记住：肩膀疼痛和疲劳都是因为身体过度紧张造成的。

（4）每天做 5 次自我检查，询问自己："我是否让自己的工作变得更繁重？是否经常使用一些和工作毫无关联的肌肉？"这种检查有助于你养成放松的好习惯，记住大卫·哈罗·芬克博士说的话："了解心理学的人都知道，三分之二的疲劳具有惯性。"

（5）晚上临睡前再检查一次："我到底有多疲劳？如果我产生这种感觉，一定不是因为自己过度费心，而是因为错误的做事方法。"

丹尼尔·何西林说："我经常评估自己的成绩，标准是：当我结束一天的工作，是疲劳感更多，还是充沛感更多？也就是说，如果一天下来，我觉得特别疲倦，或者精神特别疲乏，那么毫无疑问，这一天工作的质量都做得不好。如果每个企业家都能学会这一点，用清醒程度衡量一天工作的质量是否达标，而非疲劳过度。那么，他们因为神经紧张导致的死亡比例就会迅速降低，我们的精神疗养院里也不会出现那么多因为疲劳而精神崩溃的人。"

三、家庭主妇如何永葆青春

去年秋天，我的助手到波士顿参加一次医学实验。这个实验非比寻常，它的正式名称叫"应用心理学"，主要是为一些因忧虑而生病的人提供治疗，这些人大多数是家庭主妇。这个实验诞生的过程也很独特。

1930年，威廉·奥斯勒的学生约瑟夫·普雷特博士发现：到波士顿医院寻求治疗的女病人，大部分并没有生理上的毛病。一个女病人声称自己的双手因为“关节炎”而无法活动，另一个则说自己患了“胃癌”，十分痛苦。至于其他人，有的是头疼，有的是腰疼，这些病痛长年发作。但经过最彻底的医学检查，医生们发现，这些家庭主妇完全正常，没有任何问题。因此他们认为，这完全是头脑有问题。

这时，普雷特博士想：如果仅仅让她们回家去，然后把这件事忘掉是没有效果的，不如开办一个实验班，帮助她们治愈心理上的疾病。于是“应用心理学”应运而生了。

对于普雷特博士的做法，医学界最初抱着怀疑的态度。但结果出乎意料的好，实验班成立18年来，“治愈”了成千上万的人，有的病人甚至上了好几年课，仿佛一个虔诚的教徒。

我的助手曾和一名妇女交流，她在实验班上了9年课，而且很少缺席。

她说：“我刚来时，深信自己患了肾炎和心脏病，这使我极度忧虑和紧张。有时候，突然看不见东西，于是我又担心会失明。面对这些状况，我几乎想一死了之。值得庆幸的是，我在这里懂得了忧虑对人的害处，并学会了如何消除忧虑。现在，我完全可以说，自己的生活非常幸福。”

我的助手最后描述：“这名女士身体状况良好，虽然已经有了孙子，但看上去只有40多岁。”

实验班的医药顾问萝丝·海芬婷大夫说：“减轻忧虑的最佳药物就是：和信任的人谈论自己的问题，我们将其称之为‘净化作用’。病人来到这里，可以尽量谈论自己的问题，直到把这些完全从大脑中赶出去。当一个人暗暗忧虑时，精神上会造成极大的损失。我们应该学会让别人分担问题，同时也分担别人的忧虑。必须让病人感到，世界上还有人愿意倾听她们的话，愿意了解她们。”

我的助手说：“我亲眼看到一个妇女说出心里的忧虑之后，露出非常解脱的表情。她有很多家务事方面的问题，当她刚刚开始谈论时，整个人就像一个压紧的弹簧，但她一边说，一边平静下来，说完之后，居然面带微笑。”

那么，她的问题是否已经得到了解决呢？当然没有，事情不会如此简单。她之所以发生这种改变，是因为她能和别人交流，得到一些同情和忠告，使她发生变化的是语言——它具有强有力的治疗功能。

从某种意义上来说，心理分析的基础就是语言的治疗功能。从弗洛伊德开始，心理学家们就明白：只要病人能够说话，仅仅说出来就能解除他心里的忧虑，原因在于，说出来之后，可以更深入地看清问题，从而找到更好的解决方法。虽然没有人知道确切答案，但所有的人都知道，畅谈一番，把心里的闷气发出来，马上就会觉得十分畅快。

所以，当你再次遇到情感上的难题时，不妨找个人谈一谈。当然，我并不是说随便抓一个人，向他倾吐所有的苦水和牢骚。而应该找一个值得信任的人，亲属、朋友、医生、律师都可以，跟他约一个时间，然后告诉他：“我有个问题，希望你能听我谈谈，或许你可以给我一点忠告，因为旁观者清，说不定从另外一个新角度可以认识问题。即使你做不到这一点，只要你肯听我说说这件事，也等于帮了我的大忙。”

假如你实在找不到可以谈话的人，我可以指点你去“救生联盟”——这个组织和波士顿的实验班完全没关系。可以说，“救生联盟”是世界上最不寻常的组织之一，它可以防止即将发生的自杀事件。经过许多年的努力，它的服务范围逐渐扩大，现在，它可以给那些不快乐的人或者情感上有所需要的人提供精神安慰。我拜访过几次萝娜•彭尼尔小姐，她常常和寻求帮助的人会谈。

在波士顿医院安排的课程中，最主要的治疗方法就是：把心里话说出来。我们还从那个课程里得到了另一些做法，如果你是个家庭主妇，可以在家里尝试一下。

（1）准备一本“供应灵感”的剪贴本，你可以在上面贴上自己喜欢的或可以振奋你精神的诗或是名人格言。如果你感到精神颓丧时，翻开这个本子，也许可以找到治疗的药方。在波士顿医院的很多病人都把这种剪贴本保存好多年，她们说这就相当于在你的精神上“打了一针”。

（2）不要太过于操心别人的缺点。

不错，你的丈夫身上的确有很多缺点，但如果他是个圣人的话，可能他根本就不会娶你了，对吗？在那个班上有一个女人，她发现自己变成了一个苛刻、挑剔，还常常拉长一张脸的女人。当有人问她“如果你丈夫死了，你该怎么办”的问题时，她才发现了自己的短处。她当时确实吃了一惊，连忙坐下来，把她丈夫所有的优点都详细地列举出来。她写的那张单子真是太长了。所以，如果你下一次觉得嫁错了人的话，何不也试着这样做呢？也许在你总结了他所有的优点之后，你或许会发现他正是你期盼嫁的那个人。

（3）要对你的邻居以及那些和你共同生活在一条街上的人有一种友善而健康的兴趣。

有一个女人很孤独，她觉得自己非常“孤立”。她一个朋友都没有。有人建议她试着把她下一个将要碰到的人当成故事里的主角，为自己编一个故事。于是，她开始在公共汽车上为她所看到的人编故事。她设想碰到的那个人的背景和生活，试着去想象他的生活状况。后来，她一遇到别人就主动和人聊天，而现在她活得非常开心，变成了一个令人喜欢的人，也治好了她的“痛苦”。

（4）每天晚上上床睡觉之前先安排好明天的工作程序。

这个班上的很多家庭主妇都因为做不完的家事而感到疲倦不堪。她们的工作好像永远也做不完，总是被时间追来赶去。为了治好这种匆忙的感觉和忧虑，建议这些家庭主妇在头一天晚上就为第二天的工作做好安排。结果如何呢？她们能完成许多工作，却不会感到像以前那样疲劳；同时她们还因为做出了成绩而感到非常骄傲，甚至还有时间休息和“打扮”（每个女人其实每天都应该抽出时间来打扮自己，让自己看上去漂亮一些。我认为，当一个女人知道她的外表很漂亮的时候，她的情绪就不会那么紧张了）。

（5）放松是避免紧张和疲劳的唯一方法。

再没有什么会比紧张和疲劳更容易使你苍老，对你的外表更有害的了。我的助手在波士顿医院举办的那个课程班上坐了一个小时，听负责人保罗·琼森教授谈了许多我们在前一章已经讨论过的原则——让人放松的方法。在10分钟的自我放松训练结束之后，我的助手由于也和其他人一起做了这些练习，以至于快要坐在椅子上睡着了。为什么生理上的放松有这么大的作用呢？因为这家医院知道，放松是你消除疲劳所必须要做到的。

是的，作为一个家庭主妇，一定要懂得怎样让自己放松。你有一点强过别人的地方，那就是只要想躺下随时就可以躺下，而且你还可以躺在地上。奇怪的是，那种硬地板比里面装着弹簧的席梦思床更有助于你放松自己。那是因为地板给你的抵抗力比较大，对脊椎骨大有好处。

下面就是你可以在自己家里所做的一些运动。先试一个星期，看看对你的外表有怎样的好处：

（1）只要你觉得疲倦了，就平躺在地板上，尽量把你的身体伸直，你可以想转身就转身。这样每天做两次。

（2）闭上你的双眼，像琼森教授所建议的那样对自己说："太阳当头照耀，天空蓝得发亮，大自然非常寂静，控制着整个世界——而我是大自然的孩子，也可以和整个宇宙协调一致。"

（3）如果你不能躺下来，因为你正在炉子旁煮菜，而没有时间，那么，只要你能坐在椅子上，得到的效果也是一样的。在一张硬直背椅子上，像古埃及坐像那样，把你的两只手掌向下平放在大腿上。

（4）现在，慢慢蜷缩你的十个脚趾头，然后让它们放松——收紧你的腿部肌肉，然后让它们放松。慢慢地由下至上运动各部分肌肉，一直到你的颈部。然后让你的头向四周转动，好像你的头是一个足球，你要不断地对自己的肌肉说："放松……放松……"

（5）用缓慢而稳定的深呼吸来平定你的神经，要从丹田吸气。印度的瑜伽功做得不错，有规律的呼吸是安抚神经的最好方法。

（6）想想你脸上的皱纹，尽量将它们抹平；把你皱紧的眉头松开，不要闭紧嘴巴。如此坚持每天做两次，也许你就不必再去美容院进行按摩了，而这些皱纹就会从此远离你了。

四、养成四种好的工作习惯

让我们晕头转向的并非大的工作量，而是我们不清楚自己到底有多少工作，该先做哪件事。

第一个好的工作习惯是：清理办公桌上的所有纸张，只留下和手头工作有关的。这样你会发现，自己的工作更有头绪，也更容易处理。

一家新奥尔良报纸的发行人曾经跟我说过，秘书偶尔帮他清理了一下桌子，结果发现了一台打字机。两年来，大家一直在寻找它。

如果桌子上堆满报告、信件、备忘录诸如此类的东西，肯定会让人产生混乱、紧张和焦虑。更糟糕的是，它让你觉得自己有100万件事等着处理，但根本没时间，也根本完不成。一旦产生这种情绪，你就更容易患上高血压、心脏病和胃溃疡。

罗西·威廉斯是芝加哥西北铁路公司的董事长，他说：“一个人如果习惯在书桌上堆满文件，不妨清理一下桌子，只留下急需处理的文件，那么他很快就会发现，自己的工作更容易进行。我把这种方式称为‘料理家务’，它是提高工作效率的首要步骤。”

如果你去过华盛顿的国会图书馆，一定能看到天花板上的11个字：“秩序是天国的第一条法则。”这是著名诗人波普写的。

约翰·斯托克教授就职于宾夕法尼亚州州立大学医学院，他曾在美国医药学会的全国大会上宣读自己的一篇论文，题目叫《生理疾病引起的心理并发症》。他的论文中有一项“病人心理状况研究”，下面列出了11种情况，第一条就是：“一种必需的感觉，好像要做的事情永远也做不完。”

著名心理治疗专家威廉·山德尔博士曾用一个简单的方法治愈了病人。这个病人是芝加哥某家大公司的高级主管，当他初次来到山德尔的诊所时，非常紧张不安，几乎面临着精神崩溃。

从他的谈话中，山德尔了解到，这个主管的办公室有3张大写字台，上面堆满了各种各样的文件。每当他踏进办公室，就把自己全身心地投入工作堆，但事情似乎永远处理不完。于是山德尔告诉他，回去后的第一件事就是：将3张写字台清理干净，只留一张写字台。结果，这个主管清出一大堆没用的报表和旧文件。从此，再也没有堆积如山的工作困扰他，事情一到就马上处理，他的工作效率大大提高，身体也恢复了健康。

美国最高法院的前大法官查尔斯·伊文斯·休斯说：“人不会死于繁重的工作，但会死于忧虑和奢侈。”

第二个好的工作习惯是：按事情的重要程度，安排工作顺序。

亨瑞·杜哈提创办了遍布全美的市务公司，他曾说过：“不管我出多少钱的薪水，都找不到一个同时具有两种能力的人。第一种能力是思考，第二种能力是按照事情的重要程度安排事情。”

查尔斯·卢克曼原本是个默默无闻的人，但他在12年之内，将自己变成培素登公司的董事长，每年除了10万美元的薪金之外，还有100万美元的进账。他说自己之所以能成功，就在于具备亨瑞·杜哈提说过的不可能同时具备的两种能力。

卢克曼说：“在我记忆当中，每天，我都是早上5点起床，因为这时的头脑最灵敏，可以比较周全地计划当天的工作，然后按事情的重要程度，安排处理的先后顺序。”

在美国的保险行业中，富兰克林·白吉尔无疑是最成功的推销员之一。他根本不会等到第二天早上5点才开始计划当天的工作，他在头一天晚上就已经考虑好了。他给自己制定了一个目标——一天必须卖掉多少金额的保险，如果没有完成，就累加到第二天，从不间断。

如果萧伯纳没有坚持这一原则，那么他现在很可能还是一个银行出纳，不会成为优秀的戏剧家。他给自己拟订计划：每天至少写出5页东西，不管是什么。按照这个计划，他整整坚持了9年。

即便是漂流到荒岛的鲁滨逊，也按小时给自己制订了一份计划表。当然，人们不可能一直按照事情的重要程度来安排，不过，按照计划做事的好处，绝对超出了随兴致处理问题。

第三个好的工作习惯是：如果碰到必须马上做决定的问题，就应当场解决，千万不能拖延。

已故的H.P.霍华是我从前的学生，他说："当我担任美国钢铁公司董事长的时候，每次的董事会总要花很长时间，讨论很多问题，但解决的事情少得可怜。而且每个董事在会后都要带一大包文件回家，经常看到三更半夜，依然没有结果。"

后来，霍华先生提出一个建议：每次董事会只讨论一个问题，然后马上作出结论，毫不耽搁。虽然得出一个结论需要研究更多的资料，但在讨论下一个问题之前，这个问题一定能解决。霍华先生告诉我："改革的结果令人目瞪口呆，因为它非常有效，所有的陈年旧账都解决得清清楚楚，董事们再也不必带着文件回家，而且大家也不再因为问题无法解决而忧虑。"

应该说，这个好办法不仅适用于美国钢铁公司，对你我也同样合适。

第四个好的工作习惯是：学会组织，把责任分给下属，让他们去监督和执行。

由于很多商人不懂得如何把责任分给下属，他们坚持亲历亲为，这种做法无异于自掘坟墓。因为很多细节小事会让他们手忙脚乱，觉得时间不够用，从而产生焦虑和紧张。

一个管理着大公司的人，如果没有学会组织人员分层监督，那么最可能出现的情况就是：他在五六十岁的时候死于心脏病。

过去，我觉得分层监督非常困难，因为如果负责人不理想，会产生很大的灾难。但是，一个上级主管如果希望自己的生活远离忧虑和紧张，他就必须这么做。

五、如何预防烦闷

你对自己的工作感到厌烦吗？那么，何不跟自己玩个“假装游戏”，或许你会得到出人意料的结果。

造成疲劳的另一个原因是烦闷。

爱丽丝小姐是个打字员，工作结束之后，她才拖着疲惫不堪的身体回到家。她觉得自己腰酸背痛，几乎连饭都不想吃，只想马上倒头就睡。这时，男朋友的电话来了，他邀请爱丽丝小姐去跳舞。刹那间，爱丽丝的眼睛亮起来，她精神十足地换好衣服冲出门去。直到凌晨 3 点，她才回来，但此时此刻，她一点儿也不觉得疲倦，恰恰相反，她兴奋得几乎睡不着。

很明显，爱丽丝小姐傍晚回家时觉得疲劳，是因为工作让她烦闷，随之对生活也产生了厌烦感。在世界上，这种人的数量很多，说不定你也是其中之一。

约瑟夫·巴马克博士曾在《心理学学报》上发表了一篇报告，里面记录着他的一次实验：

他安排一大群大学生参加很多实验——都是他们不感兴趣的工作。结果表明，所有的学生都觉得疲劳，而且头疼、眼睛疼、打瞌睡、发脾气，甚至有几个人觉得自己得了胃病。巴马克博士通过化验得知，当一个人开始烦闷时，身体血液的流动和氧化作用会降低，如果人们觉得工作有趣，新陈代谢就会加速。也就是说，当我们从事自己感兴趣的工作时，状态一般都很兴奋，很少出现疲劳感。

举个例子，前不久，我到加拿大落基山度假，在路易斯湖畔钓了好几天鲑鱼。

在钓鱼的过程中，我要穿过茂密的、比人还高的树丛，跨越很多倒在地上的树枝，我来来回回折腾了8个小时，却丝毫不觉得疲倦。是什么原因呢？很简单，我抓到了6条个头很大的鲑鱼，兴奋极了，觉得自己不虚此行。但是，如果我觉得钓鱼是一件令人讨厌的事，那么会出现什么后果呢？在海拔7000英尺的高山上来回奔波，我肯定会筋疲力尽的。

不过，即便是登山这样消耗体力的运动，也比不上烦闷带给你的疲倦多。

S.H.金曼先生是明尼纳卜勒斯农工银行的总裁，他讲述的一件事完全可以证明这一点。

1943年7月，为了协助威尔士军团做爬山训练，加拿大政府特意邀请了阿尔卑斯登山部的教练，金曼先生就是其中之一。教练们的年纪都在42～59岁，他们带领年轻的士兵越过冰河和雪地，然后利用绳索和一些简单工具爬上40英尺高的悬崖。他们在河谷里长途跋涉，翻越了很多高山，经过15个小时的登山训练，那些非常健壮的年轻人全都累趴下了，尽管不久前，他们刚刚接受过6个星期的严格军事训练。

他们感到疲劳，是不是因为他们军事训练时肌肉没有训练得很结实呢？任何一个接受过严格军事训练的人都一定会对这种荒谬的观点嗤之以鼻。事实上，他们之所以会这样筋疲力尽，是因为他们对登山感到厌烦。他们中很多人疲倦得不等到吃过晚饭就睡着了。可是那些教练——那些年岁比士兵要大两三倍的人——是否疲倦呢？不错，他们也感觉到了疲倦，但他们不会筋疲力尽。那些教练吃过晚饭后，还坐在那里聊了几个钟头，谈他们这一天的事情。他们之所以不会疲倦到筋疲力尽的地步，是因为他们对这件事情感兴趣。

哥伦比亚大学的爱德华·戴克博士曾主持过关于疲劳的实验，他通过采用那些年轻人经常借以保持兴趣的方法，使他们维持清醒的愉悦长达一星期之久。在经过多次调查之后，戴克博士表示："心情烦闷是致使工作能量降低的唯一真正原因。"

如果你是一个脑力劳动者，使你感觉疲劳的原因很少是因为你的工作超量，相反是由于你的工作量不够。例如，你还记不记得上星期一，你不断地受人打扰，一封信也没有回，跟人家约好的事情一件也没有做，到处都是等待解决的问题，那一天所有的事情都不对头，你一件事情也没有做成，可是回到家时却已经筋疲力尽，而且头痛欲裂。

第二天，办公室里所有的事情都进行得相当顺利。你所完成的工作是头一天的40倍，可是当你回到家里的时候，却神采奕奕。你一定有过这种经历吧？我也有过。

我们可以从这一点上学到什么呢？那就是我们的疲劳通常不是由于工作所引起的，而是由于忧虑、紧张和不快。

在写这一章的时候，我抽空去看了由杰罗米·凯恩主演的音乐喜剧。剧中的主角安迪船长在一段颇有哲理的话里说："能做他们喜欢做的事情的人，是最幸运的人。"这种人之所以幸运，就是因为他们的体力更充沛，心情更愉快，而忧虑和疲劳却比别人少。同样，你兴趣所在的地方也就是你能力所在的地方。你如果陪着一路唠叨不休的太太走几条街，一定会比陪着你心爱的情人走10里路感觉要疲劳得多。

那么怎么办呢？在这件事情上，你能有什么办法呢？下面就是一位打字小姐所做的事情，这位打字小姐在俄克拉荷马州托沙城的一个石油公司工作。她每个月有几天都得做一件你所能想象到的最没意思的工作：填写一份已经印好的有关石油销售的报表，在上面填上各种统计数字。这件工作实在没有什么意思，她为了提高工作情绪，就想出了一个解决办法，把它变成一件非常有趣的工作。她是怎么做的呢？

她每天跟自己竞赛。她点出每天早上所填的报表数量，然后尽量在下午去打破自己的纪录；然后再计算每一天所做成的总数，再想办法在第二天去打破前一天的纪录。结果怎样呢？她比同一部门其他的打字小姐都快了很多，一下子就把很多很没意思的报表填完了。这样做对她有什么好处呢？得到赞美了吗？没有。得到感激了吗？没有。得到升迁了吗？没有。加薪水了吗？没有。可是这样做却有助于防止她因为烦闷而带来的疲劳，使她能保持很高的兴致。因为她尽了自己最大的努力，把一件没有意思的工作变得有意思，她就能节省下更多的体力和精神，使她在休息的时候也能获得更多的快乐。

我之所以知道这是个真实的故事，因为我就娶了这个女孩子为妻。

下面是另外一位打字员小姐的故事。她发现"假装喜欢"工作很有意思，会使人得到更多意想不到的报偿。她以前很不喜欢她的工作，可是现在却发生了改变。她的名字叫维莉·哥顿，下面就是她在信中告诉我的故事：

"在我的办公室里，一共有4位打字员，每个人都要负责替几个人打信件，每过一段时间我们就会因为工作量太大而忙得不可开交。有一天，有一个部门的副经理坚持让我把一封很长的信重打一遍，令我大为恼火。我告诉他，这封信只要改一改就可以，不必重打一遍。而他对我说，如果我不想重打的话，他就去找愿意重打的人来再打一次。我当时气得怒火中烧，可是当我开始重新打这封信时，我突然发现其实有很多人都会跳起来抓住这个机会来做我现在正在做的这件事情。再说，人家支付我薪水也就是要我做这份工作，这样一想，我开始觉得好了很多。这时候，我突然下定决心，尽管我不喜欢这份工作，但我要假装喜欢它的样子去做。接着，我有了一个重大的发现：如果我假装很喜欢我的工作，那么我就真的能喜欢到某种程度；而且我也发现，当我开始喜欢我的工作的时候，我工作的速度就可以大大加快。因此，我现在加班的时候很少。这种新的工作态度，使大家都认为我是一个非常好的职员。后来，有一个单位主管需要找一位私人秘书，他就让我担任那个职务，因为他认为我很愿意做一些额外的工作而从不抱怨。这件事情证明心理状态的转变能产生巨大的力量。对我来说，这是非常重要的一个发现，它为我创造了奇迹。"

在这里，哥顿小姐用了汉斯·维辛吉教授的"假装"哲学，他告诉我们要"假装”自己很快乐。

如果你“假装”对你的工作感兴趣，一点点假装就会使你的兴趣变成真的，并且可以减少你的疲劳、紧张和忧虑。

许多年前，哈南·霍华先生作了一个决定，结果这个决定使他的生活完全改变了，把一个很没有意思的工作变得有趣味。他那份工作的确很没有意思，就是在高中的福利社洗盘子、擦柜台、卖冰激凌，而其他男孩子则在打球，或是与女孩子约会。哈南·霍华对这份工作很不满意，可是他又不得不接受这份工作，于是他决定利用这个机会来研究冰激凌是怎么做成的，里面有什么成分，以及为什么有些冰激凌比别的好吃。

他开始研究冰激凌的化学成分，结果使他成为那所高中化学课的奇才。后来他又对食物化学产生了极大兴趣，于是进了马萨诸塞州州立大学，专门研究食物营养学。后来纽约的可可公司设立了100美元奖金，奖励关于可可和巧克力应用方面的论文征文，这是一次由所有大学生参加的公开征文比赛。你猜谁得了头奖呢？一点也不错，那就是哈南·霍华。

后来他发现找一份合适的工作非常不容易，于是他就在自己家里的地下室开了一间私人实验室。不久，当局通过一项新法案：牛奶里面所含的细菌必须计数。于是哈南·霍华开始为安荷斯特城14家牛奶公司统计细菌，为此他还需要再多雇两名助手。

25年之后，他怎么就发展到顶端了呢？是的，这几位现在还在从事食物化学实验工作的先生，到那时候要么退休，要么已经过世了，但将会有许多现在刚刚开始学习并充满了热情的年轻人来接替他们的位置。25年之后，哈南·霍华很可能成为他这一行的领袖人物。而当年从他手里买冰激凌的那些同学，却很可能穷困潦倒，甚至失业在家。他们只会责怪政府，说他们没有好的工作机会。而哈南·霍华若不是努力把一件很没有意思的工作变得有意思的话，恐怕也同样不会有什么机会。

几年前，一个年轻人在一家工厂里，因为整天站在一个车库旁边做螺丝钉而感到非常没有意思。他的名字叫山姆。他很想辞职不干，可是又怕无法找到其他的工作。既然他非要做这件没有意思的工作不可，他就决定使这个工作变得有意思。于是，他开始和旁边另外一个管机器的工人比赛，由其中一位先在自己的机器上做出大样来，另外一个人把它磨到规定的直径。他们偶尔互换机器，看谁做出来的螺丝钉比较多。他们的领班对山姆的工作速度和精确度非常欣赏，不久就把他调到一个较好的职位，而这只是他一连串升迁的开始。30年之后，山姆成了巴尔温火车头制造公司的董事长。要是他没有想到使他那个没有意思的工作变得有意思的话，或许他一辈子只能做一名工人。

H.V. 卡特波是著名的无线电新闻分析家，他曾给我讲述了一则很有趣的故事：

“22岁那年，我在一艘横渡大西洋、运送牲畜的船上工作。每天，我的任务就是给船上的牲口喂水和饲料。没多久我就辞职了，然后骑着自行车周游全英国，走完后我来到法国。但是，当我抵达巴黎时，身上的积蓄已经花光了，只好卖掉随身携带的照相机，用这些钱在巴黎版的《纽约先驱报》上刊登了一个求职广告。最后，我成为一个推销员——专门卖立体观测镜。

“应该说，这份工作很不容易，不过我总算挺过来了，当时我就是靠着一个信念：要将这份工作变得有趣。每天早上出门之前，我都要对着镜子自言自语说：‘卡特波，如果你要吃饭、继续生活，就必须做这件事。既然非做不可，何不做得开心点呢？你就假装自己是个演员，正站在舞台上表演，下面是数不清的观众，他们正热烈地注视自己。卡特波，你现在的工作就和演戏一样，多么让人高兴啊！’

“我向老板请教了一些纯正的法语——都是我认为该说的话，然后把这些单词背得滚瓜烂熟。就这样，我挨家挨户地去按门铃。只要家庭主妇打开门，我便开始背诵老板教授的推销单词。或许带美国口音的法语让她们觉得滑稽可笑，因此，当我发现对方露出笑容时，就趁机递上推销品的照片。如果对方开始提问，我就耸着肩膀说：‘美国人！美国人！’同时摘下帽子，取出藏在里面的介绍给对方看。一般来说，家庭主妇们都会哈哈大笑，这时我也会跟着大笑，然后递上更多的照片。”

虽然卡特波不会说法语，但他挨家挨户推销了一年之后，挣到的报酬居然有5000美元，是法国当年收入最高的推销员，创造了一个奇迹。

卡特波告诉我："我每天给自己打气的那些话，帮了我的大忙，它将一份又恨又怕的工作变成有意思的事情，同时也让我获得了丰厚的回报。"

听了卡特波先生的经历，我问道："现在，有很多美国青年极度渴望成功，您可否给他们一些忠告？"

卡特波先生说："很简单，每天早晨跟自己打个赌。大家都知道，早上起床后，我们常常需要一些运动，让自己从懵懂的状态中彻底清醒。但是，我们更需要一些思想上的运动，这样才能真正地活动起来。所以，每天早上给自己打打气！"

每天早上给自己打气是不是一件肤浅、冒傻气的事呢？当然不是，在心理学上，这是非常必要的。

1800年之前，马尔卡斯·艾吕斯在《沉思录》中写道：

"我们的生活是由思想创造的。"

即便是现在，这句话同样是真理。因此，要不断提醒自己，鼓励自己。如果你无法从工作中找到乐趣，那么你恐怕很难从别的地方找到，因为每个人的大部分清醒时间，一般都花在工作上。如果你经常假装对工作有兴趣，为自己打气，就会将疲劳降到最低限度，或许会带来一些升迁和发展的机会。即使没有这些好处，你至少减轻了疲劳和忧虑，这样就可以充分享受闲暇时间。

六、不要为失眠忧虑

要是你经常睡不好觉的话，你会不会忧虑呢？那么你也许愿意知道塞缪尔·昂特迈耶——国际知名的大律师——这一辈子从来没好好睡过一天。

塞缪尔·昂特迈耶上大学的时候，很担心两件事情——气喘病和失眠症，这两种病似乎都没有办法治好。于是他决定退一步去想，他要充分利用清醒的时间。他不在床上翻来覆去，不让自己忧虑到精神崩溃的程度，他下床来读书。结果呢？他在班上每一门功课都名列前茅，成为纽约州立大学的奇才。

甚至在他开始进行律师业务以后，他的失眠症还是没有治好。可是昂特迈耶一点也不忧虑，他说："大自然会照顾我的。"事实果然如此。他虽然每天睡得很少，健康情形却一直很好，而且也能像纽约法律界所有的年轻律师一样努力工作，甚至超过其他人，因为别人睡觉的时候，他还是清醒的。昂特迈耶大律师 21 岁的时候，每年的收入已经高达 75000 美元，因此很多其他年轻的律师都到法庭去研究他的方法。1931 年，他在一个诉讼案子上所得到的酬劳，可能是有史以来律师界所得酬劳最高的一次——整整 100 万美元，而且都是现金。

实际上他还是有失眠症。晚上他有一半的时间都在看书，清早 5 点钟就起床，开始口述信件。当大多数人刚刚开始工作的时候，他一天的工作差不多就已经做完一半了。他一直活到 81 岁，一辈子却难得有一天晚上睡得很熟。想想看，如果他一直为失眠症担心忧虑的话，恐怕他这一辈子早就毁了。

我们的生活中，有 1/3 用于睡眠，可是没有一个人知道睡眠究竟是怎么一回事。我们知道这是一种习惯，也是一种休息状态。可是我们不知道每一个人需要几个小时的睡眠，我们甚至不知道我们是否非睡觉不可。

很难想象吗？嗯，在第一次世界大战期间，一个名叫保罗·科恩的匈牙利士兵，脑前叶被枪弹打穿。他的伤养好了，可奇怪的是，他从此没有办法再睡着。不管医生用什么样的办法——他们使用过各种镇静剂和麻醉药，甚至使用了催眠术——保罗·科恩就是没有办法睡着，甚至不觉得困倦。

所有的医生都说他活不久了，可是他却令所有人吃惊了。他找到一份工作，非常健康地活了好多年。他有时候会躺下来闭上眼睛休息，可是怎么也没有办法睡着。他的病例成为医学史上一个未解之谜，推翻了我们对睡眠的很多想法。

有些人的睡眠时间确实比其他人长。著名指挥家托斯卡尼尼每晚只需要睡 5

个小时，而柯立芝总统却需要两倍的时间。每 24 个小时，柯立芝要睡 11 个小时。换句话说，托斯卡尼尼一生大概只花了 1/5 的时间在睡眠上，而柯立芝却几乎睡掉了他生命的一半时间。

为失眠症而忧虑，对你的伤害程度，远超过失眠症本身。举个例子来说，我的一个学生——伊拉•桑德勒，就几乎因为严重的失眠症而自杀。下面是他所讲述的故事：

“我真的以为我会精神失常，问题是，最初我是个睡得很熟的人，就连闹钟响了也不会醒来，以致于每天早上上班都迟到。我因为这件事情而非常忧虑——事实上，我的老板也警告我说，我一定得准时上班。我知道我如果再这样睡过头的话，我就会丢了工作。

“我把这件事情告诉我的朋友。有个朋友帮我分析原因，就因为在睡觉以前要集中精神去注意闹钟，于是造成了我的失眠症。那个该死的闹钟的滴答滴答声缠着我不放，让我睡不着，整夜翻来覆去。到了早晨，我几乎病得不能动，又疲劳又忧虑。这样继续了有 8 个礼拜之久，我所受到的折磨简直无法用语言来形容。我深信自己一定会精神失常的。有时候我会走来走去转上好几个钟点，甚至想从窗口跳出去一了百了。

“最后，我去见一个我认得的医生。他说：‘伊拉，我没有办法帮你的忙，没有一个人能够帮你，因为这种事情是你自己找的。每天晚上上床后，要是你睡不着的话，就不要去理它，对你自己说：我才不在乎我睡得着睡不着哩，就算醒着躺在那里一直到天亮，也没有关系。闭上你的眼睛说：反正我只要躺在这里不动，不去为这件事担忧，就能得到休息。’

“我照他的话去做，不到两个礼拜我就能安稳地睡着了。不到一个月，我就能每天睡 8 个小时，而我的精神也恢复了正常。”

使伊拉•桑德勒受到折磨的不是失眠症，而是失眠症引起的忧虑。

在芝加哥大学担任教授的纳撒尼尔•克莱特曼博士，曾对睡眠问题做过很多研究，他是全世界有关睡眠问题的专家。他说过，从来没有听说哪一个人是因失眠症而死的。实际上，可能有人为失眠而忧虑以致体力减低受到细菌的侵袭，可是这种损害是由忧虑造成的，而不是由于失眠症。

克莱特曼博士也曾说过，那些为失眠症担忧的人，通常所得到的睡眠比他们所想象的要多很多。那些指天誓日地说“我昨天晚上连眼睛都没有闭一下”的人，实际上可能睡了好几个钟点，只是自己不知道而已。举个例子来说，19 世纪最有名的思想家赫伯特·斯宾塞，老的时候还是独身，寄住在一间宿舍里，整天都在谈他的失眠问题，弄得每个人都烦得要命。他甚至在耳朵里塞上“耳塞”来避免外面的吵闹声，镇定他的神经，有时候还吃鸦片来催眠。有一天晚上，他和牛津大学的塞斯教授同住在一个旅馆房间里，第二天早上斯宾塞说他昨天晚上整夜没有睡着，实际上却是塞斯教授根本没有睡着，因为斯宾塞的鼾声吵了他一夜。

要想安稳地睡一夜的第一个必要条件，就是要有安全感。我们必须感觉到有一种比我们大得多的力量，一直照顾我们到天明。托马斯·希斯洛普博士在英国医药协会的一次演讲中就特别强调这一点。他说：“根据我多年行医的经验发现，使你入睡的最好办法之一就是祈祷。我这样说纯粹是以一个医生的身份来说的。对有祈祷习惯的人来说，祈祷一定是镇定思想和神经的最适当也最常用的方法。把自己托付给上帝——然后放松你自己。”

著名歌唱家兼电影明星珍妮·麦当娜告诉我，每当她感觉精神颓丧而忧虑得难以入睡的时候，她就重读《诗篇》第 23 篇来让自己得到“一种安全感”——“耶和华是我的牧师，我必不致缺乏，他使我躺卧在青草地上，引我在可安憩的水边……”

可是，如果你没有宗教信仰，不能这样轻松地解决你的问题的话，你可以采用另一种方法来努力放松自己。大卫·哈罗·芬克博士写过一本名叫《消除神经紧张》的书，其中提出了一种最好的方法，那就是和你自己的身体交谈。芬克博士认为，语言是所有催眠法的关键，如果你一直没有办法入睡，那是因为你自己“说”得太多以至于使自己得了失眠症。唯一的解决方法就是使你从这种失眠状态中解脱出来。具体方法是对你自己身上的肌肉说："放松！放松！放松所有的紧张情绪！"

现在我们已经知道，当人的肌肉处在紧张状态的时候，思想和神经就无法得到放松。因此，如果我们想要安然地入睡，必须先放松自己的肌肉。芬克博士所推荐的方法，就是把枕头放在膝盖下，使双脚的紧张减轻。然后，把几个小枕头垫在手臂底下，放松下颌、眼睛、两个手臂和两腿，我们就会在不知不觉中入睡了。我自己曾试过这个方法，所以我知道很有效。如果你有失眠症，不妨买一本芬克博士的《消除神经紧张》，这本书我在前面也提到过，这是我所知道的唯一具有可读性，又可以治好失眠症的一本很实用的好书。

另一种治疗失眠症的最好办法，就是让自己去参加体力劳动，直到疲倦为止。你可以去种花、游泳、打网球、打高尔夫球、滑雪，或者做需要耗费很多体力的工作。这是著名作家德莱塞的做法。当他还是一个为生活而挣扎的年轻作家时，也曾为失眠症而忧虑过。于是他到纽约中央铁路公司找了一份铁路工人的工作，在做了一天打钉子和铲石子的工作之后，就会累得甚至没有办法坐在那里吃完晚饭。

如果我们疲倦至极的话，哪怕我们是在走路，我们也会被逼迫入睡的。我可以用一件事情来说明。13 岁那年，我父亲要运一车猪去密苏里州的圣乔城，因为他当时有两张免费的火车票，所以他带着我一起去。我在那之前从来没有去过任何超过 4000 人口以上的小城。当我到了有 6 万人的圣乔城时，兴奋得难以言表。我看到了 6 层高的大楼，还看到了一辆电车。我现在闭上眼睛，好像还能看到那辆电车。在经历了我一生当中最兴奋的一天之后，父亲带我坐火车回家。下火车的时候，已经是半夜 2 点钟了。

我们还要走 4 里远的路回到农庄。当时我已经疲倦到了一面走一面睡的程度，甚至还做着梦。

当一个人完全筋疲力尽的时候，即使是打雷或面临战争的恐怖与危险，他也能够安然入睡。神经科医生佛斯特·肯尼迪博士告诉我说，在 1918 年，英国第五军撤退的时候，他就看过筋疲力尽的士兵随地倒下，睡得就像昏过去了一样。虽然他用手撑开他们的眼皮，他们仍不会醒过来。他说他注意到，所有人的眼球都在眼眶里向上翻起。“在那以后，”肯尼迪医生说，“每次睡不着的时候，我就把我的眼珠翻到那个位置。我发现，不到几秒钟，我就会开始打哈欠，感到困倦，这是一种我无法控制的自动反应。”

从来没有一个人会用不睡觉的方式自杀。不论他有多强的意志力，大自然都会强迫他入睡。大自然可以让我们长久地不吃东西、不喝水，却不会让我们长久地不睡觉。

一谈到自杀，就使我想起亨利·林克博士在他那本《人的再发现》一书里所谈到的一个例子。林克博士是心理问题公司的副总裁，他曾经和很多因为忧虑而颓丧的人交谈过。在《消除恐惧与忧虑》那一章里，他谈到了一个想要自杀的病人。林克博士知道，跟这个人争论，只会使情况变得更为糟糕，所以他对这个人说：“如果你反正都要自杀的话，至少应该做得英雄一点儿，你可以绕着这条街跑到累死为止吧！”

这个人果然去试了，不止一次，而是试了好几次。结果怎样呢？结果是每一次他都会觉得好过一点，不过这种感觉是在心理上，而不是在生理上。到了第三天晚上，林克博士终于实现了他最初想要达到的目的——这个病人由于身体疲劳，睡得很沉。后来他参加了某个体育俱乐部，参加各种运动项目，没过多久就开心得想要永远活下去。

所以，你若想不为失眠症而忧虑，请记住以下规则：

（1）如果你睡不着，就起来工作或看书，直到你想睡为止。

（2）从来没有人因为缺乏睡眠而死。

（3）试着祈祷。

（4）保持全身放松。

（5）加强运动。